艺术与技艺考丛书

贾玺增 ◎ 主编

青铜器

装饰纹样考

U0727651

长江出版传媒

湖北美术出版社

前言

　　中国是人类文明最早的发源地之一，与古埃及、古巴比伦、古印度并称为"四大文明古国"。中华文明在历经石器文明、青铜文明、铁器文明的漫长岁月中，不断发展，绵延数千年未曾中断。中国古代不仅为世界科技发展作出了重要贡献，拥有众多重大发明，而且农业和手工业也极为发达。青铜工艺、玉器工艺、瓷器工艺以及漆器工艺等，每一项都展现了令人惊叹与钦佩的精湛技艺。

　　青铜器装饰纹样作为独具特色的艺术瑰宝，尽管历经沧桑岁月的洗礼，但其神秘、古雅的魅力依旧不减。这些纹样不仅承载着深厚的历史文化内涵，更是鉴古通今的重要载体。尽管关于青铜器装饰纹样的研究已经持续了千年之久，但相关研究观点仍然存在分歧。本书旨在梳理这些存在分歧的学术观点，揭示青铜器装饰纹样发展演变的脉络，期望能够为青铜器装饰艺术的理论体系添砖加瓦，进一步完善这一领域的学术研究。

　　《青铜器装饰纹样考》解读与辨析了青铜器装饰纹样的科学定义；立足于艺术史维度，以结构化的眼光分析装饰纹样的构成形式及其变迁。在此基础上，进一步挖掘其背后蕴含的社会、文化因素。本书的框架是围绕青铜器装饰纹样的题材形象建立的，将纹样类别作为章节的主题，共有面形纹、龙纹、夔纹、凤鸟纹、鸮形器与鸮纹、鱼纹、蝉纹、乳丁纹、火纹、云雷纹、蕉叶纹与蕉叶形纹、象纹十二个主题章节，以时空发展演化为线索来探讨每种纹样从萌芽时期到辉煌时期，再到衰落时期的内在脉络；深究青铜器纹样的命名由来、学术定义、历史背景、艺术种类、表现形式、构成法则、文化内涵等，使读者清晰地感知青铜器艺术的演进轨迹，领略其独特的艺术魅力和文化价值。

在编写过程中，研究团队全面收集青铜器实物图片，以文献记载与出土实物相互印证为基础，借鉴考古类型学的研究方法，广泛参考国内外最新的研究成果，探赜索隐，力求资料的准确性与全面性；力图铺展青铜器装饰纹样艺术的生动画卷，让铜锈斑驳之下的装饰纹样再次焕发生机，诉说其所承载的文化内涵与精神面貌，带领读者一同走进中国古代文明的辉煌篇章——青铜器装饰纹样的艺术殿堂。

两年前，笔者有幸遇到良机，出版了拙著《宣物存形：汉代漆器纹样》。汉代漆器纹样的灵动之感与青铜器纹样的古拙之风截然不同，有兴趣的读者，敬请参阅。希望本书能给喜爱青铜器装饰纹样的读者、正在从事创作与研究的人士起到抛砖引玉的作用，为青铜器艺术研究贡献绵薄之力。在此，衷心感谢所有为本书付出辛劳的学者、考古工作者以及编辑团队。愿《青铜器装饰纹样考》成为一扇窗，让读者窥见那个遥远而璀璨的时代，感受中华文明的独特魅力。

2024 年 8 月 10 日于清华大学美术学院

目录

第一章 "饕餮"与"兽面"之辩——面形纹 001

贾玺增、顾嫒、欧悟晨

一、"饕餮"的含义 002

二、"饕餮"的历史命名 004

三、"饕餮纹"与"兽面纹"之争 006

四、"对称面形纹"的分类与命名 012

五、结论 022

第二章 禔威盛容——龙纹 023

何子芸

一、蛮荒远古——溯源 024

二、铺垫基础——夏代 027

三、蝉蜕龙变——殷商 030

四、装饰图案——西周 035

五、神霄绛阙——文化 038

六、结论 041

第三章 曲直蟠折——夔纹 042

赵茜

一、以夔之名——溯源 043

二、莫衷一是——定义 045

三、曲直蟠折——形态 047

四、探赜索隐——象征 065

五、结论 070

第四章 祥瑞神鸟——凤鸟纹 071

张紫阳

一、百转千回——定义 072

二、溯流追源——演变 ················· 073

三、分形引类——形制 ················· 077

四、一花三叶——文化 ················· 086

五、结论 ·················· 087

第五章　以鹗之名——鹗形器与鹗纹

·················· 088

张若瑜

一、以鹗之名——命名 ················· 089

二、探本溯源——远古 ················· 090

三、纷繁多样——分类 ················· 095

四、鹗形器文化 ················· 107

五、结论 ·················· 110

第六章　鱼游其间——鱼纹 ················· 111

马夏静

一、原始崇拜——源起 ················· 112

二、鱼游千古——演变 ················· 116

三、鱼之玄妙——形式 ················· 124

四、相映成趣——组合 ················· 132

五、结论 ·················· 135

第七章　复育轮回——蝉纹 ················· 136

赵天叶

一、五月鸣蜩——定义 ················· 137

二、神功圣化——源起 ················· 138

三、时移饰易——演变 ················· 139

四、变化多样——形态 ················· 141

五、有据可循——分布 ················· 143

六、相得益彰——组合 ……………… 150

七、不胜枚举——应用 ……………… 157

八、结论 ……………… 167

第八章　以形观象——乳丁纹 ……………… 168

王玲

一、乳丁伊始——命名 ……………… 169

二、同型异纹——同类 ……………… 170

三、纹脉相承——远古 ……………… 174

四、承上启下——夏商 ……………… 176

五、多元共存——周代 ……………… 180

六、规矩方圆——汉代 ……………… 182

七、点阵意向——文化 ……………… 184

八、结论 ……………… 188

第九章　回天倒日——火纹 ……………… 189

吕金泽

一、日神之火——定义 ……………… 190

二、曲折内旋——形态 ……………… 192

三、举不胜举——组合 ……………… 197

四、千年之业——演变 ……………… 204

五、奉若神明——信仰 ……………… 210

六、结论 ……………… 213

第十章　千回百转——云雷纹 ……………… 214

曾繁如

一、阴阳回转——定义 ……………… 215

二、形如云卷——溯源 ……………… 216

三、肃穆狞厉——商周 …………………… 218

四、回环曲折——东周 …………………… 222

五、若隐若现——汉代 …………………… 224

六、没落复兴——唐宋 …………………… 226

七、程式复古——明清 …………………… 228

八、一脉相承——文化 …………………… 230

九、结论 …………………… 233

第十一章　交泰相生——蕉叶纹与蕉
　　　　　叶形纹 …………………… 234

胡新梅

一、三角蕉叶——定义 …………………… 235

二、天地媒介——起源 …………………… 238

三、蕉叶形纹——演变 …………………… 241

四、交错丛生——特征 …………………… 243

五、复观其变——演变 …………………… 260

六、结论 …………………… 286

第十二章　苍梧有兽——象纹 …………………… 287

金雷婷

一、形魁之兽——定义 …………………… 288

二、器用流变——演变 …………………… 289

三、大象有形——形状分类 …………………… 295

四、象纹的分布与演变 …………………… 301

五、结论 …………………… 304

后记 …………………… 306

第一章

『饕餮』与『兽面』之辩

面形纹

贾玺增、顾媛、欧悟晨

一、『饕餮』的含义

在商周时期的青铜器上出现最多、使用时间最长、最重要的纹样，是一种狰狞的"对称面形纹样"，史称"饕餮纹"。西方东方学学者吉德纬（David N. Keightley）其至认为："你如果不懂饕餮，就无法了解商代文化。"[1] 关于这一名称，也曾有学者提出了一些新的命名，如"肥遗型""兽面纹""双目纹""吉祥神""吉羊纹"等，但目前学界主要有两种提法，即"饕餮纹"和"兽面纹"。

考察"中国知网"近三十年青铜主题研究论文可知，以上两种观点之间存在巨大争议。支持"饕餮纹"者与支持"兽面纹"者各执一词，长期未能达成共识，这造成了不同学术著作对于同一器物和纹样的命名不同。以二里头文化遗址出土的铜牌饰纹饰为例，在大型画册《中国历代艺术·工艺美术编》中称为"饕餮纹"[2]，在《中国大百科全书·考古学》中称为"兽面纹"[3]。其至还有"饕餮纹"和"兽面纹"同时混用的情况，如田自秉先生的《中国工艺美术史》[4]、巫鸿先生的《礼仪中的美术：巫鸿中国古代美术史文编》[5]、杨晓能的《另一种古史：青铜器纹饰、图形文字与图像铭文的解读》[6]。还有学者如张光直，在《美术、神话与祭祀》一书中使用"饕餮纹"[7]，又在《古代中国考古学》一书中使用"兽面纹"[8]。

日本学者林巳奈夫在 1984 年所写的《所谓饕餮纹表现的是什么》一文中，虽将对称面形纹样称作"饕餮纹"，但又对其正确性持怀疑态度。到了 2004 年，林巳奈夫在著作《神与兽的纹样学——中国古代诸神》中解释："兽面纹以前都是用'饕餮'这一复杂的文字来表示的，这两字并不常见。翻开字典，这两字含有'贪食'之意……在约八百年前的宋朝年间，曾兴起一股收集古青铜器之风。其青铜器图鉴中有很多关于

---

1 吉德纬：《商史材料》，第 137 页，转引自艾兰：《早期中国历史、思想与文化》，杨民译，辽宁教育出版社，1999，第 211 页。

2 中国历代艺术编辑委员会编《中国历代艺术·工艺美术编》，文物出版社，1994，第 95、336 页。

3 中国大百科全书总编辑委员会编《中国大百科全书·考古学》，中国大百科全书出版社，1986，第 117 页。

4 田自秉：《中国工艺美术史》，东方出版中心，2010，第 48—53 页。

5 巫鸿：《礼仪中的美术：巫鸿中国古代美术史文编》，生活·读书·新知三联书店，2005。

6 杨晓能：《另一种古史：青铜器纹饰、图形文字与图像铭文的解读》，生活·读书·新知三联书店，2008，第 375 页。

7 张光直：《美术、神话与祭祀》，生活·读书·新知三联书店，2013，第 47—74 页。

8 张光直：《古代中国考古学》，生活·读书·新知三联书店，2013，第 295—296 页。

'饕餮'的青铜器纹饰。正如当今的日本人故作潇洒地滥用片假名一样，那时的人们使用饕餮这样的古语，无非是想卖弄自己的学问，因此，并没有人真正打算考证殷商时代的纹饰与'饕餮'这一称呼之间有何关联。"[1]

对于"饕餮纹"和"兽面纹"的命名之间存在的巨大分歧，笔者试图通过对相关文献和实物资料进行比较研究，就"饕餮纹"和"兽面纹"的命名和两者之间的关系提出看法，以求教于方家。

一般认为饕餮是一种叫狍鸮的怪兽，其描述可见于《山海经·北山经》："又北三百五十里，曰钩吾之山，其上多玉，其下多铜。有兽焉，其状如羊身人面，其目在腋下，虎齿人爪，其音如婴儿。"[2] 这段话的大概意思是：钩吾山上盛产玉石，山下蕴藏丰富的铜矿。山中有一种兽，身似羊，却长着人一样的面孔。其眼睛长在腋下，牙似虎牙，但爪又似人手，发出的声音像婴儿声。

而"饕餮"之名最早可见于成书于汉代的《神异经》。《神异经》目前仅存一卷，书中记载："西荒中有人焉，面目手足皆人形，而胁下有翼，不能飞，名曰'苗民'。《书》曰：窜三苗于三危，西裔，为人饕餮，淫泆无礼，故窜于此。"[3] 从这里来看，饕餮又是"胁下有翼"，即长着翅膀的兽形人。但在唐张守节《史记正义》注引《神异经》的文字中，饕餮则是另一种形象——"马身猪脸"的人："西南有人焉，身多毛，头上戴豕，性狠恶，好息，积财而不用，善夺人谷物。强者夺老弱者，畏群而击单，名饕餮。"[4] 由此可见，饕餮并不一定是"人形兽"，也可能是"兽形人"，或者说是被神化、有恶行的"兽性人"。尽管古代文献中对"饕餮"解释众多，但由于本章重点在于讨论纹样命名，篇幅有限，故不就"饕餮"具体形象展开过多讨论。

---

1 林巳奈夫：《神与兽的纹样学——中国古代诸神》，常耀华、王平、刘晓燕、李环译，生活·读书·新知三联书店，2009，第 7 页。

2《山海经》，郭璞注，上海古籍出版社，2015，第 103 页。

3 东方朔：《神异经》，上海古籍出版社，1990，第 4 页。

4 司马迁：《史记》，张守节正义，中华书局，1982，第 38 页。

二、『饕餮』的历史命名

图 1-1　对称面形纹

　　其实，商人只是在青铜器上创造了这一视觉形象，并未给它留下什么名称。没有任何资料表明商人如何称呼这种纹饰，无论甲骨文还是青铜器铭文，都没有涉及这一纹饰的名称或者是"饕餮"一词[1]。

　　据现有资料，将青铜器上"对称面形纹"（图 1-1）称为"饕餮纹"始于战国末年《吕氏春秋·先识览》："周鼎著饕餮，有首无身，食人未咽，害及其身，以言报更也。"这是借"饕餮"来阐述若一国之君"为不善"将会产生恶有恶报的严重后果。"有首无身"的描述成为

1 杭春晓：《商周青铜器之饕餮纹研究》，文化艺术出版社，2009，第 10 页。

后来研究饕餮纹命名的一个重要依据。此外，《左传·文公十八年》中称："缙云氏有不才子，贪于饮食，冒于货贿，侵欲崇侈，不可盈厌；聚敛积实，不知纪极；不分孤寡，不恤穷匮。天下之民以比三凶，谓之饕餮。"这里所说的"饕餮"，与文中提到的"浑敦""穷奇""梼杌"合称"四凶"。

古代特别是商周青铜器上的纹饰十分丰富，但兽面纹算是母题纹饰。也许，正是《吕氏春秋》上这段文字让后世将先秦青铜器上的"兽面纹"当成了"饕餮纹"。以"饕餮"命名青铜器上的"对称面形图案"成为共识则是在宋代。

宋代金石学家吕大临的著作《考古图》援引《李氏录》云："'癸鼎'文作龙虎，中有兽面，盖饕餮之象。《吕氏春秋》曰：'周鼎著饕餮，有首无身，食人未咽，害及其身。'《春秋左氏传》曰：'缙云氏不才子，贪于饮食，冒于货贿，天下之民谓之饕餮。'古者铸鼎象物，以知神奸，鼎有此象，盖示饮食之戒。"[1]此段记载了李公麟的《考古图》[2]是借用古籍中的"饕餮"一词来描述鼎上的兽面纹样。同时，吕大临的《考古图》中还著录了"饕餮鼎"和"支耳饕餮鼎"等，可见他沿用了"饕餮纹"这一说法。

比《考古图》稍晚的《宣和博古图》中，也有大量器物命名里含有"饕餮"。当时的皇帝宋徽宗赵佶对书画、收藏皆十分精通，他命王黼将宣和殿收藏的自商代至唐代的青铜器839件整理编册，每件铜器都有摹绘图、铭文拓本，并加释文，所成图册就是著名的《宣和博古图》。书中将商代青铜器上的兽面纹称为饕餮纹，其卷一《鼎鼐总说》中称："《周易》六十四卦莫不有象，而独于鼎言象者，圣人盖有以见天下之赜，而拟诸形容，象其物宜，是故谓之象。……象饕餮以戒其贪，象蜼形以寓其智，作云雷以象泽物之功，著夔龙以象不测之变，至于牛鼎、羊鼎、豕鼎，又各取其象而饰焉。"[3]

著名学者王国维说："凡传世古礼器之名皆宋人所定也。"[4]可见宋人命名的重要性。后世多沿袭宋人命名方法并给予适当的解释，如明杨慎《升庵集》中有一种观点称："饕餮好饮食，故立于鼎盖。"[5]因为鼎是饮食器，所以把贪吃的饕餮铸到鼎上。

1 吕大临：《考古图》，中华书局，1987，第7页。

2 李公麟的《考古图》今已不传，我们对它的认识很大程度上来自吕大临的著录。

3 王黼：《宣和博古图》，诸葛君整理校点，上海书店出版社，2017，第1页。

4 王国维：《观堂集林》，中华书局，1959，第147页。

5 杨慎：《升庵集》，上海古籍出版社，1993，第808页。

三、『饕餮纹』与『兽面纹』之争

图 1-2　商　兽面纹（出自《中国纹样全集》）

　　在二十世纪上半叶，研究者在研究商周青铜器纹样时，仍沿袭"饕餮纹"的叫法，如 1937 年瑞典学者高本汉（Bernhard Kalgren）在《中国青铜器的新研究》中用"饕餮"一词对商周礼器进行分类[1]，1941 年，学者容庚在《商周彝器通考》一书中也以"饕餮"用于命名。

　　自二十世纪后半叶开始，关于"对称面形纹样"命名的观点出现分歧，支持"饕餮纹"者有之，反对者亦不在少数，并坚持以"兽面纹"（图 1-2）替代"饕餮纹"。

1．"饕餮纹"支持者

　　1961 年，学者丁山在《中国古代宗教与神话考》一书中使用"饕餮纹"这一名称，并解释"饕餮"本是"吉祥神"[2]；1972 年，学者石志廉在《谈谈龙虎尊的几个问题》一文中认为，饕餮就是虎，饕餮之食人即虎之食人，

---

1 Bernhard Kalgren, "New Studies on Chinese Bronzes", *Bulletin of Museum of Far Eastern Antiquities*, No.9(1937).

2 丁山：《中国古代宗教与神话考》，上海书店出版社，2011，第 295 页。

图 1-3 殷商或西周初期 饕餮纹（出自《中国纹样全集》）

因此是铜器中虎人组合的那种纹样[1]；1980 年，学者孙作云在《说商代"人面方鼎"即饕餮纹鼎》一文中认为，饕餮即蚩尤，无论从传说上说，还是艺术形象上说，皆是如此。因为饕餮即蚩尤，而蚩尤是人，所以饕餮纹（图 1-3）基本上是人像。一般地说有人身，有时又作人面，人面形的饕餮纹即由此而来。因为蚩尤以龙为图腾，而龙头是兽头，所以又作兽头，兽面形的饕餮纹即由此而来。我们不应当只看见它像兽头，便以为它是真正的兽的头。[2]

1984 年，日本学者林巳奈夫在《所谓饕餮纹表现的是什么》一文中将对称面形纹样称作"饕餮纹"，并明确指出："在此，我本人很清楚与采用这种名称的古代文献中记述内容相当的动物是不可能存在的，但我仍决定沿袭前人惯用的饕餮纹这一名称。"[3]

1991 年，艾兰在《龟的形状：早期中国的宇宙观、神话和艺术》中使用"饕餮纹"[4]这一名称。

1 石志廉：《谈谈龙虎尊的几个问题》，《文物》1972 年第 11 期，第 64—66 页。

2 孙作云：《说商代"人面方鼎"即饕餮纹鼎》，《中原文物》1980 年第 1 期，第 20—24 页。

3 林巳奈夫：《所谓饕餮纹表现的是什么》，又见樋口隆康《日本考古学研究者·中国考古学研究论文集》，蔡凤书译，东方书店，1990，第 135 页。

4 Sarah Allan, *The Shape of the Turtle: Myth, Art and Cosmos in Early China*, (Albany: State University of New York Press, 1991).

图 1-4　商代　饕餮纹青铜鼎

1991 年，李学勤先生在发表的《良渚文化玉器与饕餮纹的演变》一文中，论述了良渚文化玉器与青铜器上饕餮纹的传承关系，这之后饕餮纹的溯源研究也有了一个大致的方向，基本都会和良渚玉器的神像联系起来[1]；1994 年，李学勤先生在《论二里头文化的饕餮纹铜饰》一文中再次使用"饕餮纹"名称[2]。

2002 年，贺刚认为商周铜器上的饕餮图像目前至少可溯源到高庙文化时期，并就"饕餮纹"改称"兽面纹"之说提出质疑，认为若用"动物面"或"兽面纹"这样的新称谓去取代"饕餮纹"旧称不合适。他提出饕餮纹即传说中的饕餮图像；饕餮原本是人名或族名的称谓；饕餮是被兽化了的人名或族名；饕餮图像是祀神祭典上的人牲符号等观点。[3]

2006 年，学者黄厚明在《中国早期艺术史研究的方法论问题——以商周青铜器饕餮纹图像为例》一文中认为："尽管命名上涉及众多说法，但是所指代的图像是基本一致的：指那些在商周青铜器上曾经占据显著位置，具有正面的大脸盘，脸部有圆睛，头部一般有弱冠或角形饰，两侧多有对称的躯体或部分躯体的一类纹样的总称（图 1-4）。我们不妨给饕餮纹一个更为广义的定义，本章延续饕餮纹的称呼，实际上也只不过是延续习惯性的叫法，并不特指文献中所记载的特定的一种动物。"[4]

---

1 李学勤：《良渚文化玉器与饕餮纹的演变》，《东南文化》1991 年第 5 期，第 42—48 页。

2 李学勤：《论二里头文化的饕餮纹铜饰》，《中国文物报》1991 年 10 月 20 日，第 3 版。

3 贺刚：《论中国古代的饕餮与人牲》，《东南文化》2002 年第 7 期，第 50—60 页。

4 黄厚明：《中国早期艺术史研究的方法论问题——以商周青铜器饕餮纹图像为例》，《民族艺术》2006 年第 4 期，第 88—100 页。

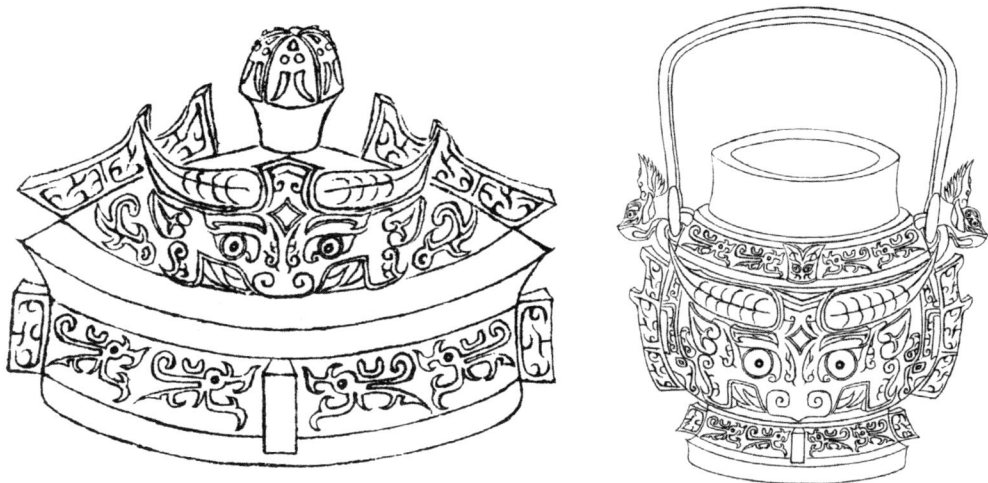

图 1-5 殷商或西周 牛头纹铜卣

2. "兽面纹"支持者

在二十世纪六七十年代之间,殷墟考古学家李济陆续发表对殷墟出土的青铜觚形器、爵形器、斝形器、鼎形器的研究报告,他认为,如果按照《吕氏春秋》最初的定义,会让读者觉得庞杂和矛盾,他认为只有一个头的纹样远不如用"动物面"[1]这一名词简单。因此,他采用"动物面"和"肥遗型"来称呼青铜器上的对称面形纹样[2]。

1981 年,李泽厚在《美的历程》中称:"饕餮究竟是什么呢?这迄今尚无定论。唯一可以肯定的是,它是兽面纹。是什么兽?则各种说法都有:牛、羊、虎、鹿、山魈……本书基本同意它是牛头纹。"[3]以李泽厚的观点,"饕餮纹"应称为"兽面纹",而且是"牛头纹"(图 1-5)。此牛非凡牛,而是当时巫术宗教仪典中的圣牛。现代民俗学对西南少数民族的调查表明,牛头作为巫术宗教仪典的主要标志,被高高挂在树梢,对该氏族部落具有极为重要的神圣意义和保护功能。它实际是原始祭祀礼仪的符号标记,这符号在幻想中含有巨大的原始力量,从而成为神秘、恐怖、威吓的象征,呈现一种神秘的威力和狞厉的美。[4]

1 李济:《殷墟青铜器研究》,上海人民出版社,2008,第 61 页。

2 同上。

3 李泽厚:《美的历程》,生活·读书·新知三联书店,2009,第 37 页。

4 同上书,第 37—38 页。

图 1-6　商代　兽面纹

图 1-7　商代　牛首纹

1982 年，刘敦愿在《饕餮（兽面）纹样的起源与含义问题》一文中探讨饕餮纹的含义，建议舍弃旧说，改为"兽面纹"（图 1-6），以寻新的解释。[1] 刘敦愿先生认为现代考古更具优越性，就所见所闻的广博性来说已经远远超过了吕不韦时期，所以《吕氏春秋》的记载有知识的局限性，用饕餮称呼兽面纹样尚有疑点，为了精确起见，称"兽面纹"为好。[2] 其实，"兽面"一词非今人所创，早在宋代已有。宋代吕大临的《考古图》记载，"文作龙虎，中有兽面，盖饕餮之象"[3]。由此可知，宋人所称的"兽面"一词是指对称面形纹样的外观，"饕餮"则是对称面形纹样的名称。

1982 年，学者马承源支持使用"兽面纹"之称。他认为，儒生解读饕餮纹"贪吃必将害己"是属于一种因果报应的说教，被宋代的一些学者一直沿用下来，流传到今天。不过，以饕餮纹概括一切兽面纹是困难的，因为有的不仅有头而且有身躯。现在，人们习惯称饕餮纹为兽面纹，因为绝大多数的

1 刘敦愿：《美术考古与古代文明》，人民美术出版社，2007，第 89—98 页。

2 同上。

3 吕大临：《考古图》，中华书局，1987，第 7 页。

所谓"饕餮纹"其实都是牛（图 1-7）、羊、虎、熊等动物和幻想中的龙、夔等各种怪兽头部的正面形象。[1]

至 1988 年，马承源又在《中国青铜器》一书中提到："兽面纹旧称饕餮纹，兽面纹这个名词比饕餮纹为胜，因为它指出了这种纹饰的构图形式，而饕餮纹一词却只限于'有首无身'这样的定义，绝大多数纹饰并非如此。"[2]

1983 年，学者张光直更多地使用"动物纹"一称，在保留了其师李济"肥遗"说的前提下，同样保留了"饕餮纹"的说法[3]。不过他在其他的著作中也使用了"兽面纹"一称[4]，这种称呼主要用于指代器物（如玉器）上的由两只眼睛和一张嘴构成的图案。[5]

1988 年，江伊莉在《商代礼器上的动物面具与祖泉》中将商代青铜器上的对称面形纹样称作"兽面纹"；

1990 年，陈公柔、张长寿在《殷周青铜容器上兽面纹的断代研究》一文中并没有从宗教、神话的角度来探讨青铜器上花纹的含义及其所反映的当时人们的意识形态，而是着眼于纹样的型式和演变以及它在青铜容器上的断代作用，所以没有采用传统的饕餮纹这个名称，而称之为"兽面纹"。[6]

1992 年，汪涛在《饕餮原义的研究》一文中建议用"双目纹"来代替"饕餮纹"之名；2003 年，段勇在《商周青铜器幻想动物纹研究》一书中使用"兽面纹"称呼对称面形纹样[7]。

2009 年，杭春晓在其著作中做出判断："饕餮纹是名与实不符，即饕餮纹的图像并非饕餮的形象，亦即饕餮纹非饕餮。"他认为《吕氏春秋》乃至后人称其为饕餮很大程度上属于一种主观上的臆断，是从饕餮纹的视觉感受上加以推断的，属于"观象立名"之说。[8]

---

1 马承源：《中国青铜器》，上海古籍出版社，2003，第 316—317 页。

2 同上书，第 316—317 页。

3 张光直：《美术、神话与祭祀》，生活·读书·新知三联书店，2013，第 47—74 页。

4 同上书，第 295—296 页。

5 同上书，第 295—296 页。

6 陈公柔、张长寿：《殷周青铜容器上兽面纹的断代研究》，《考古学报》1990 年第 2 期，第 137 页。

7 段勇：《商周青铜器幻想动物纹研究》，上海古籍出版社，2003。

8 杭春晓：《商周青铜器之饕餮纹研究》，文化艺术出版社，2009，第 55—56 页。

四、『对称面形纹』的分类与命名

图 1-8　西周早期　蕉叶饕餮纹

　　"饕餮纹"与"兽面纹"的命名争议既显示了史料的匮乏，也显示了名称无法涵盖对称面形纹样视觉形态的缺陷。某种程度而言，对"对称面形纹"视觉形态的辨认、归类和考证，成为多数研究者确认其名称的关键环节。

　　自二十世纪三十年代，许多学者运用类型学的方法对对称面形纹样的形态进行归类。高本汉先生将对称面形纹样分为连体饕餮纹、分解饕餮纹、兽面饕餮纹、牛面饕餮纹、变形饕餮纹和龙形化饕餮纹，然后又将每一类分成许多小类，其中仅连体饕餮纹就分为 275 种[1]；容庚在《商周青铜器通论》一书中将对称面形纹样分为 12 种；在《商周彝器通考》一书中将饕餮纹分为饕餮纹和蕉叶饕餮纹（图 1-8）两类，前者有 16 种不同的形式，后者有 3 种形式，合计 19 种[2]。后来他觉得这种分类过于烦琐，有必要进一步加以整理，遂在《殷周青铜器通论》中对它加以合并与简化，分为 12 种类型：1. 有鼻有目，裂口巨眉；2. 有身如尾下卷，口旁有足，纹中多间以雷纹；3. 两眉直立；4. 有首无身，两旁填以夔纹；

1 Bernhard Karlgern, "Notes on the Grammer of Early Bronze Décor", *Bulletin of the Museum of Far Eastern Antiquities*,（1951）.

2 容庚：《商周彝器通考》，哈佛燕京学社，1941。

5. 眉鼻口皆作雷纹；6. 两旁填以刀形；7. 两旁无纹饰，眉作兽形；8. 眉往上卷；9. 身作两歧，下歧往上卷；10. 身作三列，全作雷纹，上列为刀形，下二列为雷纹；11. 身中一脊，上为刀形，下作钩形；12. 身只一足，尾向上卷，合为饕餮纹，分则为夔纹。[1] 此后，李济先生也进行了类似的工作，他从 51 件有纹饰青铜器中举出 9 种不同形式的饕餮纹和 36 种不同形式的连体饕餮纹，以代表殷墟青铜器上所见的各种不同的饕餮纹。[2]

日本学者林巳奈夫将对称面形纹样分为无角饕餮、"T"字形羊角饕餮、羊角饕餮、大耳饕餮、牛角饕餮、几字形羽冠饕餮、水牛角饕餮、茸形角饕餮、尖叶角饕餮、羊角形二段角饕餮、大眉饕餮、两尖大耳饕餮以及其他种类，共 13 种[3]；学者马承源将"兽面纹"分为环柱角型、牛角型、外卷角型、羊角型、内卷角型、曲折角型、双龙角型、长颈鹿角型、虎头型、熊头型、龙蛇集群型，共 11 种[4]。在此基础上，段勇对"兽面纹"的"角"形进行归并和简化，将其分为牛角类、羊角类、豕耳类和变异类四类，其中每一类又分为若干小类[5]；陈公柔、张长寿先生在《殷周青铜容器上兽面纹的断代研究》一文中将兽面纹分为独立兽面纹、歧尾兽面纹、连体兽面纹和分解兽面纹[6]。

但是，以上学者的分类研究过于侧重纹饰的差异，导致研究难以深入。学者黄厚明在《中国早期艺术史研究的方法论问题——以商周青铜器饕餮纹图像为例》一文中认为，类型学是"量化研究"，要走向"质化研究"则应重视饕餮纹的视觉结构语言。为此，他以贡布里希（E. H. Gombrich）的"图式（schema）－修正（correction）"为基础，提议将首、身作为饕餮纹的一级区量标准，以双目为中心的面部和面部以上的纹样作为二级区量标准。饕餮纹因而转化为一种结构的存在，它以龙纹、鸟纹、日纹等图像元素为基本构件，按照身、面、顶饰等不同位格进行简化、变形、替代和重组，形成一个具有人格属性和不同位格的复杂图像系统。[7]

尽管黄厚明先生简化了纹样的分类标准，强调了纹样的视觉结构，但他并未对对称面形纹样的不同图式加以区分。笔者认为，分辨对称面形纹样的图式不仅有助于简化繁冗的类型学，更利于我们厘清"饕餮纹"与"兽面纹"的命名争议。不过在进一步研究对称面形纹样的造型之前，我们首先需要对"图式－修正"公式稍做说明。

---

1 容庚、张维持：《殷周青铜器通论》，文物出版社，1984，第 109—129 页。

2 李济：《殷墟青铜器研究》，上海人民出版社，2008。

3 林巳奈夫：《所谓饕餮纹表现的是什么》，又见樋口隆康《日本考古学研究者·中国考古学研究论文集》，蔡凤书译，东方书店，1990，第 135 页。

4 马承源：《中国古代青铜器》，上海人民出版社，1982，第 326 页。

5 段勇：《商周青铜器幻想动物纹研究》，上海古籍出版社，2003，第 27—61 页。

6 陈公柔、张长寿：《殷周青铜容器上兽面纹的断代研究》，《考古学报》1990 年第 2 期，第 137 页。

7 黄厚明：《商周青铜器纹样的图式与功能——以饕餮纹为中心》，方志出版社，2006。

E.H.贡布里希将图式定义为"那首次近似的、松散的类目，这个类目逐渐地加紧以合适那应复现出来的形状"[1]。根据他的论述，图式不是作为物理痕迹的图画，也不是以明晰、连贯、整全的线条勾画而出的工程蓝图；相反，图式是一种"近似的、松散的类目"，是人类从杂多的个体变异中，依靠完形心理把握到的稳定的视觉形象结构。换言之，图式本质上运作于人类主体的心理世界，并指导着艺术家的创作实践。正是凭借相对稳定的图式框架，艺术家才能在创作时引入繁杂的变异和细节，从而在已知的形象模本上修改出契合特定再现目的的作品。艾兰教授曾就"对称面形纹"的创作提出过类似的观点。她认为，"分解"是青铜器纹饰一个重要的艺术特点，"分解是为了将互不相干的动物重新组合在一起"[2]。这里虽然使用了"分解－重组"的表达，但实际上说的是"图式－修正"的特定阶段：纹饰的建构需先拆分不同动物的器官，再将之重新排列组合——该过程即修正的过程。但艾兰教授没有说透的是，器官重组需依托基本的形体框架，形式重构需遵循大致的视觉结构，否则，今人在面对多变的纹样时，就不可能把它们笼统地称作"兽面纹"或"饕餮纹"。这表明，繁杂的纹样集合中必然存在"近似的、松散的类目"。

鉴于图式的上述含义，下文关于对称面形纹样的分析不会过多关注是否连体（图1-9、图1-10）、是否有面阔（图1-11、图1-12）、是否有周边纹饰（图1-13、图1-14）等变异性因素。相反，笔者将这些差异视作特定图式的修正产物，认为它们是同一视觉结构的不同变体，因而只在必要时提及这些貌似的"例外"。一旦宏观地分析青铜器的对称面形纹样，我们将发现它主要存在两种图式。

图1-9 西周 伯方鼎（纹样首身分离）

图1-10 商 㝬鼎（纹样首身连体）

1 E.H.贡布里希：《艺术与错觉》，湖南科学技术出版社，2004。

2 艾兰：《早期中国历史、思想与文化》，杨民等译，辽宁教育出版社，1999，第212页。

图 1-11 商 兽面纹方彝（纹样无面阔）

图 1-12 商 子蝠方彝（纹样有面阔）

图 1-13 商 牛方鼎（纹样周边饰鸟纹）

图 1-14 商 兽面纹壶（纹样无边饰）

图 1-15　再现现实动物的对称兽面纹样

图 1-16　幻想动物的对称兽面纹样

1. 对称兽面式

第一种图式是动物面构成的对称兽面式。这种图式的基本特征是：有首无身、独立兽头，对称兽面形成的兽脸轮廓即贡布里希所谓"近似的、松散的类目"，它在纹样的视觉结构中占据着绝对的中心地位。耳、目、角、额、牙等细节都是脸形框架的附属物，其排布、有无或变异，均为对称兽脸造型修正调整的结果。

从再现的对象来看，对称兽面图式具备相当大的弹性。就像学者马承源认为的那样："因为绝大多数的所谓'饕餮纹'，其实都是牛、羊、虎、熊等动物和幻想中的龙、夔等各种怪兽头部的正面形象。"[1]这一判断指出了对称兽面图式的再现范围，其再现的动物可分成两类：一类是现实动物，这类纹饰通常以牛、羊、虎等动物头为造型，或综合虎、牛、羊等动物特征，以动物的鼻梁为中线，两侧做对称排列，上边是角，角下兽目多为"臣"字形，兽目两侧是耳，鼻翼两侧是张开的大嘴，有的嘴里还有尖利的獠牙，即李泽厚所称的"牛头纹"[2]（图 1-15）；另一类是幻想动物，在神话传说里，幻想动物多由现实动物的各器官拼凑重组而成，但不同的神话版本往往存在相互矛盾的外貌描述，因而这类兽面纹所表现的"生物物种模棱两可"[3]（图 1-16）。

---

1 马承源：《中国古代青铜器》，上海人民出版社，2016，第 33 页。

2 李泽厚：《美的历程》，生活·读书·新知三联书店，2009 第 1 版，第 37—38 页。

3 杨晓能：《另一种古史：青铜器纹饰、图形文字与图像铭文的解读》，生活·读书·新知三联书店，2008，第 375 页。

2. 对称夔龙式

第二种图式是对首龙纹构成的对称夔龙式。这种图式的基本特征是：以中线为轴，两条侧身的夔龙镜像对首，对称的双夔龙形态构成基本的视觉结构。至于面部器官如眉、角、牙、须、耳，身部器官如爪、尾、翅、肢、鳞，都是依附于龙形结构的附属构件。除去器官的变化组合，侧面夔龙的身形也存在诸多变异。例如，我们既能见到短身的双龙纹（图1-17），又能见到长身的双龙纹（图1-18），但无论其身体的长短和曲直有何种变化，都大体上形成了对首夔龙的视觉形态。

图1-17　商　戍嗣子铜鼎（短身的双夔龙纹样）

图1-18　商　刘鼎（长身的双夔龙纹样，上海博物馆藏）

相较于对称兽面图式，我们需要对对称夔龙图式进行更详细的说明。因为在过往的学界争论中，论者通常不认为对称面形纹样存在双夔龙的造型——尽管李零先生曾指出"就其主体而言，（饕餮纹）应是龙纹面部的特写，两者属于同一大类"[1]——而认为对称夔龙图式是一个正面脑袋与两个侧面身体的结合，即通常所谓的"一首双身"结构。那么，我们为什么认为对称面形纹样的第二种图式是对称夔龙，而非一首双身的未知动物呢？

巫鸿先生曾指出："饕餮纹最令人费解的是它的构图：屡屡由两个相对的侧面夔龙组成一个正视的兽面。……这个奇异的图像可以从其来源中得到解释。……在良渚的琮和二里头的玉器上，兽面通常是以器物的棱角为中心，因此如果从一侧来观看，它以一个完整的侧面出现，如果对着棱角看，则是一个完整的正面。这一程式暗含了古代艺术中形象制作的一个深刻原则，那就是：一个单一的形象应该以两种方式来观看，一个人造形象必须展现两种维度。商代的艺术家继承了这一传统并继而发扬光大：他们不仅将兽面应用到青铜方鼎的棱角部位，而且用其填充平面装饰带。当一个三维兽面成为二维，它仍然融合了正面和侧面的特征。"[2]也就是说，带身的对称面形纹样可能并存着两种视觉结构，但从演变的谱系上看，侧身夔龙更具本源性：从棱角（对称轴）一侧看是一个完整的侧面，而正面兽脸是两个侧面龙头对首的视觉派生品，是三维造型向二维图像过渡和转换的产物。在此意义上，对称的侧面夔龙结构更具图式的母本作用，因而无论是李济先生的"一首双身"，还是张光直先生的"兽头连身"，抑或李零先生定义为"两条龙共用一个脑袋"[3]的"双龙兽面"，实则均为对称夔龙图式的次级类型和修正产物。

综上所述，对称面形纹样存在两种图式：对称兽面造型和对称夔龙造型。

在此前的对称面形纹样命名之争中，研究者虽或多或少指出了上述差异，但他们要么陷入繁冗的类型学分类，要么钻入纹样再现对象的死胡同，而未能走出宋代遗留下来的、用一个名字统称不同图式的窠臼。尽管李济等先生已经指出，不应用相同的名称涵盖迥异的纹样形式，但因其对对称面形纹样的辨认陷入了"一首双身"的视觉陷阱，未能见出带身图式的对称夔龙原型，以致其"肥遗"说在缺乏自洽的神话支持的情况下，渐遭抛弃。因此，对称面形纹样的命名方案必须满足以下两点要求：（1）必须延续两分的命名思路，要用不同的称谓指代两种图式所代表的纹样集合；（2）不能过分纠结纹样再现的特定对象，具体的动物名无法涵盖对称面形纹样的多变性和模棱两可性。

---

1 李零：《说龙，兼及饕餮纹》，《中国国家博物馆馆刊》2017年第3期，第68页。

2 巫鸿：《礼仪中的美术——巫鸿中国古代美术史文编》，生活·读书·新知三联书店，2015，第545—546页。

3 李零：《说龙，兼及饕餮纹》，《中国国家博物馆馆刊》2017年第3期，第65页。

图 1-20　商　兽面纹鼎
（传河南安阳市出土，瑞典国立艺术博物馆藏）

图 1-19　商　禺方鼎（兽面纹）
（山东济南市长清区出土，山东省博物馆藏）

图 1-21　商　兽面纹鬲
（陕西华县桃下村出土，陕西历史博物馆藏）

　　首先，对称兽面图式的纹样可称作"兽面纹"（图 1-19～图 1-22）。这个名称简要地道出了该图式的视觉结构语言，无论牛面、羊面、虎面，还是更加抽象的幻想动物面，都能归于"兽面"一词之下。可以说，"兽面纹"这个名称既精准又颇具弹性。其次，对称夔龙图式可以称作"饕餮纹"，这是因为"夔龙纹"是另一纹样的专有名称，以此命名会有混淆不同纹样大类的风险。有鉴于此，笔者认为不妨延续旧有惯例，以形象模糊的饕餮为名，把对称夔龙图式的纹样称作"饕餮纹"（图 1-23～图 1-26）。这样便解决了以一种名称命名两种不同图式纹样的问题。

图 1-22 商 鹿方鼎（兽面纹）
（河南安阳市殷墟西北冈 1004 号大墓
出土，台北故宫博物院藏）

图 1-23 商 饕餮纹柱足鼎
（河南安阳市殷墟妇好墓出土，中国社会科学院考古研究所藏）

图 1-24 商 鸢鼎（饕餮纹）
（传河南安阳市出土，美国哈佛大学福格美术馆藏）

图 1-25 商 后母戊大方鼎（饕餮纹）
（河南安阳市武官村出土，中国国家博物馆藏）

图 1-26 商 亚鼎（饕餮纹）
（传河南安阳市出土，上海博物馆藏）

五、结论

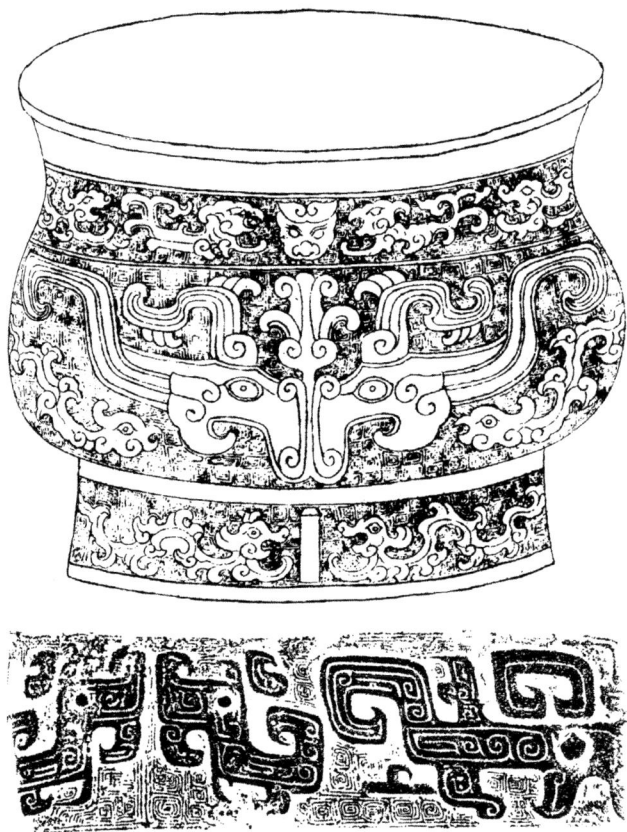

图 1-27　西周　夔纹／饕餮纹

　　作为一种幻想怪兽，饕餮其形已然是文明史上的悬案。透过神话典籍和志怪小说，我们了解到先人关于饕餮的描述本就互相抵牾，或许即便在古代，也并不存在一个统一的饕餮形象。当这面目含糊的幻想动物转化为纹饰母题，围绕名称的争论就在所难免——无论是最早的《吕氏春秋》的记述，抑或是宋代金石学的定名，都无法经受今日出土文物的检验。现代学者根据繁杂的纹饰样本，逐渐形成了"饕餮纹"和"兽面纹"两种主要的命名主张，但双方始终无法使对方服膺，究其原因，在于该纹样存在两种类型，即"对称兽面式"与"对称夔龙式"。通过研究与分析，我们认为：对称兽面图式可称作"兽面纹"，对称夔龙图式可称作"饕餮纹"（图 1-27），二者之间不能相互涵盖。

第二章

褑威盛容

龙纹

何子芸

龙是华夏先民在千百年历史发展进程中创造出来的祥瑞神兽。龙纹是分布最广、知名度最高的纹样。它常常出现在青铜器、服装、陶瓷等工艺美术中。龙纹在不同的时期被赋予的意义都不尽相同，它的诞生和衍变与各个时代的经济、政治和文化等密切相关。本章将着重分析龙纹的起源以及青铜时期龙纹的演变，依据形态特征对龙纹做出分类，最后对龙纹的文化内涵进行简要的探究。

一、蛮荒远古——溯源

图 2-1 河南濮阳市西水坡遗址出土的龙虎墓蚌壳塑龙图

从古至今，我们总是能在书中找到有关龙的记载。如《山海经·大荒经》："西北海之外，赤水之北，有章尾山。有神，人面蛇身而赤，直目正乘，其瞑乃晦，其视乃明。不食不寝不息，风雨是谒。是烛九阴，是谓烛龙。"《韩非子·说难》："夫龙之为虫也，柔可狎而骑也，然其喉下有逆鳞径尺，若人有婴之者，则必杀人。"

关于龙纹的起源，从古至今有众多研究和假说，主要可以概括为三种类型。

有学者认为，龙纹是由鳄鱼、马、蛇、恐龙等真实存在的生物演变而来的，从而延伸出了鳄鱼说、马说、蛇说、恐龙说等多种假说。其中鳄鱼说的来源是河南西水坡遗址中发现的蚌壳塑龙图（图 2-1）。蚌壳塑龙图属于仰韶文化时期的产物，其特征是具有鳄鱼独有的长嘴和四只爪子、长尾以及健壮的四肢。

图 2-2 "C" 形玉龙

马说的来源是 1970 年在内蒙古出土
的 "C" 形玉龙（图 2-2），根据考古专
家的分析调研，"C" 形玉龙为距今 5000
多年的红山文化的遗物。它的龙头部分十
分像一匹骏马。而蛇说的起源则是伏羲女
娲图（图 2-3），同时也有学者根据甲骨
文中 "龙" 字的形状推断古时候的龙是有
角的蛇。学者王大有曾经在一本有关龙凤
研究的书籍中提及过恐龙："龙，被古人
公认为最原始的祖型，可能还是恐龙。古
人以具有四足、细颈、长尾，类蛇、牛、
虎头的爬行动物为龙，这可能是古人当时
见到并描绘下来的某种恐龙形象。"[1]

总结而言，这一类型的假说认为龙是
确实存在的，和如今的牛羊一样是真实存
在的一种动物，只是在岁月的更迭中，龙
逐渐消失，留下的只有现有的虚拟图像。

1 王大有：《龙凤文化源流》，北京工艺美术出
版社，1988。

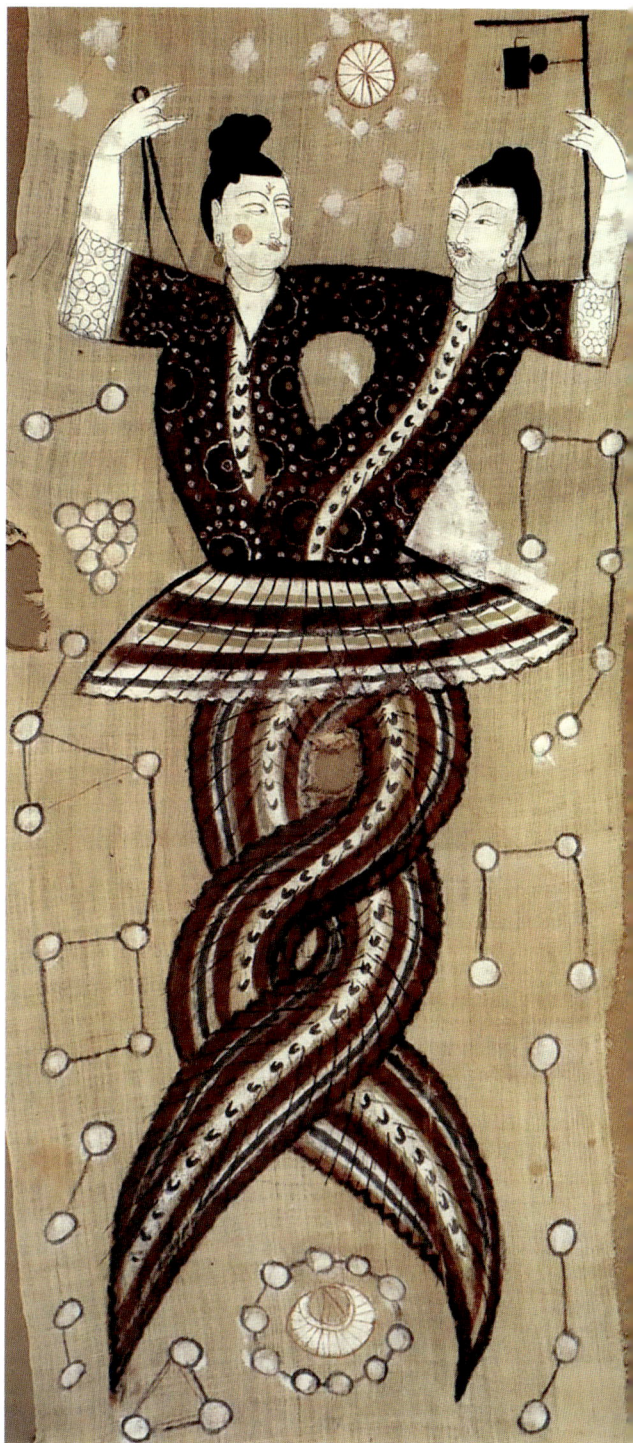

图 2-3 伏羲女娲图

第二种说法是图腾融合说。其代表是闻一多先生，这种说法认为：龙是由蜥蜴、蛇、鳄鱼、马等多种生物组合拼贴而成。闻一多先生在《伏羲考》中写道："它（龙）是一种图腾，并且是只存在于图腾中而不存在于生物界中的一种虚拟的生物，因为它是由许多不同的图腾糅合而成的一种综合体。……龙图腾，不拘于它局部的像马也好，像狗也好，或像鱼、像鸟、像鹿都好，它的主干部分和基本形态却是蛇。这表明在当初那众图腾单位林立的时代，内中以蛇图腾最为强大，众图腾的合并与融化，便是这蛇图腾兼并与同化了许多弱小单位的结果。"图腾融合说和前一种说法都认为龙纹是源于真实存在的动物，而不同之处在于图腾融合说认为龙纹来自多种生物，而龙这种生物是不存在的，龙纹的诞生是和古时候人们的图腾崇拜相关的，并在各个不同部落融合的过程中吸取所有部落的图腾特色，将之糅合成龙。这种说法是人们据考古的资料，并结合远古蛮荒时期人类的生活背景，以及分析古代各个部落融合的史实而得出的龙图腾的来源，可信程度比起前一种学说更强，被接受的范围也是最广的。

还有部分学者认为，龙纹是古时候人们对于自然现象产生的臆想，他们不了解科学，更无法解释风、雨、雷、电等自然现象，从而错把它们当作无所不能的神兽，出于对这些自然现象的畏惧心理，最终在他们心中呈现出这种多种自然现象融合在一起的神龙意象。古人根据闪电的外观和特点，想象它是一只身体细长、速度极快的神兽。正如朱天顺在其著作中所述："幻想龙这一动物神的契机或起点，可能不是因为古人看到了与龙相类似的动物，而是看到天空中闪电的现象引起的。因为，如果把闪电作为基础来把它幻想成是一种动物的话，它很容易被幻想是一条细长的、有四个脚的动物。"[1]

由于龙纹的年代太过久远，虽然关于它的起源的说法众多，却都找不到确凿的证据，学者们只能根据自己研究调查的资料，根据当时的历史背景等因素进行分析，因此关于龙纹的起源，现今并无定论。

---

1 朱天顺：《中国古代宗教初探》，上海人民出版社，1982，第103页。

图 2-4　绿松石龙形器

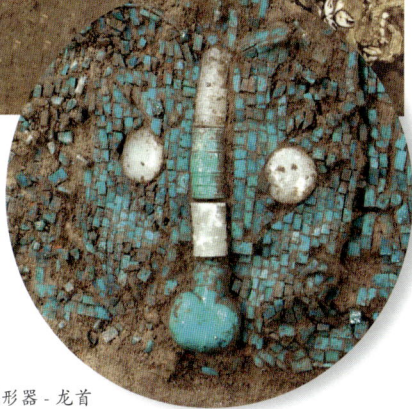

图 2-5　绿松石龙形器 - 龙首

　　到了夏代，龙纹也有了进一步的改变。现被考古发掘的有夏代陶寺文化和偃师二里头文化的文物，其中龙纹大部分都和蛇十分相似，身体像蛇一样细长和蜿蜒。与现今的龙纹相比较而言，夏代的龙纹头上没有角，形态也比较具象，应当是以蛇为原型演变而成的。夏代的龙纹依据表现形式，可以分成摆塑、浮雕和刻划三类。

1. 摆塑类

　　摆塑类的龙有洛阳偃师二里头遗址发现的"绿松石龙形器"（图2-4），其出土时间是 2002 年。绿松石龙形器全身覆盖的鳞片是 2000 多片细小的绿松石片，这些小石片粘贴在它的全身。它长 64.5 厘米，而粘贴在它身上最小的石片直径只有 0.2 厘米，厚度也只有 0.1 厘米。绿松石龙形器的龙首（图 2-5）偏长方形，略扁，头占全身比例极大，身形细长，尾巴卷曲，身体呈"S"形，嘴部凸出，鼻梁由两截青玉、两截白玉构成，鼻头硕大，眼睛由两个圆形白玉组成。在它尾巴的地方，还装饰着一个绿松石条形饰，条形饰与绿松石龙形器的身体几乎是垂直的。

　　绿松石龙形器的整体造型体现了古人的设计美学，正如一些学者所分析指出的："这种长方形的正面兽首，即以鼻梁为中轴线的左右摆动的两大'S'形，及卷尾以中轴线为中点的构图原理，导引着 2000 多片

图 2-6　浮雕龙纹

的绿松石，在随着轮廓线作整体形象的勾勒，一方面在'S'形的兽身造成动感，另一方面又在动感中有着中轴线的稳定平衡，共同表达了形象背后的设计企图。"[1]

2. 浮雕类

浮雕类龙纹（图2-6）在青铜器中更为常见，它由低浮雕和高浮雕相结合，强调龙纹的立体感。在浮雕类龙纹中，一般龙的身躯是低浮雕，而头部是高浮雕。有的学者将这种龙纹称为"蟠龙纹"[2]，原因是它的身形如同蛇一般细长而卷曲。

3. 刻划类

刻划类龙纹是指在器物表面刻划出龙纹的方式，如从夏代陶寺文化中出土的彩绘龙盘（图2-7）。从图中可以看出，当时龙纹造型比起远古蛮荒时期已经很成熟了，与后代的龙纹也十分相近。从图中可以看出，彩绘龙盘由陶瓷制成，碗边缘是红色的，而碗底端部分是黑色的，身上有条纹装饰的龙纹盘曲在彩绘龙盘的底部。龙纹的头部和身体部分没有明显的界线，而头部有一对角。龙的眼睛占比小，形状呈圆形，嘴部微微张开，形状略长，牙齿尖利，嘴巴里含着一个羽毛状的物体。龙身粗长，盘在龙盘底部，呈现环状身体上装饰有鱼鳞状的纹样。尾部较龙身较为紧缩，呈尖角状。整个龙纹形象丰满，充满力量感，有很强的视觉表现力。陆思贤先生认为"这是以蛇、鱼特征创作的龙，以鱼为主，称它为'鱼龙'"[3]。

---

1 杜金鹏、许宏主编《二里头遗址与二里头文化研究》，科学出版社，2006。
2 河南省文物考古学会：《中原文物考古研究》，大象出版社，2003，第126页。
3 陆思贤：《神话考古》，文物出版社，1998，第291—302页。

偃师二里头出土的陶片上的龙纹（图 2-8）同属刻划类龙纹。它的造型较为丰富，有一头双身或一身双头，也出现了带爪的龙纹。一头双身的龙纹，龙头圆形，没有角，龙嘴很短但是尖利，两只眼睛像"目"字形，龙的额头上装饰有菱形纹样，身体像蛇一样，布满了链状的鱼鳞纹样，这或许是菱形鳞纹的简化或者雏形。也有一身双头的龙纹，它的两个头都是扁圆形的，两只眼睛呈"臣"形，有两个脖子，身体只有一个。而带爪的龙纹，虽然头部和尾部并不完整，但是还是能看见它的龙头上扬，巨大的眼睛侧视着，龙身左曲右盘。脊背弯曲，像鳍一样，爪子和脚趾都有。因为带爪龙纹的构图展现的是龙侧面行走的状态，所以露出的只有一只脚。

夏代龙纹的造型为后代艺术家提供了创作灵感，商周时期的龙纹便是直接来源于夏代龙纹。夏代社会的变化也为龙纹在商周的发展打下了良好的精神和物质基础。

图 2-7　夏　陶寺文化彩绘龙盘

图 2-8　河南洛阳市偃师二里头出土的文化陶片

三、蝉蜕龙变——殷商

图 2-9　商　青铜器（二里岗遗址出土）

图 2-10　商　蟠龙纹铜盘拓片图

在商代，青铜器成为最具代表性的器物，得到了极大的发展。被发现的最早的龙纹是在二里岗时期被用作青铜器纹饰的龙纹（图 2-9），但这一时期的龙纹数量非常少，形式也相对单一，大部分都是作为辅助纹饰与兽面纹结合，变成更大的兽面纹。独立龙纹尚未出现。

龙纹在商代发展演变的最大特点是出现了角。这些角的形状多变，如像花草的形状，或像是蜗牛、牛羊的角，或是老虎耳朵的形状。这一时期龙角造型的多变一方面反映了龙纹融合对象的复杂性，另一方面也是商代人们对角的崇拜与龙纹崇拜的融合。商代的龙纹虽然多变，但仍保持着妖怪的姿态。由于"混搭"的需要，一些龙纹图案被严重扭曲。商人倾向于夸大头部，简化躯干，有些人甚至将其简化为"无特征的头部延伸"。角的出现，更加增大了商代龙纹带给人们的神秘感，增添了它的复杂程度。在商代，龙纹给人的是神秘感和凶猛的美感，让人从龙纹中感觉到"龙"超越神灵的权威。

除了新出现的角之外，与夏代龙纹相比，商代龙纹还有了明显的背鳍和四肢，爪的数量变成了三个，龙的脖子、腹部、尾部是和谐地连接在一起的。可以说，龙纹在商代已经基本定型了：硕大的头部、巨大的嘴巴、像蛇一样蜿蜒的身躯、尖利的爪牙，头上还有一对角（图 2-10）。

商代早期，龙纹大部分出现在玦、璧等形状偏环形的玉器上（图 2-11）。而商代中期，青铜器铸造业开始发展壮大，它

图 2-11　商　弧形玉龙拓片图（河南安阳市殷墟妇好墓出土）

的发展使得当时的装饰艺术也随之进步，两者互相促进，青铜铸造业成为当时最重要的手工业。在当时的装饰艺术中，纹样是极其重要的，其中龙纹的地位更是独一无二的。商代中期的龙纹大多出现在青铜器上，龙的形象也大多是两只龙两首相对或首尾相接，龙的身形大多是直立的，少部分是曲折体，其中夔龙纹最为常见。商代晚期龙纹发展到了最盛的时候，"回顾式"龙纹在当时十分流行，并且"双头龙纹"开始出现。

1. 夔龙纹

根据已有的考古资料可以发现，在商代早期，夔龙纹作为主要纹样出现在青铜器上。夔龙纹的特征是张着嘴，龙的身体或是伸直或是弯曲，在额部都有双角或是冠，尾巴向上或是向下卷曲，并且夔龙纹都是侧视的图像。有的夔龙纹会作为主要纹样被装饰在器物的颈部，也有的作为次要纹样被装饰于圈足。

《山海经·大荒东经》记载："其上有兽，状如牛，苍身而无角，一足，出入水则必风雨，其光如日月，其声如雷，其名曰夔。"东汉许慎《说文解字》载"夔如龙一足"[1]，"夔，神也，如龙，一足"[2]。宋代的学者依据上述文献，将这种只有一只脚、有龙特征的图案称为"夔龙纹"。但是这种说法并不准确，结合同类的龙纹分析，夔龙纹并不是只有一只脚的，也有两只、四只甚至没有脚的。有的学者也做出分析，认为夔龙纹只是因为侧视构图才只有单足，原因是商周时期的艺术家大都喜欢用侧视的构图绘画。[3]

最近也有学者提出，"夔龙"本就是古人的误会，如《尚书·舜典》中记载的"伯

---

1 许慎：《说文解字》，徐铉校定，中华书局，2009，第 28 页。
2 许慎：《说文解字校订本》，班吉庆校定，凤凰出版社，2004，第 56 页。
3 马承源：《中国青铜器》，上海古籍出版社，1988，第 322—323 页。

图 2-12　商　龙虎尊

图 2-13　龙纹兕觥（山西出土）

拜稽首，让于夔、龙"，从中可以看出，"夔龙"一词是两个人名字的结合，并且"夔，一足"中的"足"并不是指龙的脚，而应该是"充足"的意思。[1] 夔纹和甲骨文、金文中的"龙"字十分相像，它又出现于远古时期的原始龙纹和后代秦汉时期成熟的龙纹之间，所以夔纹在其中应当是起到了承上启下的作用[2]，因此，夔纹应当属于龙纹，是能够被称为"夔龙纹"的。

　　夔龙纹在商代的应用范例有安徽出土的商代龙虎尊（图 2-12）。从图中可以看出，龙虎尊有三个小型的龙头，位于它的肩部，龙头和龙角整体向外突出，头往下伸，呈俯首的状态，龙的身体弯曲，尾巴卷翘，趴伏在龙虎尊的肩部，龙的身体上饰有繁复的几何纹样。在龙虎尊的中间，装饰花纹展现了虎口中咬着人的画面，并且人的身体旁边还装饰着夔龙纹。这种人与兽类相结合的纹样一般与巫术等迷信相关，这类图案可视为巫师借助动物与神灵交流的表现。

　　另一与夔龙纹有关的文物是山西出土的古代龙纹兕觥（图 2-13）。这一兕觥的整体造型如同一个牛角，前段的部分是龙头的形状，龙抬着头，鼻子挺翘，嘴部微微张开露出嘴里的尖利牙齿，两只眼睛溜圆，向外鼓，两只龙角粗大，整体面部凶恶狰狞。盖面是龙纹的身体，与兕觥前段的龙头相连，在两侧装饰夔龙纹，夔龙的头部在后，尾部在前，与主体的龙形成对比，带给人神话般狰狞凶恶的感觉，体现出设计者构思的独特。

---

1 吉成名：《"夔龙"小考》，《文史杂志》2001 年第 6 期，第 63 页。

2 段勇：《商周青铜器幻想动物纹研究》，上海古籍出版社，2012，第 78 页。

2. 蟠龙纹

　　蟠龙纹在商代后期才被广泛运用。蟠龙纹中龙的身体大都是以龙头为中心卷曲盘成圆形的，它在后代，如西周和春秋时期也有被运用到。蟠龙纹主要被用来装饰水盆或盘子等装水的容器，如商代蟠龙纹盘（图2-14），龙的身躯以龙头为中心盘卷成圆形。像这样在盘底装饰蟠龙纹的手法也出现在考古发现的新石器时代的蟠龙纹盘中，这说明这种装饰手法是从古代传承至今的。也有少部分蟠龙会呈现上半部分身体直立而下半部分盘卷的姿态，这样的蟠龙纹通常会出现在器物的盖子上，不但有实用效果，还有装饰效果。

3. 双身龙纹

　　双身龙纹是在商代晚期由夔龙纹和蟠龙纹衍变而来的。它和蟠龙纹一样是以龙头为中心，但是身体不是盘卷成圆形，而是向两边展开。双身龙纹应当是起源于二里头早期陶片上的双身蛇纹。有一个头两个身子的龙纹，古时候被称为"双尾龙纹"，龙头位于中央，龙头左右有两个龙的身体，流行于商代晚期和西周。

图 2-14　商晚期　蟠龙纹盘

图 2-15　司母大方壶中的一首双身龙纹

与双身龙纹有关的文物有妇好墓出土的司母大方壶，其上腹部就有双身龙纹（图 2-15），它的龙头朝向正面，头上有双角，呈圆柱形，额头中央装饰有菱形纹样，有嘴，龙的身体像蛇一样蜿蜒，并且有两只脚，在龙身上也装饰着菱形的几何纹样。

有学者因为《山海经·北山经》中记载的"有蛇，一首两身，名曰肥遗"而认为双身龙纹是"肥遗"，但后来又有学者发现《山海经·西山经》中有"有蛇焉，名曰肥遗，六足四翼"的说法，所以，双身龙纹并非肥遗蛇。随着考古中出现了越来越多的双身龙纹纹样，现在的学者普遍将双身龙纹视为龙纹而不是蛇纹。

到了西周早期，龙纹大部分是从商代延续而来的，其中夔龙纹发展略微突出，双身龙纹更为流行。但与殷商不同的是，双身龙纹的龙身不再像前代呈现带状，而是像波曲的形状，同样是向左右两侧展开，也有一些做回首状的回顾龙纹。在西周时期，龙纹不再是万物的结合，且与殷商时期的凶恶狰狞不同，西周的龙纹变得更柔和，没有了先前繁复的形态而变得更简约。龙的形态更加美观，变得更像装饰图案，也更加艺术化了。

图 2-16　殷商或西周　变形夔龙纹

四、装饰图案——西周

1．殷商龙纹在西周的发展

　　西周早期的夔龙纹由商代的演变而来，显得比较多样。有的十分抽象，仅仅用粗细不同的线条来表现龙的身体；而有的则十分精致，偏向具象化。到了西周中晚期，抽象的夔龙纹最为流行。（图 2-16）

　　西周早期具象的夔龙纹的特征：从整体上看，如同蛇一般蜿蜒，呈"S"形，体态像兽类或蛇。像兽类的夔龙纹龙身粗大，饰有虎斑的花纹；而像蛇的，大多只用一条粗线或者两条细线表现。夔龙纹的局部更是变化多端，就龙的双角而言，有的有，有的没有。有角的夔龙纹龙角大都是弯曲的，而没有角的大都有冠，冠大部分是花冠的造型，向前或向后。有的夔龙纹有鼻子，和大象相像；有的很精致，有脚有爪有腿部；有的却很抽象。夔龙纹大部分被装饰在物体的外部，有的是长着嘴巴相互对视的，有的是向后看的。而到了西周晚期，夔龙纹变得十分抽象，身体呈方形，龙头也被简化了，和传统的龙纹相比，有向几何纹样演变的趋势。

　　西周时期蟠龙纹也有一定的发展，在构图上，蟠龙纹基本和商代时期一样，但是龙头部分变得更加多样，有正面也有侧面；有的和龙身在同一维度上；有的蟠龙纹上半部分是直立的而下半部分是卷曲的；精致的蟠龙纹和商代相似，而粗略的蟠龙纹则更像是有着弯曲龙角的牛，仅仅有眼部和鼻子部分。在西周，很多工匠还对蟠龙纹的应用做了更多的尝试。在商代，蟠龙纹大部分被运用在盘底，而西周时还被装饰在青铜

图 2-17 蟠螭纹铜甬钟
（1936年辉县琉璃阁甲墓出土）

图 2-18 蟠虺纹鼎
（1976年长兴县下箬寺乡上莘桥出土）

器的肩部和盖子上。特别是蟠龙纹在盖子上的运用，突破了平面的限制，出现了半浮雕式。半浮雕式的蟠龙纹比起平面的蟠龙纹，更加实用和美观。

在西周时期，双身龙纹基本和前代相同，此外，还新出现了交龙纹、攀龙纹和双头龙纹。

2. 交龙纹

交龙纹，常由两条或两条以上的龙相互交绕构成。《周礼·春官·司常》："王建大常，诸侯建旂。"郑玄注："诸侯画交龙，一象其升朝，一象其下复也。"[1]《释名·释兵》："交龙为旂，旂，倚也。画作两龙相依倚也。"[2] 根据上文可以看出，交龙纹应该是两条龙一条在上一条在下，在下面的龙身体向上，而在上面的龙覆盖在下面的龙身上，两条龙身体相互缠绕。其中躯体粗壮的称蟠螭纹，如蟠螭纹铜甬钟（图2-17），而变形缩小的为蟠虺纹（图2-18）。

1 林尹：《周礼今注今译》，书目文献出版社，1985，第33页。
2 刘熙：《释名》，商务印书馆，1939，第56页。

3. 攀龙纹

攀龙纹的龙大都是攀附的形态，形式多为浮雕，装饰的地方是物体的腹部外侧，也有的作为器物的耳部，还有的装饰在别的地方。攀龙纹流行的时期是西周之后。其中高浮雕式的攀龙在西周时经常被用于青铜器的耳，兼具美观性和实用性。从风格上看，有的精致，有的雄伟。

与攀龙相关的文物有陕西扶风县巨浪乡海家村遗址出土的青铜龙（图 2-19）。此物重量有 19 公斤，长度有 60 厘米，龙的嘴巴张开，唇部卷曲，颈部弯曲，尾巴向上卷起，整体呈攀爬的姿态，两只眼睛呈圆形并向外鼓出，鼻部坚挺，两只耳朵向上折，牙齿闭合，脊柱部分粗长。此攀龙的龙角装饰有圆涡纹等几何纹样；龙的身体、颈部、腹部和尾部都用阴刻的方式装饰着格纹、云纹等。有的学者从它脚部断裂的痕迹猜测，此青铜龙是青铜鼎耳之爬龙。[1]

4. 双头龙纹

双头龙纹大都出现在西周的中晚期。顾名思义，双头龙纹便是有两个头一个身子的龙纹，构图呈"S"形，龙头在两端。春秋中晚期也有双头龙纹，但都是缠绕式的。其式样是一条兽体两端各有一个龙头。简单的独体双头龙纹，多见于西周中、晚期。缠绕式的双头龙纹则盛行于春秋中、晚期。

图 2-19　青铜龙（陕西扶风县巨浪乡海家村遗址出土）

---

[1] 高西省：《扶风出土的西周巨型青铜爬龙及研究》，《文博》1993 年第 6 期，第 84—88 页。

五、神霄绛阙——文化

青铜器反映了青铜时代的文化内涵和社会审美，正如刘凤君先生所说："美术是用物质造型艺术来描绘世界，记述历史，它对社会生活的反映是直接的。"[1] 从殷商至西周，每一阶段都有不同形式的龙纹出现，它们不仅仅和当时艺术家们的喜好相关，更是人们精神追求的表达。青铜器在青铜时代作为举足轻重的发明，是王权的象征、祭祀的用具，作为礼器被广泛使用。这一时代龙纹的文化内涵主要体现在以下三个方面。

1. 巫术与宗教

现今许多考古资料可以证明，从史前时代至青铜时代，巫术和宗教在社会中都十分盛行。[2] 在生产力低下的时代，人们在和大自然接触的过程中，由于对自然现象不了解，便认为这个世界是由"神灵"主宰的，他们希望通过巫术和祭祀的方式让神灵庇佑自己，得到平安和幸福。巫术是极具唯心主义色彩的，它希望通过借助超自然的力量来对人或事施加影响。在这种十分推崇巫术的时期，作为祭祀用的青铜器上的龙纹纹样，也带有浓厚的神秘寓意，在造型上显得十分夸张，头部出现了双角，神态严肃，给人狰狞凶恶之感。

龙纹在服饰中的应用最早可以追溯到红山文化的玉龙以及良渚文化中的龙纹玉镯。人们佩戴、使用这些物品，是出于对龙的崇拜，他们相信这些物品可以感应神灵，佩戴它们可以和神灵交流。在部落中，首领通常会选择将带有龙纹的物品戴在胸前，这象征了图腾和首领权威的结合。由此可以看出，龙纹和巫术、图腾崇拜息息相关。

到了商代，龙纹出现了双角，如妇好墓出土的玉龙，这也是由于商人相信角是神灵的象征，有了双角，龙就可以腾云驾雾，与天地进行交流。这一变化让龙纹显得更加威严狰狞与神秘。

---

1 刘凤君：《美术考古学导论》，山东大学出版社，2002，第 88 页。
2 常素霞：《从古代玉龙的演变谈中国龙的文化内涵》，《文物春秋》2001 年第 4 期，第 23 页。

2．雨水之神

龙在古人心中也代表了雨水之神。在古代传说中，伏羲是它的母亲与有着人头龙身的雷神的孩子。在商周时代，人们将龙视为雨水之神，每当有旱灾来临，人们就通过祭祀龙来祈求降雨。《管子·水地》中有龙作为雨水之神的相关记载："龙生于水，被五色而游，故神。"[1]

现今出土的不少商周时期的青铜盘上就有龙纹纹样。这些青铜盘通常是作盛水之用，会用龙纹、鱼纹等纹样装饰于盘底，龙纹的周围会加上一些小鱼点缀，呈现出龙作为"鳞虫之长"的画面。《周礼·考工记》之"画缋之事"中又有"火以圜，山以章，水以龙"的记载，说明了古人在给衣服作装饰时，通常用龙纹代表水。

3．王权象征

由于巫术和宗教都与统治阶级息息相关，因此青铜器上的龙纹逐渐成为权力的象征。青铜器是"礼"的载体，夏商周时期王族通常通过青铜器来划分等级、表现权威。如西周早期的青铜器太保方鼎（图 2-20），腹内铜壁上雕刻铭文"太保铸"，记载的是周王将其作为奖励赐予太保的过程。大多数鼎的耳部是没有纹样装饰的，而太保方鼎的耳部却装饰有龙纹，龙的身上还有鳞纹，除了耳部，鼎的周围也有些许龙纹装饰，整个方鼎精致华美。这种在鼎的耳部装饰龙纹的方式通常被用来彰显鼎主人的高贵地位。

1 黎翔凤：《管子校注》，梁运华整理，中华书局，2004，第 89 页。

图 2-20　西周早期　太保方鼎

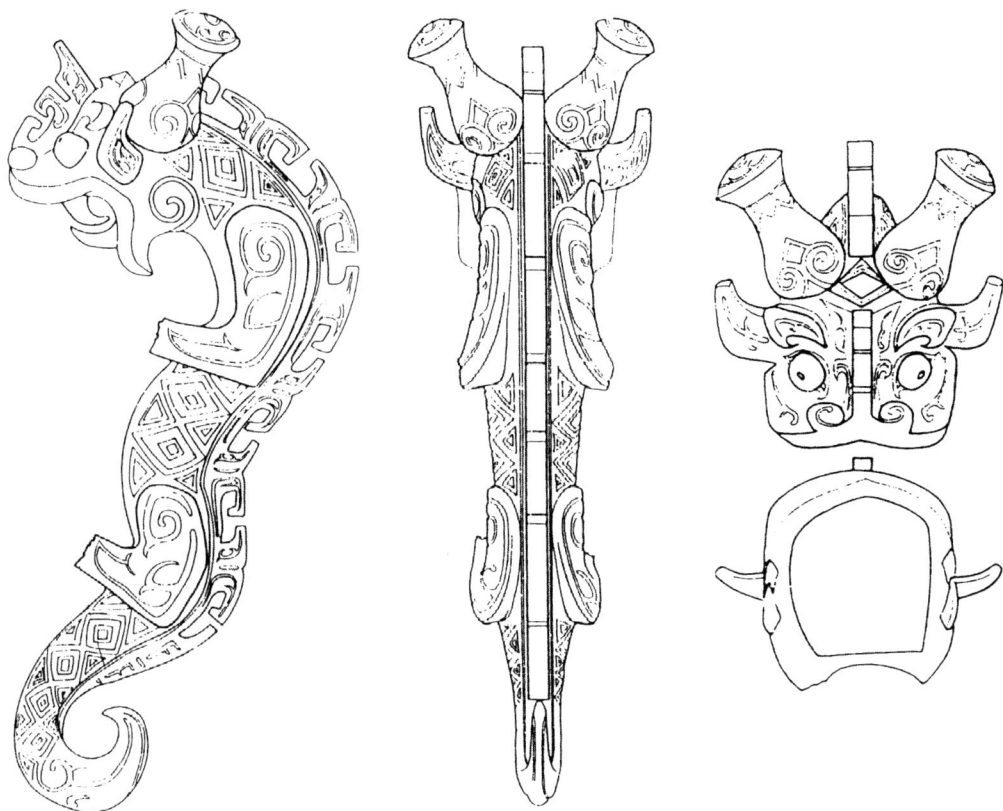

图 2-21　西周早期　龙纹铜器

　　《左传·宣公三年》中提到，在夏代，进贡时
朝廷官员通常会将龙等神怪铸造在青铜器上"使民
知神奸"，可以让百姓知道神物和怪物，不会轻易
在山川自然中受到伤害，让人们幸福平安。[1]龙纹
其实就是一种心理暗示，让人知道这个世界是有
秩序的，并且这个秩序是神圣伟大的。[2]因此西周
时期，龙纹的最大作用是统治阶级用以彰显权威、
体现威严，从而管理臣民（图2-21）。

1 李梦生：《左传译注》，上海古籍出版社，2004，第
436—440页。
2 葛兆光：《中国思想史（第一卷）》，复旦大学出版
社，1998，第138页。

六、结论

　　龙纹起源于远古蛮荒时期，又在夏商周时期得到了发展，在不同时期，都有着不同的形象和特点。虽然我国许多古籍中有提及青铜器的纹饰，但是大部分都是研究青铜器的器型和铭文，对青铜器纹饰的研究却屈指可数，因此相关的研究比较困难。龙纹作为青铜时代青铜器纹饰的主要组成部分，它的年代久远，形态变幻莫测，种类丰富，现存的史料有限，因此研究龙纹是一个相对庞大且困难的课题。从起源上看，有几种龙纹起源的学说，为大多数人所接受的说法是龙纹是古人创造的精神世界的神明，是他们崇拜自然的产物；在发展过程中，龙纹从夏代的基础龙纹逐渐演变成商周时期有角的成熟龙纹；在内涵上，龙纹不仅与巫术、宗教相关，还象征着雨水之神，是王权的象征。不同时期的龙纹都对当代艺术设计产生了深远的影响，龙纹的文化内涵也潜移默化地影响着人们的思想观念。龙纹作为中国传统文化的一部分，展现了华夏人民的民族特点，是我国艺术中不可或缺的一部分。

曲直蟠折

第三章

夔纹

赵茜

青铜文化的发生、发展和衰落构成了青铜时代。其间从商至西周的几百年间是青铜文化的鼎盛时期，青铜艺术经历了从上升到巅峰再到回落的一个相对完整的历史周期，常见的器物多为酒器、食器、兵器、乐器等，常见的装饰纹样多为饕餮纹、夔纹、鸟纹、云雷纹等。其中，夔纹多是一角，一足或双足、无足，张口卷尾，呈爬行状的纹样。这是一种使用较多的辅助装饰纹样，常施于青铜器的足、口、颈、腰腹部、圈足等处。

一、以夔之名——溯源

　　"夔纹"一词最早见于北宋王黼《宣和博古图》，如卷一"商伯申鼎"："凡鼎彝之属，莫不有文，或饰以雷篆云纹，或错以夔龙蟠螭之类。"卷三"周子父举鼎"："是器耳与腹皆素，纯缘之外以夔龙雷篆间饰，足亦作夔状。"卷四"周素饕餮鼎"："腹间饰以饕餮循环，又间作回顾状。至三足，则各为蟠夔，以角戴其器，盖取象羊豕鼎也。但羊豕鼎有首有足，而此足特作蟠夔耳。"卷八"商隝彝"："纯缘、圈足，皆饰以夔龙之形。夔之字从夔，夔，贪兽也。"卷二十一"周夔匜"："是器通体饰以夔纹，盖亦如之。"继宋代之后，明清也还有使用。[1]

1 "夔纹"名称还在明代李日华《味水轩日记》卷七中出现过一次，云"（二十日）太仓孙姓者，携白定水中丞一，青东磁夔纹小彝炉一，来看"。随后，在清代陈浏《匋雅》上卷、法式善《存素堂诗初集录存》卷一、官修《宁寿鉴古》卷二、梁诗正《西清古鉴》卷十一、刘启端《大清会典图》卷二十五、潘衍桐《两浙輶轩续录》卷十九、阮元《石渠随笔》卷八、王杰《西清续鉴甲编》和《西清续鉴乙编》各卷三中，均出现"夔纹"一词。

夔，是古代中国神话传说中的怪物，《山海经·大荒东经》载："东海中有流波山，入海七千里。其上有兽，状如牛，苍身而无角，一足，出入水则必风雨，其光如日月，其声如雷，其名曰夔。黄帝得之，以其皮为鼓，橛以雷兽之骨，声闻五百里，以威天下。"晋代郭璞《山海经传》记载："又东北三百里，曰岷山。……其兽多犀、象，多夔牛。"上述文献形容"夔"是像牛一样的"一足"怪兽。

汉代许慎《说文解字》云："夔，神魖也，如龙一足。"此时的"夔"被明确解释为"像龙一样"。此观点在容庚和张维持的《殷周青铜器通论》中被引用，文中还指出在《庄子·秋水》中也出现了相同的观点，曰"夔谓蚿曰，吾以一足跉踔而行"，并认为"夔也是一种爬虫类加以变化的形态，其形状的特色是象龙的形态，有一角和一足"。[1]从此，"夔纹"有了正式定义及相对固定统一的纹样形态认知。同时，在《殷周青铜器通论》中，针对夔纹的构成形态还作出了四种类型的划分："（1）张口一角一足，尾上卷如钩，填以雷纹（图3-1）。（2）独角，口向下，身弯尾曲。（3）身作两歧，手法简洁，极度几何形化。（4）两头夔纹，两端的头部一上一下，身为对角线，简洁生动（图3-2）。"[2]

图3-1　殷商或西周　夔纹

图3-2　商代　两头夔纹

1 容庚、张维持：《殷周青铜器通论》，文物出版社，1984，第112页。

2 同上。

二、莫衷一是 —— 定义

　　战国韩非《韩非子》云："夔非一足也。"诸葛铠先生《中国纹样辞典》云："……原来所说的夔，就是爬行龙，一足或无足是两爪龙侧视以后简化的结果，并非原来只有一足……"[1]1995 年，朱凤瀚先生《古代中国青铜器》中关于夔纹的观点是："所谓夔的一足，实际仍是两足的侧视。因此把上述侧视的龙形图像视为夔，严格地说，实是不很妥当的。"[2]1986年，学者王子初在论文《鼍鼓论》中写道："夔的形貌，因其与鼍有关，历来多说其为独足龙形。"[3]2008 年出版的容庚先生《商周彝器通考》没有针对夔纹给出一个定义，但对夔纹的划分较《殷周青铜器通论》有所细化，且从细化之后的划分结果中能够看出，他已不再强调夔纹到底有几足之说，而是从夔纹具体的首部、唇、躯体、尾部的形态去进行辨别与分类（详情见下节表 1）。

1 诸葛铠、郭廉夫、丁涛主编《中国纹样辞典》，天津教育出版社，1998，第 206 页。

2 朱凤瀚：《古代中国青铜器》，南开大学出版社，1995，第 387 页。

3 王子初：《鼍鼓论》，《中央音乐学院学报》1986 年第 3 期，第 30 页。

1988 年，王大有先生在《龙凤文化源流》中说："中国最原始的龙，是湾鳄、扬子鳄——中华鼉龙，又称夔牛、猪婆龙、鱓、蛟龙、水虎、虎蛟、忽雷等。"[1] 由此可知，王大有先生更倾向于夔龙是以鳄为原型的，而此观点也在诸葛铠《中国纹样辞典》中再次被提及，说"夔龙是以鳄、蛇为原型，与玄鸟复合演化而成的商族族徽，一鸷（鸟）足，有爪。这一认识与宋代以来的观点是基本一致的"[2]。至 2012 年，学者曹峻在《"夔纹"再识》中对夔纹形态提出新观点，即"通常认识中'夔纹'所指代的那类动物原型，不论从图案纹样还是从象形文字的特征演变来看，都不应为神话类的'龙'或者'像龙的动物'，而是源于现实中真实存在的动物'虎'"。[3] 该文延续了朱凤瀚《古代中国青铜器》中"背上无刀状羽翅"类的夔纹观点。

综上所述，根据以上种种关于夔纹形态的定义，可得：其一，夔纹形态源于古文献"夔一足"之说，但也有文献认为夔非一足，也有双足或无足的形态；其二，将夔纹或夔龙纹纳入龙纹范畴是合情合理的。从夔纹具体的形态上来看，其确实更贴近于龙类的形态，如马承源先生在《中国青铜器》一书中指出"青铜器纹饰中，凡是蜿蜒形体躯的动物，都可归之于龙类"[4]，并批评"自宋代以来的著录中，在青铜器上凡是表现一足的、类似爬虫的物象都称之为夔"[5]，且将夔纹与夔龙纹都归入了龙纹类。持相同观点的还有朱凤瀚，他在《古代中国青铜器》里也将夔纹归入龙纹之中。

从青铜器的发展历史来看，商周是青铜文化的辉煌时期，其中商后期进入中国青铜器艺术的第一个高峰，基于这样的时代背景，夔纹也进入了巅峰阶段。进入西周后期，夔纹还是基本延续了商后期的规模，但也出现了一些新变化，如在兵器上，已逐渐淡去夔纹的身影。同时，由于施用面积的不同，原先设计成曲体形态的夔纹变为直体或拱体形态。

1 王大有：《龙凤文化源流》，北京工艺美术出版社，1988，79 页。
2 诸葛铠、郭廉夫、丁涛主编《中国纹样辞典》，天津教育出版社，1998，第 206 页。
3 曹峻：《"夔纹"再识》，《考古》2012 年第 11 期，第 69 页。
4 马承源：《中国青铜器》，上海古籍出版社，2003，321 页。
5 同上书，320 页。

西周中期的穆王时期，夔纹彻底告别了商代形式，在风格上完成绝对的转变，呈横"S"形状和"W"形状的顾首类夔纹占据主流地位。到了西周后期，夔纹出现了相对的颓势，施用不多，线条化明显，常做出双头图像，且制作不精，形态散漫，甚至都没有一个占主流地位的夔纹类型。但值得注意的是，从商代到西周，留下了一些经典的夔纹造型，如曲体夔纹、折体夔纹，还有一些沿用时间较长的卷体夔纹、直体夔纹等，各式夔纹此消彼长，共同构成了丰富多彩的艺术形态（图3-3）。

夔纹作为一种装饰性图案，通常与饕餮纹组合使用，作为饕餮纹的附属纹饰。夔纹在器物上的装饰特征大致为张口，一角，一足或双足、无足，卷尾，多以侧面示人。也有一些更为几何化、抽象化、概括化的夔纹形态。夔纹常被施于簋、卣、瓿、彝、尊等器物的口沿、足边缘、颈部、腹部、腰部等，在商周时期运用得十分广泛。

就夔纹形态类型而言，各家分法不一，如有上文中已提起的容庚《商周彝器通考》中的划分类别（表1），又有朱凤瀚在《古代中国青铜器》《中国青铜器综论（上）》（表2）和段勇在《商周青铜器幻想动物纹研究》（表3）里面的分类，但无论哪家分法，大体的纲目是较为趋同的。

图3-3　西周　夔龙纹

三、曲直蟠折——形态

表 1   容庚先生《商周彝器通考》中的夔纹分类 [1]（笔者整理绘制）

夔纹类型	图示
I 夔纹 （1）张口，一角一足，尾上卷如钩，填以雷纹	
（2）上下唇如钩相向	
（3）上唇上卷	
（4）独角，口向下	
（5）两唇相合	
（6）身作两歧	
（7）身折而下绕	
（8）其身甚短	
（9）身短而填以雷纹	

---

1 容庚：《商周彝器通考》，上海人民出版社，2008，第 107—111 页。

夔纹类型	图示
（10）鼻向下卷起若象纹	
（11）首大身短，足在首下	
（12）回首向后，首有长冠垂于前	
（13）尾分两歧，一卷上，一卷下	
（14）足形如刀	
（15）尾向下卷，无复足形	
Ⅱ 两头夔纹 （1）两头一上一下，身为对线	
（2）一头有角，一头大腮，两身相连	
Ⅲ 三角夔纹 其状作三角形，中两夔相对，填以雷纹	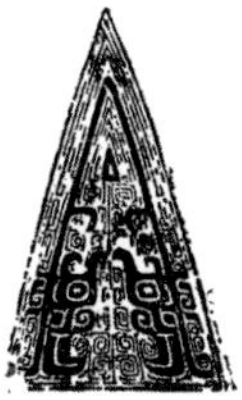

表 2　朱凤瀚先生《古代中国青铜器》[1]《中国青铜器综论（上）》[2] 中的夔纹分类（笔者整理绘制）

夔纹类型			图示
A 型： 直短身， 首向前	Aa 型： ①昂首，张口 ②躯干为单体 ③尾下垂 ④也有作为饕餮纹两侧的辅助纹样，其状多倒立		
	Ab 型： ①低首，张口向下 ②前额上下两只触角，上只长而上卷，状似象鼻 ③躯干为单体 ④背上有刀状羽翅		
	Ac 型： ①低首 ②躯干分歧为二 ③首生象鼻上卷或下卷		
B 型： 折身	躯干下折， 折角作直角	I 式： ①张口向下 ②尾上卷	
		II 式： 尾下卷	
C 型： 曲身， 尾上卷	通体近 "S" 形，张口向前		

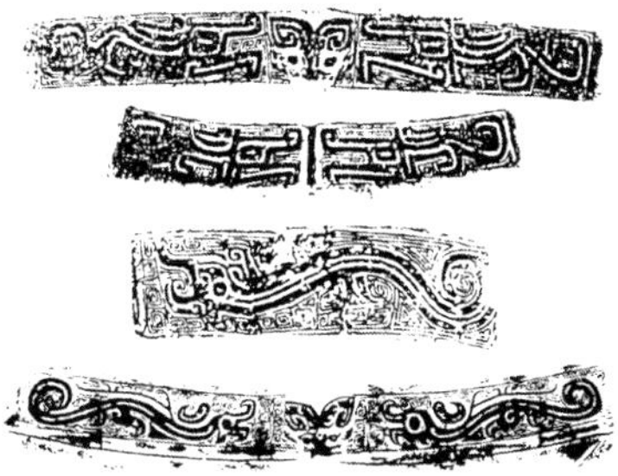

1 朱凤瀚：《古代中国青铜器》，南开大学出版社，1995，第 388 页。
2 朱凤瀚：《中国青铜器综论（上）》，上海古籍出版社，2009，第 551 页。

表 3 段勇先生《商周青铜器幻想动物纹研究》中的夔纹分类[1]（笔者整理绘制）

序号	夔纹类型	主要特点	亚类	图示
1	A 型	一首双身	Aa 型：正视，龙首居中，双身左右相对展开	
			Ab 型：双身，上下相对展开，上身平直，下身曲折，龙首回顾下身	
			Ac 型：龙首冲前，双身相对蟠曲	
2	C 型	由 S 型演变而来，尾部下卷多不明显，整体略呈 "C" 形（见下 S 型）		
3	H 型	不同型式的夔龙纹相连或与其他动物纹相连	Ha 型：与兽面纹相连	
			Hb 型：不同型式夔龙纹相连	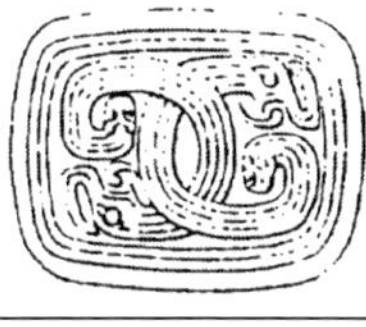
			Hc 型：与鸟纹相连	
			Hd 型：与虎纹相连	

1 段勇：《商周青铜器幻想动物纹研究》，上海古籍出版社，2012，第 63—87，101—109 页。

续表

序号	夔纹类型	主要特点	亚类	图示
4	L 型	直身，口冲前，卷尾或卷翼，形似"L"（或反"L"）形	La 形：尾上翘或上卷，立雕饰于鼎足，多双唇外分	
			Lb 型：变形瓶状角，多上唇外翻、下唇内卷	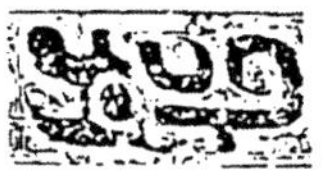
			Lc 型：身、尾平直	
			Ld 型：有翼，且翼与身平行向后延展	
5	O 型	盘龙纹，身、尾蟠曲	Oa 型：侧视型蟠龙。张口衔尾或身尾绕头，呈圆形或方形	
			Ob 型：龙首冲前，卷尾于身下	
			Oc 型：龙首同侧回顾卷尾	
			Od 型：正视或俯视，龙首居中，身尾环绕于外	
			Oe 型：身尾盘曲，龙首凸出，呈立体蟠坐状	

序号	夔纹类型	主要特点	亚类	图示
6	S 型	躯干呈 "S"（或反 "S"）形，头回顾卷尾	Sa 型：无翼	
			Sb 型：有翼或立羽	
7	W 型	龙身蜿蜒，或爬或行	Wa 型：头冲前，无足	
			Wb 型：头冲前，一足	
			Wc 型：头冲前，两足	
			Wd 型：头同侧回顾卷尾	
8	Y 型	双首共身型	Ya 型：双首下垂，龙身弧形上扬，均饰于卣提梁	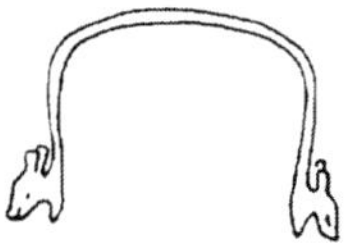
			Yb 型：双首相对，龙身呈 "V" 形或 "W" 形	
			Yc型：双首共身呈"S"形，且双唇外分	
			Yd型：双首共身呈"S"形，上唇外翻，下唇内卷且有舌	

续表

序号	夔纹类型	主要特点	亚类	图示
9	Z 型	与 S 型夔纹近似，但龙首并不沿身躯方向回顾，而是与身躯方向垂直，呈"Z"（或反"Z"）形	Za 型：折身，无足，背部有鬣或翼	
			Zb 型：折身，一足，个别有两足。多数背部有鬣或翼	
			Zc 型：折身，无足，头部正视。多身饰鳞纹，有的背部有翼	
			Zd 型：直身，一足，背部有鬣或翼	
			Ze 型：曲身，一足	
			Zf 型：探首，弓身，翘尾，有角，有足	
			Zg 型：龙身蜿蜒，双足（立体为四足）。均双唇外分，多为瓶状角（"I"形角）	

依据以上诸位学者的划分方法，同时根据学者苏辉在论文《中原地区商西周青铜器夔纹研究》中的划分，笔者将夔纹形态分为四类，即卷体类、折体类、曲体类、直体类，以下逐一进行探讨。

图 3-4　西周晚期　侯母壶

图 3-5　商晚期　右方彝

1．卷体夔纹

卷体类夔纹指的是夔纹从头部到尾部，整体躯干呈盘卷状。其实物有 1978 年山东曲阜鲁国故城望父台墓地 48 号墓出土的西周晚期侯母壶（图 3-4），整体器形呈匏状，小口直领，器身两侧上下各有一鼻，圈足。器腹正中一带饰对称式卷体夔纹，夔鼻向下卷起若象纹，躯体卷成盘状，且绕头部一周，与冠重合，无足。此卷体夔纹，构思极为精妙。该器物颈部还铸有一周铭文，十五字，表明此壶系侯母为侯父戎制作。

2．折体夔纹

折体类夔纹指的是夔纹的躯干有明显方折，即从头部到尾部之间，有直角翻折出现。如 1935 年河南安阳武官北地 1022 号墓出土的商代晚期右方彝（图 3-5），长方四坡形，有盖，深腹，圈足，四角及四面中央有凸起的立体扉棱。器物通体以云雷纹为地纹，器口下方、腹部饕餮纹上方及两侧、圈足一周均饰有夔纹。其中，器口下方、腹部饕餮纹上方的夔纹为折体夔纹，即张口向下，尾上卷，躯干都有下折并呈直角，且其上又都饰有圈形旋涡纹；饕餮纹两侧的夔纹为倒立直身夔纹，圈足处的夔纹为直身夔纹，尾均上卷。

　　具有同样形态的折体夔纹还见于 1933 年河南安阳大司空村出土的商代晚期象首兽面纹觥（图 3-6），器物有盖，深腹，圈足，前有象首高流，象鼻上卷，后有兽首鋬。盖上饰兽面纹，器口下饰有一条折体夔纹，折体结构较之前见到的甚为夸张，夔纹头部在其折体下方，张口向下，尾上卷，无足；盖部及腹部均饰兽面纹。又有 1970 年湖南宁乡黄村出土的商代晚期戈卣（图 3-7），盖隆高沿，直颈，腹鼓，圈足，有提梁，通体一周有四条宽厚的棱脊。腹口上边缘一圈饰折体夔纹，昂首口向前，躯干单体上折呈直角，尾下卷，双足；其余盖沿、鼓腹、圈足处均饰不同形态的凤鸟纹，盖侧檐角上饰蝉纹。此器物整体造型气势庄重，纹饰华美。

图 3-6　商晚期　象首兽面纹觥（日本白鹤美术馆藏）

图 3-7　商晚期　戈卣（湖南省博物馆藏）

3. 曲体夔纹

曲体类夔纹指的是从夔纹的头部到尾部整体呈波浪起伏状态，尾上弯，即通体近"S"形，张口向前。其实物如1963年于河南安阳苗圃北地殷墟遗址出土的商代晚期亚盉卣（图3-8），器体由盖及身两部分组成，整体呈橄榄形，肩两旁有耳，内穿提梁，鼓腹，圈足。盖顶部饰云雷纹，周边饰蕉叶纹，腹部上边缘有一纹带，由两首相对的曲体夔纹组成，并间以立体兽头，夔纹首向前张口，双唇外分，身曲且为单体，尾上卷，一足，通体呈"S"形，云雷纹填地。圈足上也如之，饰两首相对的曲体夔纹，但中间以竖棱相隔。盖内有铭文二字。

又如，现藏于中国国家博物馆的商后期青铜卣（图3-9），整体器物形似上文提到的亚盉卣。只是在青铜卣的盖部、腹部上边缘、圈足、提梁上均饰有卷体夔纹，躯干呈"S"形，张口向前，唯提梁上的夔纹尾下卷、无足外，器身其余部分的夔纹都是尾上卷、一足。此外，在中国国家博物馆藏品里还有一件1976年河南安阳殷墟妇好墓出土的商王武丁时期的夔纹弓形器（图3-10），器物通体弓身，呈扁条状，器身中部微上拱，两端各有"n"形弧臂。弓身中部有四条立体夔龙，以每侧两条为一组，夔首相对，张口圆眼，向上曲体，尾上卷，眼、身均镶以绿松石，制作工艺十分精美。另在1984年山东滕州庄里西村出土的西周早期百乳龙纹方鼎（图3-11）的鼎口下边缘有一纹带，饰有两两相对的曲体夔纹四组，中间以立体竖棱隔开，夔身均为单体，张口向前，双唇外分，卷尾向上，一足。

图3-8 商晚期 亚盉卣（中国社会科学院考古研究所藏）

图 3-9　商后期　青铜卣（中国国家博物馆藏）

图 3-10　商王武丁时期　夔纹弓形器（中国国家博物馆藏）

图 3-11　西周早期　百乳龙纹方鼎（滕州市博物馆藏）

4. 直体夔纹

直体类夔纹指的是从夔纹的肩部到腹部都是平直的状态，头部和尾部则会有变化。其实物如1976年河南安阳殷墟妇好墓出土的商王武丁时期的青铜瓿（图3-12）。敛口窄沿，短颈圆肩，腹大鼓圆且下部内收，圈足较高。在器腹上部与圈足处均饰有一圈平直单体夔纹，腹上部的夔纹唇、尾上卷，一足一角，搭配立体兽头，填以雷纹；圈足处的夔纹双唇，张口，一足一角，也填以雷纹。此外，在器物腹中下部一周饰有大饕餮纹，在饕餮的两侧也各有一条倒立的直身夔纹，夔首向下，夸张地张开大嘴，双唇外翻，一足，均以云雷纹为地纹。

图3-12　商王武丁时期　青铜瓿（中国国家博物馆藏）

又如河南安阳出土的商代晚期宁方彝（图
3-13），其器物呈四坡形，直腹，有盖，圈足，
且在器身和盖部的四隅及各面中央有凸起的扉棱。
直腹上边缘及圈足处各饰有一周直体夔纹，昂首口
向前，夔身单体，尾上卷，一足，填以雷纹为地纹。
器内有铭文一字。再如安阳出土的商代晚期兽面纹
鬲（图3-14），圆形，敛口，鼓腹，三足，其器
腹上部饰一周两首相对、身分双歧的直体夔纹，间
以立体竖棱分隔，尾上卷，两足，首向前。

图 3-13　商晚期　宁方彝（德国科隆东亚艺术博物馆藏）

图 3-14 商晚期 兽面纹斝（日本白鹤美术馆藏）

综上所述，笔者认为以夔纹躯体造型的变化来划分夔纹形态类别更为合理和科学，现将以上夔纹四类形态以表格形式进行汇总（表4）。

表4　夔纹四类形态汇总表（笔者整理绘制）

夔纹类型	主要特征	图示
卷体类夔纹	从头部到尾部，整体躯干呈盘卷状	
折体类夔纹	躯干有明显方折，即从头部到尾部之间，有直角翻折出现	 
曲体类夔纹	①从头部到尾部呈波浪起伏状，尾上弯，即通体近"S"形 ②张口向前	 
直体类夔纹	①肩部到腹部呈平直状 ②头部和尾部会有变化 ③躯干单体或分歧为二 ④有正侧视的，也有倒立侧视的	   

注：图例来源于容庚《商周彝器通考》、朱凤瀚《中国青铜器综论（上）》、段勇《商周青铜器幻想动物纹研究》。

四、探赜索隐——象征

商周时期，青铜器普遍进入了社会生产、生活、政治的各个领域，青铜器具备了商周时期的历史面貌和时代特征，基于此，青铜纹饰也必然受到商周社会青铜文化的影响。

1. 符号属性

经济基础决定上层建筑，"奴隶社会和封建社会的思想意识，是建立在奴隶主贵族、封建地主对广大奴隶和农民的残酷的经济剥削和政治压迫基础上的上层建筑，奴隶主贵族和封建地主都利用他们掌握和控制的上层建筑为其经济基础和反动的统治秩序服务"。[1] 在当时的社会生产力条件下，青铜器对奴隶主贵族来说是至关重要的宗教礼制与神权的象征，体现了商周宗法制社会统治者的威严、力量和意志。基于这样的时代背景，青铜器上的纹饰也必然包含着不同的等级制度意识，它们是统治阶级"上层建筑"物态化的符号象征。

第一，纹样在器物上所饰的不同位置以及在器物上所饰的面积大小直接反映了纹样不同的等级属性，也反映了当时社会中不同族群的崇拜象征与相应部族的社会地位。诚如林巳奈夫先生所认为的那样："青铜器上的不同动物纹应是以之为崇拜物的不同部族的象征，其在青铜器上

---

1 杜迺松：《中国古代青铜器简说》，书目文献出版社，1984，第112—113页。

的装饰位置反映了相应部族当时的社会地位。"[1]
就夔纹饰于青铜器上的位置来说，夔纹普遍居于从
属和陪衬地位，很少被作为主要纹样用在器物的显
著部位，常与大饕餮纹或兽面纹纠缠组合，搭配、
围绕、补充主饰纹样（图3-15、图3-16）。它一
般出现在瓿、彝、斝、觥、卣、鼎、壶等器物的沿
口、器腹上部或下部、圈足处，但也有极个别夔纹
偶尔占据主要装饰位置，如上文提到的青铜卣、夔
纹弓形器（图3-9、图3-10），但依据多数夔纹
出现的位置可知，夔纹还是一种从属纹样。

　　第二，从夔纹所装饰的青铜器品类和具体装饰
形制来看，夔纹使用较为广泛、形制较为统一，尤
其在商周晚期至西周早期。由此推测，在当时，青
铜器纹样制作方面应已有标准化的规格和较为稳定
同化的工艺设计，比如纹饰在运用上有固定的搭配、
组合规程的要求等，如在上文提到的商代晚期右方
彝（图3-5）圈足一带上与宁方彝（图3-13）器
口下沿处饰有的直身夔纹，都有着张口向前、单体
尾上卷、一足的共同形态，又如商王武丁时期的夔
纹弓形器（图3-10）和西周早期的百乳龙纹方鼎
（图3-11）中都有相同形态的曲体夔纹。这些案
例都充分证明了夔纹不仅在同一类器物上具有整齐
划一的装饰共性，同时，即使在不同时代、不同类
别的器物纹饰表达上也有着共同特征。

图3-15　西周　牛首、饕餮、夔纹铜簋（陕西宝鸡市出土）

---

1 段勇:《商周青铜器幻想动物纹研究》，上海古籍出版社，
2012，第159—160页。

图 3-16　西周　牛首、乳丁、夔纹铜簋（陕西宝鸡市出土）

第三，夔纹从更深层次上也说明了商周时期相对统一的文化意识形态，以及相近的审美习惯。从夔纹的具体装饰形制上，我们不难看出夔完全是一种夸张变形了的且极度风格化的被劳动人民幻想并创作出的特殊动物形象，"它们呈现给你的感受是一种神秘的威力和狞厉的美。它们之所以具有威吓神秘的力量，不在于这些怪异动物形象本身有如何的威力，而在于以这些怪异形象为象征符号，指向了某种似乎是超世间的权威神力的观念……"[1] 然而，青铜器上这些神秘的装饰纹样都是基于当时的地理环境中所存在的现实物而演变形成的，根据张兴照先生《商代地理环境研究》中所说的，在当时"甲骨文记载的动物种类众多，依《尔雅》之分类，《释虫》《释鱼》《释鸟》《释兽》《释畜》"，可分而述之[2]，这为当时劳动人民在纹样艺术创作方面提供了必要的前提条件，而我们也在前文夔纹定义中探讨过"夔"的近似物象。但无论商周人民到底基于哪一类或哪几类物种为参考对象创作出"夔"这一形象，夔纹最终的变体肯定都是基于自然界中的物为想象母体展开的。由于统治阶级和劳动人民都受自然环境的制约，如列宁说过的"物质的抽象，自然规律的抽象，价值的抽象以及其他等等，一句话，一切科学的、正确的、郑重的、不是荒唐的抽象都更深刻、更正确、更完全地反映着自然"[3]，因此，器物上形而下的夔纹装饰便也具备了神秘的原始自然属性，它不仅是人类对自然物的一种提炼概括，也是自然物通过人类智慧重构叠加后形成的一种抽象符号。

2．人格属性

从"一九八九年以来由安阳小屯出土的在龟甲兽骨上契刻着的殷代卜辞"[4] 可知，殷商是一个极为迷信的时期，并且在殷民族中已有了至上神的观念，而至上神又是一种有意志的人格神。到了周代，"周人的思想便更近了一步，提出了一个'德'字来"[5]。于是，商周思想的并合便构成了先秦天道观，从而影响着社会生活，也为后世留了一段在青铜时代关乎人格的思想理论。

---

1 李泽厚：《美的历程》，天津社会科学院出版社，2001，第 53 页。
2 张兴照：《商代地理环境研究》，中国社会科学出版社，2018，第 71 页。
3 列宁：《黑格尔〈逻辑学〉一书摘要》，人民出版社，1990，第 142 页。
4 郭沫若：《青铜时代》，中国人民大学出版社，2005，第 2 页。
5 同上书，第 15 页。

图 3-17 夔纹

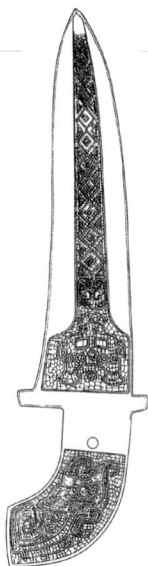

图 3-18 商 凤鸟、兽面、夔纹青铜戈
（河南安阳市殷墟妇好墓出土）

　　先秦时期的天道观折射出商与周共同的政治信仰和文化习俗。其一，包含着人定胜天之意，通过青铜器上夔纹的造型，我们不难发现其多数形象被设定为首向前、张大口、尾上卷的形态，这种形态往往给人一种"用力、威猛"的态势（图 3-17），好似夔纹能立马从青铜器上跳下来与敌人战斗，以此可推知，劳动人民是想借助青铜器上狞厉的纹饰来表达其内心想要征服自然的勇气，用人的力量来济天道之穷。其二，商周时期天道观中的"德"，"是明白地注重在一个'敬'字上的。敬者警也，本意是要人时常努力，不可有丝毫的放松"[1]。夔纹在青铜器中所处的位置恰巧也与此观点吻合，夔纹多是围绕其主纹样而饰（图 3-18），常出现在饕餮纹、兽面纹的四周，就像一个个彻夜不眠的严厉守护者，时刻肩负监督主纹样的责任。这也与青铜器本身的意义与作用相符，因商周青铜器的拥有者与使用者均为统治阶层，在奴隶制社会它们不仅是权力与身份的象征，也是给统治阶层的警示钟，时刻提醒统治者要修身正心，治国平天下，"王者要努力于人事，不使丧乱有缝隙可乘；天下不生乱子，天命也就时常保存着了"[2]。其三，把先秦天道观中所说的有德之人的一切正当优秀的行为汇集下来便蜕变成了后世我们所谓的"礼"，故而有"器以藏礼，礼以行义"之说。于是青铜器上的夔纹依据这样的背景还可理解为是坚守制度、保护社会的化身，同时也具备了"协上下"的祯祥意义[3]，以其所处的位置暗示、教化民众要各司其职、各谋其事，这也符合社会礼制，社会也能持续太平兴旺。

---

1 郭沫若：《青铜时代》，中国人民大学出版社，2005，第 16 页。

2 同上。

3 李泽厚：《美的历程》，天津社会科学院出版社，2001，第 52 页。

五、结论

图 3-19　西周　圆涡、夔纹铜器（陕西宝鸡市眉县出土）

　　本章基于对商周夔纹的名称、定义及形态进行梳理和分析，首先可知 "夔纹" 所指代的具体形态一度引发不同的学术观点，甚至有学者直接称其纹样为龙纹或夔龙纹，但最终学术界较为统一的说法还是 "夔纹" 或 "夔龙纹"；其纹样形态定义多指 "一足、双足或无足，贴近龙类的一种变体"，且将夔纹与夔龙纹都归入了龙纹大类。其次，根据夔纹形态特征，笔者将其分为四类，即卷体类、折体类、曲体类、直体类，并针对此四类形态出现在青铜器上的具体案例，逐一进行分析挖掘，以期能够探讨出夔纹背后深刻的象征意义。透过夔纹在不同器物上狞厉的造型以及常居从属纹样的位置，可以感受到纹样不同的等级属性与神秘的原始自然属性，同时，亦可得知在商周青铜时代相对统一的文化意识形态和审美习惯，以及在青铜器纹样制作方面已有的标准化规格和工艺，明晰了夔纹在物态化中的符号属性。更为重要的是，商周时期的人们借青铜器上的夔纹之位（图 3-19）甚为巧妙地去比拟青铜时代中 "德与礼" 的人格属性，也体现出了先秦时期的天道观。

凤鸟纹源自原始先民的自然崇拜，蕴含着丰富的文化内涵。现存最早的凤鸟纹出现在河姆渡文化，是双鸟与太阳并绘的象牙，而后，又出现在玉器、陶器、岩画上。商周时期的青铜酒器以凤鸟纹居多，有平面和立体两种表现形式。平面凤鸟纹的描绘均为侧面形象。立体凤鸟纹大多被做成鸟形器，少数为鸟构件。

在商代文化艺术的基础上，西周对凤鸟纹进行了进一步发展。在艺术风格上，从威猛转向华丽；在艺术种类上，从单一转向繁多；在表现形式上，从直线直角转向曲线圆弧；在组合方式上，从复合转向独立。凤鸟纹的演变与当时的社会背景息息相关，如宗教、政治、工艺等方面都对它产生了影响。在象征意义方面，商周时期的凤鸟纹主要表现为祖先崇拜、神灵使者、祥瑞化身。

第四章

祥瑞神鸟

凤鸟纹

张紫阳

一、百转千回——定义

图 4-1　殷代　凤鸟纹铜觥

凤鸟纹，古代青铜器纹饰之一。凤，在神话传说中，为群鸟之长，是羽虫中最美者，飞时百鸟随之，被尊为百鸟之王。在古人心中，凤是吉祥之鸟。

汉代许慎《说文解字》云："凤，神鸟也。天老曰：'凤之像也，麐前鹿后，蛇颈鱼尾，龙文龟背，燕颔鸡喙，五色备举。出于东方君子之国，翱翔四海之外，过昆仑，饮砥柱，濯羽弱水，莫宿风穴，见则天下大安宁。'"凤鸟纹按照构图形象分为长喙鸟纹（图 4-1），体躯是鸟，头部有一较长的喙；鸱枭纹，正面，大圆眼，毛角大翅，盛行于商代中晚期；雁纹，是鸟纹中具象的形象，属春秋晚期北方的风格。凤鸟纹多饰于鼎、簋、尊、卣、爵、觯、觥、彝、壶等器物的颈、口、腹、足等部位。

图 4-2　妇好偶方彝（殷墟 5 号墓出土）

二、溯流追源 —— 演变

　　在器形、体积、造型等方面，商文化各地出土的器物都有着当地的特色，但这些出土的青铜器上却一直出现凤鸟纹形象，这可以看作一种文化认同，也可以看作是商代各国联系的纽带。由此来看，凤鸟纹对商代社会文化的影响很大，在各地青铜器上作为商文化的一个显著符号而存在。

　　在殷墟文化一期墓葬出土的青铜器中，尚未见到凤鸟纹图案。在殷墟文化二期出土的青铜器中，发现了商代最早的凤鸟纹纹样，这些凤鸟纹造型比较简单，常常被运用在青铜器的肩部、颈部，呈带状，多为次要纹样，起辅助装饰作用（图 4-2）。从殷墟文化三期开始，凤鸟纹开始增多，其中一些甚至成为主要装饰。把这类凤鸟纹纹样同龙山文化玉器中的凤鸟纹纹样对比，不难看出两者在形象上极其相似，皆为短身、短尾、尖喙。将青铜器上兽面纹两侧的凤鸟纹和良渚文化玉器上神人两侧的凤鸟纹（图 4-3）对比，不难发现两种鸟纹颇为相似。正是有了这些文化的积累，最终才形成了颇具殷商特色的凤鸟纹。

　　青铜器本身不是孤立存在的器物。青铜器蕴含着丰富的文化，其中从玉器、陶器文化中继承而来的，就占有相当大一部分。装饰在商代青铜器上的凤鸟纹和刻画在原始文

图4-3　神人面兽纹玉琮两侧鸟图像（江苏常州市寺墩遗址出土）

化玉器上的凤鸟纹有着相当紧密的关联。在文化寓意上，不管是雕刻于璧、琮、圭等玉器上的凤鸟纹，还是铸造于青铜礼器上的凤鸟纹，它们都是为了取媚于神。在材质选择上，玉在原始社会中是一种带有神性又稀有的贵重材料，被用于祭祀神灵；而青铜在奴隶社会也是一种稀缺材料，同样被用作祭祀用具，两者性质相似。原始社会玉器上的凤鸟纹很有可能就是这样转移过渡到商代青铜器上的，在新的材质和制作方法中继续演变、创新。

到了周代，凤鸟纹已不再作为图腾来威慑民众，逐渐转变为民众乐于接受的形象，于是，青铜器上抽象怪异的鸟纹逐渐被具象华美的凤纹所替代，凤鸟纹的性质和象征意义也发生了改变，变成了吉祥美好的寓意。

西周凤鸟纹纹样主要出现在早中期，在延续了商代凤鸟纹的基础上，又进行了不少创新，并有向华丽转变的趋势。西周早期到中期，凤鸟纹以华丽的冠羽和硕大的尾羽为显著特点。表现在具体形态上，有回首顾盼和头向前两种，多作钩喙；一般有多条冠羽，有的耸立在头上，有的垂于头前，有的飘于脑后；尾羽有些折而下垂，有些上扬下卷，有些翻卷到头前，华丽多姿（图4-4）。

西周中期往后，鸟纹开始没落，但出现了较多的立体型凤鸟。在造型上，有的尖喙翘尾，有的钩喙垂尾。钩喙垂尾多见于北方，而尖喙翘尾多见于南方。

图 4-4　盂簋（陕西西安市张家坡出土）

春秋战国时期，凤鸟纹仍见于青铜器，而且，
在风格上依然有很大的的变化，商周时期的华丽、
神秘风格被清新自由、活泼轻松的风格所取代。此
时，被赋予了神性的鹤，被大量运用在青铜器上，
重点刻画鹤的各种形态，有回首梳羽的，有欲展翅
翱翔的，有低头觅食的，形象生动。其实物如太原
晋国赵卿墓出土的高柄方壶（图4-5）。与此同
时，在立体的青铜凤鸟造型中也出现了同样的特征。
这些变化的形成，也预示着时代风貌和审美追求的
转变。

青铜器随着时代的发展逐渐消失，但凤鸟纹仍
被后世的艺术创作者所借鉴、吸收、再运用，广泛
应用在织物、漆器、建筑上面。凤鸟纹摆脱了原始
崇拜和神灵使者的意义，保留了纳吉求福的内涵。
春秋战国时期的凤鸟纹婉转自如、轻盈流畅。秦汉
时期的凤鸟纹注重形象的整体性。魏晋南北朝时期
的凤鸟纹因佛教盛行而朝着理性的方向发展。唐代
与花卉并绘的凤鸟纹达到了一个新的艺术高峰。宋
代的凤鸟纹更加细腻、工整。元代的凤鸟纹反映了
少数民族的生活情趣。明清两代的凤鸟纹有了程式
化的表现，成为吉祥纹样。

图 4-5 高柄方壶（山西太原市晋国赵卿墓出土）

三、分形引类——形制

国内外的学者对于鸟纹的分析、研究，都曾做过不少工作。国内对凤鸟纹进行系统的研究，始于容庚先生，他撰写的《商周彝器通考》中，在花纹一章，把凤鸟纹纹样分成了鸟纹、凤纹两类，共 12 种形式。[1]20世纪 50 年代中期，陈梦家先生在《西周铜器断代》中从断代学的角度讨论凤鸟纹，将凤鸟纹分成成对小鸟、成条长鸟、单个大鸟三类。[2]20 世纪30 年代，学者高本汉在《中国青铜器新研究》中把凤鸟纹分成两种，一种是分尾的长鸟，另一种则涵盖了大鸟、不分尾的长鸟、小鸟。[3]学者张光直在《商周青铜器与铭文的综合研究》一书中把鸟纹分为 35 种型式。

本章按照青铜器中凤鸟纹的图案形态，将其分为"S""C""G""L""J""K""T"及竖线、直线 9 种形态。

---

1 容庚：《商周彝器通考》，文史哲出版社，1985，第 123—126 页。

2 陈梦家：《西周铜器断代（三）》，《考古学报》1956 年第 1 期，第 65—114 页。

3 高本汉：《中国青铜器新研究》，《远东古物博物馆馆刊》1937 年第 9 期，第 14、18、20 页。Bernhard Kalgren, "New Studies on Chinese Bronzes", *Bulletin of Museum of Far Eastern Antiquities*, No.9（1937）.

1. "S" 形

　　"S" 形凤鸟纹为钩喙或尖喙，
头上有绶带式冠羽，双翅上翘，
尾羽细长，尾末向上翻卷，尾羽
的前端和中部还有两支向前卷曲
的小羽。传世的冈劫尊（图4-6）
以及布伦戴奇收藏的同铭卣（图
4-7），就是以此种 "S" 形凤鸟
纹和直棱纹为装饰纹样。

图 4-6　冈劫尊上的 "S" 形凤鸟纹和直棱纹

图 4-7　同铭卣（艾弗里·布伦戴奇收藏）上的 "S" 形凤鸟纹和直棱纹

图 4-8　十三年兴壶（周原博物馆藏）盖顶上的"C"形凤鸟纹

2. "C"形

"C"形凤鸟纹整体呈圆形、"C"字形，向后观望的鸟头和翘尾相呼应，通常装饰在器物盖顶最为合适。如周原博物馆的十三年兴壶的盖顶图案（图4-8）。1976年出土于江苏省丹阳司徒砖瓦厂铜器窖藏，现藏于镇江博物馆的尊（图4-9），腹部于两组相对的"C"形鸟羽图案间各饰一对大型浅浮雕凤鸟纹，双鸟相向，鸟首反顾，冠上卷，鸟爪呈卷云状，鸟身呈"回"字形，鸟眼为高浮雕乳丁，圈足部饰有两周凸弦纹。

图 4-9　尊（江苏镇江市丹阳司徒砖瓦厂出土，镇江博物馆藏）上的"C"形凤鸟纹

3. "G"形

"G"形凤鸟纹的特点是鸟喙卷曲，回首，双翅上扬，末端呈叉状。如陕西扶风庄白出土的丰尊（图4-10），口下就有四个蕉叶式图案的"G"形凤鸟纹。1961年陕西张家坡西周铜器窖藏坑出土的孟簋（图4-11），双耳，方座，在器腹和方座的四壁都饰有这种"G"形凤鸟纹。

图 4-10　丰尊（陕西宝鸡市扶风庄白出土）上的"G"形凤鸟纹

图 4-11　孟簋（陕西西安市张家坡出土）上的"G"形凤鸟纹

4. "L"形

　　"L"形凤鸟纹多为直立姿态，变化较多，式样也不尽相同，以对称的方式置于兽面纹的两侧。如陕西出土一件尊（图4-12），腹部的主要纹饰是由一对夔纹组成的兽面纹，两侧各有一个"L"形凤鸟纹。1966年，陕西岐山县贺家村西周墓出土的一件鼎（图4-13），口下饰一周兽面纹，两侧装饰着"L"形凤鸟纹。

图4-12　尊（陕西出土）

图4-13　鼎（陕西岐山县贺家村西周墓出土）上的"L"形凤鸟纹

5．"J"形

"J"形凤鸟纹尖喙，短翅上翘，双脚前伸，尾羽下折作尖钩状。殷墟西北冈出土的带盖觯（图4-14），颈部有一周此种"J"形凤鸟纹。弗利尔美术馆收藏的一件蟠龙纹盘（图4-15），在蟠龙纹的周围也绕以鱼、鸟、兽纹，鸟的尾羽也下折成尖钩状，但头上有钝角状冠羽。

图4-14　带盖觯（河南安阳市殷墟西北冈出土）上的"J"形凤鸟纹

图4-15　蟠龙纹盘（弗利尔美术馆藏）上的"J"形凤鸟纹

6. "K"形

"K"形凤鸟纹大都无冠羽,喙呈钩状,翅向上翘,双脚前伸,秃尾无羽,末端平齐,状如雏鸡,常用来填补其他装饰纹样之间的空白。殷墟5号墓出土的妇好偶方彝(图4-16),在器的肩部和盖上都饰有"K"形凤鸟纹。

7. "T"形

"T"形凤鸟纹,纹饰整体呈"T"形,冠呈曲线形,最突出的特点是直尾,常用来填补其他装饰纹样之间的空白。上海博物馆收藏的父乙觥(图4-17),器腹饰"T"形凤鸟纹,钩喙,头上有耸立的冠羽和一条绶带式的冠羽,昂首引颈,尖翅向上,脚趾粗壮,尾羽分两股,平伸向后,上股末端上卷,下股末端下卷。

图4-16 妇好偶方彝(殷墟5号墓出土)上的"K"形凤鸟纹

图4-17 父乙觥(上海博物馆藏)上的"T"形凤鸟纹

8. 竖线形

竖线形凤鸟纹多为直立姿态，它们都以对称的方式置于兽面纹的两侧。殷墟西北冈出土的牛簋（图4-18）、鹿簋（图4-19），在牛头纹和鹿头纹的两侧各有一对形状奇特的竖线形凤鸟纹，钩喙，有角形冠饰，双脚粗壮。

图 4-18 牛簋上的竖线形凤鸟纹

图 4-19 鹿簋上的竖线形凤鸟纹

9. 直线形

直线形凤鸟纹的特点在于尾羽仍为两条，而下面一条尾羽的末端不再向上翻卷，两端都向下卷曲，成卷云纹状，呈直线形，但与鸟身不相连，即所称的分尾鸟。1957 年陕西长安县兆元坡出土的辅师嫠簋（图 4-20），口沿下也有一周直线形凤鸟纹，但其尾羽的前端已向窃曲纹的式样演变。陕西扶风庄白出土的史墙盘（图 4-21）的口沿下就是直线形凤鸟纹，尖喙，头上有两条冠羽垂在头前，双翅上扬，末端呈叉状，尾羽两股，上股向后，下股两端卷曲。

图 4-20 辅师嫠簋（陕西西安市兆元坡出土）上的直线形凤鸟纹

图 4-21 史墙盘（陕西扶风县庄白村出土）

四、一花三叶——文化

早在原始社会时期，凤鸟纹已具备了宗教意义，如太阳、图腾、生殖崇拜等。但发展到商周，凤鸟纹的文化内涵只有祖先崇拜、祥瑞化身和神灵使者得到了保留。

1. 祖先崇拜

商人的祖先崇拜与凤鸟纹常常紧密相连。起初，凤鸟纹作为氏族的标识而存在，随着氏族世系、父系制的确立，祖先观念在氏族中逐渐变得愈发重要。但若想对祖先进行崇拜，要知道其灵魂依托在何处，具有什么样的形象。人们开始不断从历史悠久的图腾形象中寻找答案，至此，曾经的图腾物成为祖先灵魂的依托处，具有了神性，凤鸟最终也蜕变成了象征物，供商人祖先崇拜使用。

2. 祥瑞化身

周代开始，商代的凤纹通过融合其他鸟类的特征，形成极具周代特点的凤鸟。加上周人灭商后，在政治思想上，"明德""敬德"被反复强调，尊民爱民的形象逐渐显现。正是在这种背景下，凤鸟被赋予了人的性格，"凤德"的含义开始衍生，祥瑞的化身逐渐形成。

3. 神灵使者

商周时代，尤其是商早期，虽然人类已迈入文明社会，但生产力水平仍极端低下，人类的社会生产在很大程度上需要继续依托于自然。甚至很多自然界中的现象使人类对自然界产生了不安与恐惧的情绪。最终，人类将这些神秘的力量进一步具象化，于是，神灵的观念在商周产生了。在人们的脑海中，有着无限力量的神可以随心所欲，远远超过人类自身，人类根本无法控制、超越这种神秘力量。为保佑自身，人类只能对其顶礼膜拜，祭祀就这样成为商周人们生活中最重要的内容。

商周时期，人类竭尽全力用巫术理论来诠释青铜器，就连凤鸟纹也开始具有了神的意识。在商周时代，人们认为神与祖先是相通的。而鸟作为商人祖先的具象表现，得到了深入的发展，变成了神灵的使者，逐渐出现在人类的祭祀活动中。就这样，鸟成了来往于天地间、传送消息的媒介。

五、结论

图 4-22　西周　凤鸟纹

　　殷墟文化二期，最早的凤鸟纹出现，风格肃穆。到西周时期，凤鸟纹的风格转向华丽（图 4-22），春秋战国时期，华丽逐渐被清新活泼所取代。本章将商周青铜器中凤鸟纹分为"S""C""G""L""J""K""T"形及竖线、直线 9 种形态。这些凤鸟纹形态，反映了当时人们的意识形态、文化观念、宗教信仰，具体到文化内涵上，主要表现为祖先崇拜、祥瑞化身和神灵使者。

　　综上所述，从史前到商周，凤鸟纹表现出更为多样化的构图方式和表现形式，体现出更为丰富的文化内涵，展现出更为强烈的时代特征。

　　而后，青铜器随着时代的发展逐渐消失，但凤鸟纹仍被后世广泛应用在织物、漆器、建筑上面。直至今日，人们仍旧创造着新式的凤鸟纹，在坚守传统的同时，也在与时俱进。

以鸮之名

第五章

鸮形器与鸮纹

张若瑜

出土的商时期大量的青铜器中，以鸮为主题的丰富多样，在仰韶文化和龙山文化的遗址中出土了大量的相关器物。每种纹样的出现既蕴含着丰富的工艺美术的欣赏价值，又直接或间接展示了带有时代烙印的政治、经济、社会、文化、宗教等内涵。同时，这些纹样都有着实用价值或观赏价值，并不是简单的唯美虚饰。本章以鸮形纹样为考察主题，从历史背景、地域分布、形象演变、文化象征等方面寻求佐证，在了解鸮形纹样内涵的同时，也揭示当时历史风貌和社会文化背景。

查阅的大量文献中，关于猫头鹰纹样的用名，学界出现了"鸱鸮""鸱枭""枭""鸮"等不同命名。学者李海霞在《汉语动物命名考释》一书中也深入研究了有关猫头鹰的多种叫法，如"鸱、鸢、鸮、枭、怪鸱、倞鹏、旧留、角鸱、雈、竹雈、鵋鹏、钩鹆、縠辘鹰、训狐、恨狐、幸胡、老鸹、木兔、猫头鹰、鬼灯哥、鬼丁哥、逐魂、九头鸟、鬼车"[1]等，并指出鸮形目是鸱鸮科各种鸟类的统称。在《诗经》中也可发现大量描写猫头鹰但使用不同命名的诗句，例如《豳风·鸱鸮》中提到"鸱鸮鸱鸮，既取我子，无毁我室"，《陈风·墓门》中有"墓门有梅，有鸮萃止"，《鲁颂·泮水》中有"翩彼飞鸮，集于泮林。食我桑葚，怀我好音"，于此可以看出使用猫头鹰作比兴的丰富性。

猫头鹰作为夜行食肉性鸟类动物，头大而宽，眼大而圆，眼部周围羽毛呈放射状生长，面部短小的羽毛浓密而柔软，配上可爱的神态，与猫的面部特征十分相似，因此人们俗称这类鸟为"猫头鹰"，民间俗称"夜猫子"。如今不同地区的方言对猫头鹰的叫法也有很大的不同，如在大理巍山一带称为"老乌狸"，永平一带称为"背偶"，鹤庆县一带称为"贡公""猫狸"，河北石家庄称为"老鸹"，苏州称"角落鸱"，山西晋城称"吐火儿"，浙江舟山称"henghou"，宁波乡间称"逐魂"等。由于猫头鹰还有多种分类，因此在古代和现代的叫法上也有很多不同。

在《山海经》中，猫头鹰的出现频率也很高。《南山经》中云："有鸟焉，其状如枭，人面四目而有耳，其名曰颙。"《西山经》中云："有鸟焉，其状如鸮，青羽赤喙，人舌能言。""有鸟焉，一首而三身，其状如鹊，其名曰鸱。"《中山经》中云："其阴有谷，曰机谷，多䴔鸟，其状如枭而三目，有耳，其音如录，食之已垫。"综合现代民俗叫法以及早期文献记载来看，对猫头鹰的叫法以"鸮（枭）""鸱鸮（枭）"为主，因此在后文中统一用"鸮"或"鸱鸮"作为代指。

---

1 李海霞：《汉语动物命名考释》，巴蜀书社，2005，第192页。

二、探本溯源——远古

1. 仰韶文化

在悠久的史前艺术文化中，鸟类形象已深入人心，并因此形成了鸟崇拜的历史。《说文解字》说："鸟，长尾禽总名也。"鸮作为重要形象，在不同主题中有着明显的形象识别特征。鸮面盘宽且短，整个头部占整个身体较大比重；嘴部呈弯曲状且锋利，侧面看呈短小呈弯钩状；眼睛大而圆。鸮可以通过灵活的脖子达到 270 度的广角度环顾。其左右耳羽生长形状不对称，与猫耳十分相似。综合观察，鸮的面部形象与猫有一定的相似性，因此人们称鸮为猫头鹰。

鸮面女神的石雕像出现于 5000 年前的小亚细亚地区，而古希腊的雅典娜女神也是以猫头鹰为原型。著名考古学家马丽加·金芭塔丝(Marija Gimbutas) 主要研究欧亚大陆史前考古内容，她在书中提到：在父系氏族形成之前，母系氏族曾用鱼、猪、熊、蛙、鹰和鸮作为女神宗教形象的化身，猫头鹰也一直是智慧之鸟、知识之鸟的象征。笔者还认为，世界共同源于一个卵的诞生，将混沌的状态臆想成一个卵状的形态。而鸟类作为卵生动物，一次可以产下多个鸟卵并进行孵化，因此鸟卵的诞生有一种生命之源的象征，并赋予了生殖崇拜的含义。在中国史前时代，母系社会将鸟类作为生殖神，源于鸟的脖子与男性生殖器的形象有一定的相似性，在民间还流传有将男阴比作"枭"的说法。《诗经·商颂·玄鸟》篇中提到"天命玄鸟，降而生商"，曾经人们认为此处的"玄鸟"指的是燕子或凤凰，然而在近些年形成了"新玄鸟观"。叶舒宪先生在《玄鸟原型图像学探源》中，通过四重证据法的知识考古范式探究了玄鸟的原型，最后结论揭示了玄鸟的形态是源于猫头鹰的造型。因此，从中国新石器时代至殷商时代，猫头鹰一直被看作是生命之神而受到崇拜。

图腾崇拜既是不同时期、不同地区中存在的文
化现象，也是原始社会中氏族血统的标志和符号，
是原始社会发展到一定阶段所呈现的必然现象。在
中国原始氏族制度的时代下，鸟类图腾应用众多，
鸮作为有益于农业的益禽，被三苗部落推崇为氏族
图腾。三苗部落崇拜鸱鸮图腾的文字记录最早见于
《山海经·大荒南经》："颛头人面鸟喙，有翼，
食海中鱼，杖翼而行。维宜芑苣，穋杨是食。"其
中芑苣和穋杨都是禾本科植物，故人面鸟喙有翼的
颛头部落为农业部落无疑。在珍贵的文献资料中可
以查到，《西清古鉴》一书中收录的商代青铜器上
有"玄鸟妇壶"和"玄鸟妇"的三字合书铭文[1]，
出现了与猫头鹰极为相似的两只羽角耳和大眼睛等
特征。

图 5-1 仰韶文化鸮面陶塑

陕西华县出土的鸮面陶塑（图 5-1），鸮面陶
器盖质地为泥质陶土，正面呈现出突起，面部鼓起，
双眼目视前方，尖喙突出，两侧还有双耳的残留迹
象。整个画面设计别致、构思巧妙，简练而又传神
的构图成为新石器时期先民艺术创作的代表性艺术
品。河南陕县庙底沟出土的陶塑鸮头（图 5-2），
面部双目凹陷，呈现出深而圆的形态。陕西华县仰
韶文化遗址出土的黑泥质大型陶鸮鼎（图 5-3），
陶鸮具有较为粗壮的双足，双足与尾部共同支撑鼎
身，结构稳定。陶鸮双眼炯炯有神，目视前方，构
成一种前扑的动势，整体刻画形象逼真。这是一种
具有实用性的器物。

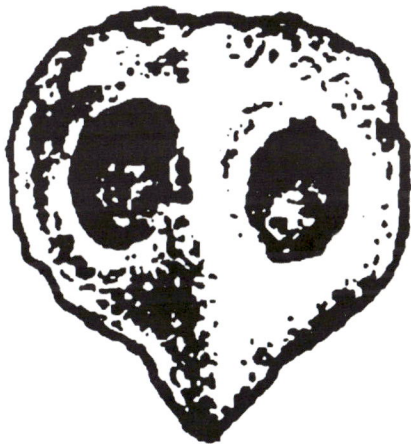

图 5-2 仰韶文化陶塑鸮头

---

1 于省吾：《略论图腾与宗教起源和夏商图腾》，《历史研究》
1959 年第 11 期，第 60—69 页。

图 5-3 黑陶鸮鼎正面细节图

图 5-4　西辽河流域鸮面岩画

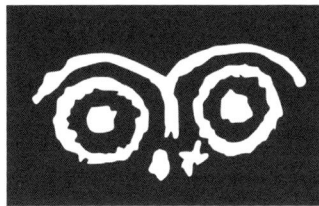

图 5-5　连云港将军崖鸮面岩画

2．红山文化

　　红山文化距今约有 6500 年的历史，主要分布于辽宁省西部和内蒙古自治区东部的西辽河（即西拉木伦河）流域，以老哈河中上游到大凌河中上游之间最为集中。红山文化所处的辽西地区气候温暖湿润，良好的生态环境适于鸟类生存，因此鸟形玉器较多。由于在红山文化晚期农业极为重要，鸮为猛禽且善于夜间捕捉鼠类，可以帮助生活在荒野地区的先人减少老鼠造成的祸患，因此人们将鸮视作驱灾邪的神鸟。

　　从红山文化遗址和古墓中发现的大量玉质鸮，是红山文化的重要组成部分，它们造型独特，具有鲜明的地域特色。岩画界学者孙新周先生研究发现，这类岩画的图像可能是源于男根或鸮鸟。[1] 在西辽河流域出现的红山文化鸮面岩画（图 5-4、图 5-5），被称为"眼睛人面像"[2]，通常也被称为"无轮廓人面岩画"，并认为是中国岩画最为原始的图像。

　　古玉收藏家柳冬青先生在所著的《红山文化》一书中写道，其中所收录的红山文化玉鸮和鸮形器总计达 20 多种。[3] 根据鸮展翅或敛翅的形态进行分类，可细分为展翅静止、展翅飞翔、敛翅静止型和复合形态（表 1）。红山文化玉鸮的主要特点体现在大而圆的眼睛上面，有些玉鸮也有小巧精致的耳朵，翅膀和双足可以通过清晰的阴阳刻线勾勒出来。

---

1 孙新周：《中国原始艺术符号的文化破译》，中央民族大学出版社，1998，第 150 页。
2 陈兆复：《古代岩画》，文物出版社，2002，第 191 页。
3 柳冬青：《红山文化》，内蒙古大学出版社，2002，第 88—98 页。

表1　红山文化玉鸮不完全汇总（图片均来源于《中国出土玉器全集》）

形态		图示				名称	特点
展翅	展翅静止	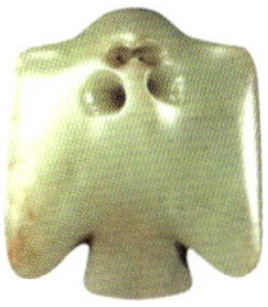 1 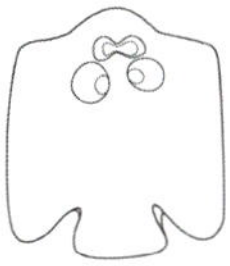	2 	3 	4	玉鸮	玉鸮双翅展开，尾巴齐平，双爪并置，呈攀附状，翅膀平整
	展翅飞翔	 5 	6 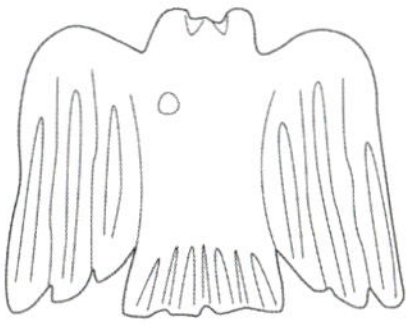	7		玉鸮	玉鸮双耳竖立呈圆尖形，双翅展开，尾巴呈扇形，展现出飞翔状态
敛翅静止		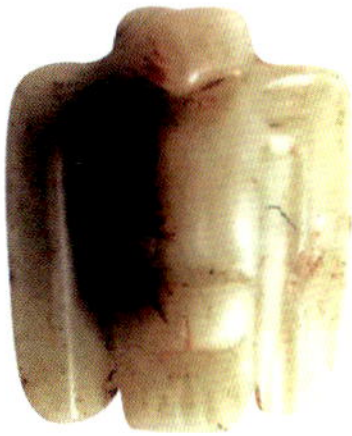 8 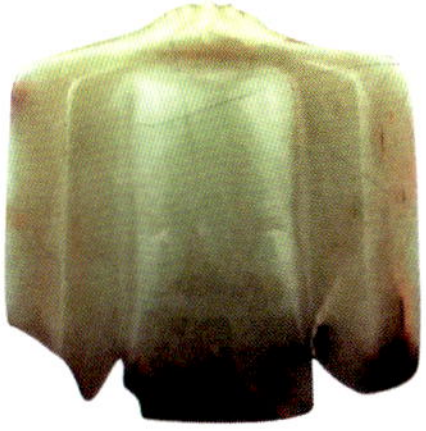	9 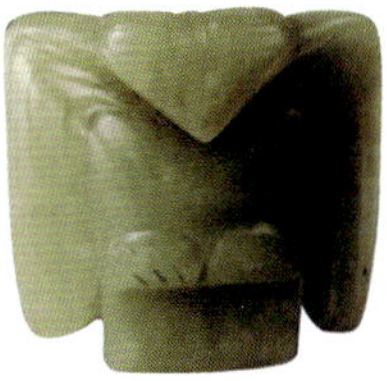	10		玉鸮	玉鸮双翅收敛，尾巴齐平，展现出敛翅静态
复合型		 11 	12			双头玉鸮	两只玉鸮缠绕连接

1~3.内蒙古自治区巴林右旗那斯台遗址出土，现藏于巴林右旗博物馆；4.辽宁省喀左县东山嘴遗址出土，现藏于辽宁省文物考古研究所；5.辽宁省喀左县东山嘴遗址出土，现藏于辽宁省文物考古研究所；6.辽宁省阜新县胡头沟墓地1号墓出土，现藏于辽宁省博物馆；7.辽宁省阜新县胡头沟墓地1号墓出土，现藏于辽宁省博物馆；9.内蒙古自治区巴林右旗那斯台遗址出土，现藏于巴林右旗博物馆；10.内蒙古自治区巴林右旗那斯台遗址出土，现藏于巴林右旗博物馆。

图 5-6　勾云玉佩（上）　勾云形玉器（下）

　　红山文化中除了具象的玉鸮形态，还发现了抽象化的玉鸮器物，之前被命名为"勾
云形玉器"（图 5-6），后学者田广林先生最先在《红山文化"勾云形佩"的再解读》
中提出所谓的勾云玉器实则与"云"并无关联，也与牙齿状态毫不相干。学者徐强也提
出通过图像学辨析后判定："所称为勾云者，实为鸟兽之首。"[1]叶舒宪先生在《红山文
化"勾云形玉器"为"鸮形玉牌"说——玄鸟原型的图像学探源续篇》一文中提到，"通
过对海峡两岸此类文物的系统排比分析，并展开图像学的细部观察，可以重新确认其为
平面表现的猫头鹰形象，以两只动感十足的大旋涡眼睛为突出特征。据此应该重新将其
命名为'鸮形玉牌'"[2]。

　　红山文化中鸮形配饰的种类也很多，在此选择两个典型的历史文物进行讨论，如陕
西省凤翔县上郭店村春秋晚期墓葬出土的勾云玉佩和辽宁省朝阳市牛河梁遗址出土的勾
云形玉器。两个鸮形玉牌利用镂空技法，在细节上各自有独特之处，但是可以将两者统
一看作平面的鸱鸮造型。玉器面部呈现旋涡状眼睛，两侧外旋造型为鸮鸟翅膀，类似于"牙
齿状"的实为尾羽。

---

1 徐强：《红山文化古玉精华》，蓝天出版社，2004，第 254 页。

2 叶舒宪、祖晓伟：《红山文化"勾云形玉器"为"鸮形玉牌"说——玄鸟原型的图像学探源续篇》，
《民族艺术》2009 年第 4 期，第 74—81 页。

图 5-7　虎纹觥（美国弗利尔美术馆藏）　　图 5-8　虎纹觥（美国哈佛大学艺术博物馆藏）

三、纷繁多样——分类

1. 商代鸮形器

青铜鸮觥

第一件虎纹觥（图 5-7），高 23.5 厘米，整体造型奇特，上盖部分为虎首形，盖后端与中间部位为鸮形纹饰。器物外形包含鸮首、鸮翅、鸮足。面盘双眼下凹，眼周以目为中心呈现放射状鳞纹。头部两侧的半圆形耳羽向上竖起。器物两侧鸮翅呈卷云纹，器身还有目雷纹、龙纹装饰。另一件虎纹觥（图 5-8），高 24.8 厘米，器盖上为虎头形，虎耳翘起，张口露齿，形象十分威猛。从整体上看，器物的整体造型偏向于虎，觥流部分采用虎头造型，觥后部作为鸮首，配合生动形象的纹样，巧妙勾勒出鸮的圆眼、立耳和羽翅等图样。器物腹部为虎身，虎前腿成蜷曲状，后腿蹲踞，虎背上有一条小龙沿脊而下，盖尾部有鸮首纹样，鸮的眼睛大而圆，呈现隆起状态；鸮的耳羽呈竖起外翘下宽上尖的形状。器物腹部现出鸮翼，整体翅膀巨大，羽毛上翘，翅根上卷。整体器盖相合完整，形成以脊背为中心线的轴对称图形。整体鸮形纹样生动形象，器盖和器身有不同形式的龙纹、凤鸟纹等。

青铜鸮尊

尊，作为古代盛酒器具，仿照鸮鸟的形象，在商代晚期尤为盛行。立体式鸱鸮造型有着较为圆润的头颅，面部双眼大而凸起，眼周有着环形眼盘，挺拔的身躯具有茸毛。青铜鸮尊类型分为双足鸮尊和三足鸮尊。此件双足鸮尊（图5-9）以写实风格为主，整体身形更为纤长，身体上雕有角质纹样，尾部呈向外鼓的流线状，双足脚趾平稳有力，可以不借助尾部力量作为支点稳固站立。两侧双翅以回形纹为底，并配有蛇纹作为装饰。脖子中间部分有明显的分割线，是器物头部与身体部位的分割线，通过身体上紧密的羽毛状纹饰巧妙地衔接了器物的两个部分，兼顾了美观性与实用性。

另一件双足鸮尊（图5-10）的整体造型偏圆润。从头部、脖子到身体都较为饱满圆润，整体偏向于圆形外观，从面部至尾部流线圆润，面部容积增大，利用率大幅提升。圆润的外观贴近于自然界的幼态事物，使得整体表现更加亲切可爱。

三足鸮尊（图5-11）在整体上呈现出更为简化的设计趋势，简约的外观搭配"S"形曲线。器物上的脖子部分较为短粗，双足和尾部共同构成足部，整体结构较为稳固。头部为半圆状，因此头部可作为器盖，角毛置于头部两侧，耳朵呈竖立状，面部双目和眼盘巨大，整体躯干呈流线状，双足与尾部共同成上翘角状，与尾羽的状态相互呼应。

图5-9　双足鸮尊（敦巴顿橡树园博物馆藏）

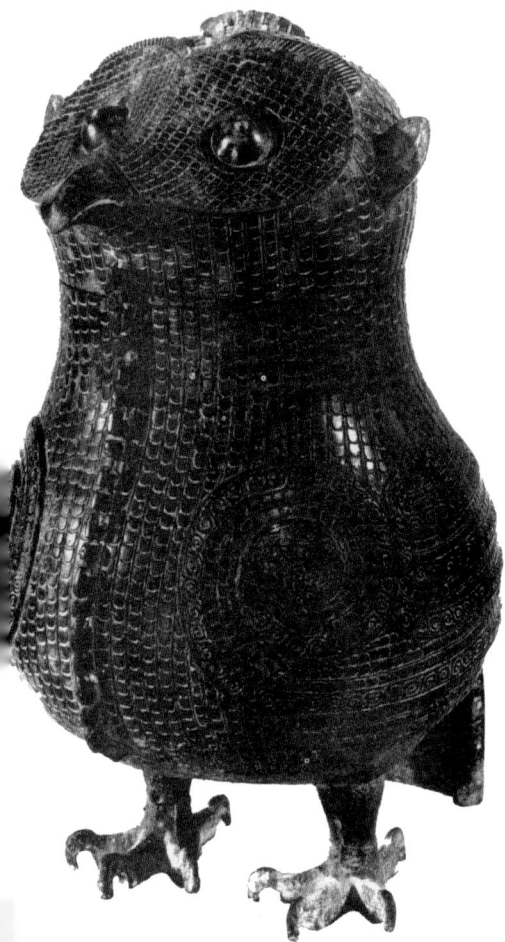

图 5-10 双足鸮尊（美国明尼阿波利斯美术馆藏）

图 5-11 三足鸮尊（耶鲁大学美术馆藏）

妇好鸮尊（图5-12）1976年出土于河南安阳妇好墓，此墓为商王武下的配偶妇好之墓。其中随葬品共为1928件，包含了468件铜器，铜器中酒器数量最多，妇好鸮尊也为墓中珍贵文物。鸮尊整体高45.9厘米，重16.7公斤，口径16厘米，整体呈现站立式鸮状。鸮面部有小型圆眼，面部有喙并呈钩状。整体器物微仰首，两侧双翅聚拢，双足粗壮有力，呈现出雄壮威武之态，如同英姿飒爽的斗士。器物上纹饰多样且复杂，蕴含了很多思想。阴阳刻线相互辅助，主次分明，层次变化明显、丰富，如蝉纹、饕餮纹、羽纹等。头部后半部分器盖呈半圆形状，器物后面有圆雕型夔龙，其双足与尾部构成稳定状态。整体形态上喙处的体量感较大，位于整个器物的中线之上。头部两侧各有一个形态夸张的菌状高冠。妇好鸮尊的双足位于器物正前方，器物整体呈现向后仰的挺拔之态，给人以厚重深沉的感觉。整体器物上共有五处饕餮纹：第一处在眼睛上；第二处位于器盖的后部分；第三处位于颈部的后部分；第四处位于鋬的上面；第五处位于器物胸前，和蝉纹构成了三角形纹样。器物上有五组夔龙纹，分布在冠羽的正反两面、器盖和喙部两侧及双足上。器物的双翅分别盘着两条蛇，啄是一只蝉，背部鋬下方有一只飞翔的动态鸮。整个妇好鸮尊上一共有三只鸱鸮的形象，两只为静态，一只为动态。

图 5-12 妇好鸮尊

图 5-13　山西鸮形铜卣　　　　　　　　　　图 5-14　湖南鸮形铜卣

青铜卣

　　卣主要盛行于商代和西周，商代的卣多为椭圆形或方形，西周的卣多为圆形。[1]器物多为深腹，一般都有盖子与提梁两个部件，宽而大的腹部利于盛装祭祀用的或赏赐有功诸侯的香酒。为了方便倒酒，青铜卣还会配有提梁的装置。商代盛行饮酒，《尚书·说命下》中记录有"若作酒醴，尔惟曲糵"。在商周时期的鸟兽尊中，鸟形卣所占比重较大，四足鸮尊的器物组合来源于两个鸱鸮相背组合的形式。鸱鸮的头部在器物的器盖上，每只鸱鸮有两足；为了确保器物的实用性，一般选择在形式上简化尾部。

　　山西鸮形铜卣（图5-13），1957年出土于山西石楼二郎坡，经勘查，二郎坡商代遗址应是晚商某个方国的墓葬区。[2]整个器物高19.7厘米，纵深为8.6厘米，口宽为12厘米。正面鸮面作为器盖，器物面部眼睛凸起，无鳞片纹样，外围有圆环。双翼无纹饰，双翅呈蜷曲状置于胸前，双足粗壮有力。此器两侧未设置提梁，但兽面两侧的兽形贯耳可用作提拎卡扣。湖南鸮形铜卣（图5-14），1986年出土于湖南省娄底市双峰县金田乡月龙村，通高23.5厘米，腹深13厘米，口径20厘米，属于国家一级保护文物，现收藏于湖南省博物馆。[3]鸮形铜卣器整体呈圆润鼓腹形态，双翅位于器物两侧装饰卣腹，两侧各放置一环，

---

1 金石：《青铜器》，《文物》1976年第12期，第91页。

2 山西省文物管理委员会保管组：《山西石楼县二郎坡出土商周铜器》，《文物》1958年第1期，第26—27页。

3 郑曙斌：《湖南商代青铜容器的动物纹饰与祭祀文化》，《收藏家》2010年第7期，第26页。

并内系绳索状提梁，器物盖两端为兽嘴造型，器盖上用饕餮纹饰作为装饰，底部有四只柱形兽足，带给人一种威慑之感。铜卣双目位于面部正前方，眼神犀利，喙部呈弧形且锋利。整体造型采用对称、适形等表现手法，将观赏性与实用性相结合。青铜徙卣（图5-15）高20.5厘米，整体以实用性为主导，各个部件都呈现出简化的趋势，双足简化成为具有厚重感的足。前后两个身体组合为一体，整体呈现浑圆饱满的姿态。双翅以几何形纹样进行装饰。相比于前文提到的双足鸱鸮尊的造型，四足青铜卣的脖子缩短并加粗，与鸱鸮头部结合成器盖。头部的喙部和双目盘都以简化的纹样装饰，附着于器盖上，器盖上的几何捉手造型带有龙形纹样。

图 5-15　青铜徙卣（上海博物馆藏）

玉鸮

　　殷商时期鸮形玉佩最为特别，表现形式以圆雕和浮雕为主，风格也兼顾具象和抽象两种，在形制上与青铜器的造型区别较大，主要体现在耳、眼、喙和足等部位。每一件装饰上都有其独特之处。图5-16的鸱鸮形玉佩高4.9厘米，宽3.9厘米，出土于河南省安阳市妇好墓。玉器采用圆雕形式，鸱鸮面部双眼大而圆，头顶有卷形纹样。玉器上有云纹和鳞纹作为装饰，整体呈现站立状。1980年，图5-17的鸮形玉佩在陕西省西安市毛西乡毛西村出土，整个玉鸮呈淡黄色，玉佩上的浮雕整体呈站立状。另一件鸱鸮形玉佩（图5-18），整体呈圆雕状，鸱鸮面部呈三角形，双目较大，双翼合拢，双耳相连，背脊隆起。

图 5-17　鸮形玉佩

图 5-16　鸱鸮形玉佩（河南博物院藏）

图 5-18　鸱鸮形玉佩

2．西周鸮形器

调研资料表明，西周鸮形器物的数量和种类较
少，由于西周以后人们对鸮的观念发生了转变，因
此鸮形器物主要集中于西周早期，早期也是以小型
玉器为主，青铜礼器已经十分少见。西周玉器上使
用的雕刻技术也沿袭了殷商时期鸮形器物的雕刻艺
术，包含了圆雕、镂刻、平雕等多种雕刻方式。

1964 年西周玉鸮（图 5-19）出土于河南省洛
阳市，玉鸮呈平卧态，钩形嘴，双角呈现出向外旋
的卷曲状。此种类型的玉器在西周初期较多，整体
形态较为夸张，呈现出悠然自得之态。另一件鸮形
玉佩（图 5-20）出土于山西洪洞凝堡西周墓地，
当时朱砂被大量使用于墓地当中，也是一种权力的
象征。由于玉鸮长期处于高温高压的真空状态下会
产生分解，加之朱砂与水银产生分解等原因，所以
玉佩出土时呈现出红色斑纹。出土于山东滕州市前
掌大商代遗址 3 号墓的一件玉鸮（图 5-21）整体
高 4.2 厘米，宽 2.3 厘米，厚 1.25 厘米，呈浅豆青
色，圆雕，圆头，翘喙，鼓胸，双翼收拢，以三道
弧线表示羽毛层次，尾下垂，腿微弯，喙下、前胸
各有一穿孔。[1] 图 5-22 的鸮形玉佩整体高 6.9 厘米，
宽 3.8 厘米，厚 2.3 厘米，呈浅绿色，采用圆雕方
式，双翅展开呈方形，双目圆而突出，双眼之间
有羽毛式纹样。玉佩整体纹样采用双勾阳线技法，
是玉器中的精品。

图 5-19　西周玉鸮（洛阳博物馆藏）

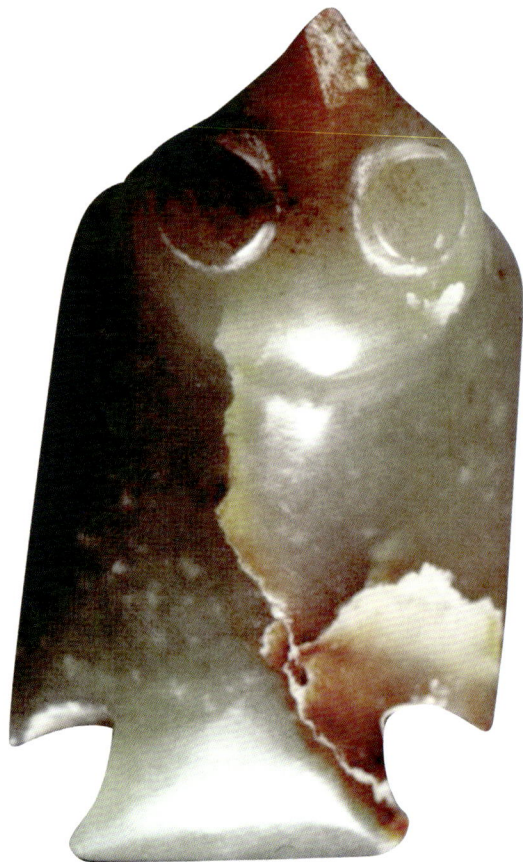

---

1 杨伯达：《中国玉器全集》，河北美术出版社，1993，
第 165 页。

图 5-20　鸮形玉佩（山西省考古研究所藏）

图 5-21　玉鸮（中国社会科学院考古研究所藏）

图 5-22　鸮形玉佩（山西省考古研究所藏）

3. 汉代鸮形器

汉代以儒家伦理为基础，推崇以孝治天下，忠和孝是汉代人们行事的基本准则，然鸮作为贪婪、不孝之鸟的形象深受汉人厌恶。《神异经》记载："不孝鸟，状如人身，犬毛，有齿，猪牙。额上有文，曰不孝。口下有文，曰不慈。背上有文，曰不道，左胁有文，曰爱夫。右胁有文，曰怜妇。故天立此异，异以显忠孝也。"然而汉代墓出土了大量的鸮形陶罐（图5-23）。在汉代将鸮陶罐作为陪葬品的现象风靡一时，这是由于鸮可以在夜间自由飞行，加之鸮作为凶猛的鸟类，拥有极强的夜视能力和捕捉能力，所以人们希望在去世后可以依靠鸮在黑夜中指引方向并庇护自己，因此鸮在此时起到镇墓辟邪的作用。此外，人们在鸮陶罐中放满谷物，希望逝者可以有享用不完的粮食，这是基于鸮作为老鼠的天敌，有防止老鼠侵犯的震慑意义。三门峡出土的汉代陶鸮俑（壶），在西汉中期最为流行，然在西汉中晚期至东汉年间便基本消失。由于汉代鸮俑的性质较为特殊，所以分布地域以及现有藏品的位置和数量均较少。从考古学家整理的文献中可以清晰得知，山西侯马出土的西汉中期的随葬鸮形器物全部为鸮俑。西汉晚期，河套地区也出现了将鸮形壶作为随葬器物的现象，这一习俗一直延续到东汉早期。

图 5-23　东汉　陶鸮形五联罐
（广州市文物考古研究院藏）

图 5-24　有耳陶鸮（固村墓地出土）

图 5-25　无耳陶鸮

图 5-26　汉代　彩釉陶鸱鸮壶

图 5-27　汉代　绿釉陶鸮壶

　　汉代墓葬中的鸮形器主要分为两种，分别为有耳鸮形器如图 5-24；无耳鸮形器，如图 5-25。在出土的鸮形器当中，有部分上了彩绘，颜色鲜亮有质感，鸮羽翼丰盈，表现手法真实形象。出土的鸮形器物主要分布在河南、陕西、内蒙古三省，其他地区零星出现部分器物。二十世纪八九十年代在三门峡地区出土了三件汉代鸮形陶壶，整体壶面圆润饱满。1996 年出土的汉代彩釉陶鸱鸮壶（图 5-26）高 18.5 厘米，正面施以黄褐色彩釉，背部与两侧施以黄绿色彩釉，整体呈蹲坐状，鸮双翅宽大，通过弧线雕刻的手法突出造型。另一件为东汉绿釉陶鸮壶（图 5-27），整体高 18.3 厘米，陶泥质地，通体为绿色彩釉质地，鸮双腿直立，胸前双翅有竖条状的羽毛纹饰，鸮头作为壶盖，与鸮身巧妙相连。还有一件出土于三门峡市古墓的汉代绿釉陶鸮壶（图 5-28），壶高 26 厘米，整体呈蹲坐状，颜色以绿色彩釉为主，在鸮的双目、双耳、双足与喙部采用黄褐色的彩釉作为装饰。汉代彩釉鸱鸮壶出土

图 5-28　汉代　绿釉陶鸮壶

于河南省三门峡市的一座汉代古墓之中的汉代彩釉
鸱鸮壶（图 5-29），器物整体高 18.3 厘米，在顶
部有一个圆形小孔。鸱鸮头部两侧双耳直立向上，
双目睁开，炯炯有神，嘴部呈短小弯钩状，双足与
尾部连接共同着地，身体两侧通过雕刻线条表现双
翅形态，整个器物的颜色以彩色釉中的翡翠绿和砖
红色为主，色彩明亮，线条流畅，足见汉代艺术工
匠的高超技艺。图 5-30 的汉代红绿釉陶鸮壶作为
随葬器物出土于河南济源城泗涧沟，高 17.5 厘米，
腹深 34 厘米，头部以红褐色釉为主，背部与腹部
以绿色釉为主，双翼紧闭，呈站立状。鸮双眼目视
前方，双耳竖立，似处于戒备状态，配合上波浪状
装饰的双翅，整体造型更加栩栩如生。

图 5-29 汉代 彩釉鸱鸮壶（河南省三门峡市博物馆藏）

图 5-30 汉代 红绿釉陶鸮壶（河南博物院藏）

四、鸮形器文化

1. 昴星宿的象征

在农业文明时代，太阳不是单纯地东升西落，而是如同掌管农作物丰收的天神一般的存在。人们的希望是风调雨顺，所有的一切都离不开对时令的掌握与了解。由于先民对自然规律和自然现象没有足够的认知，认为物候与时令都笼罩着一层神秘的色彩，于是就将不能解释的自然现象归于神。先民认为只有鸟才可以与天神、太阳神进行沟通，而鸱鸮作为冬候鸟，是最为适合的。随着冬天的到来，鸱鸮从北方飞回了黄淮流域，直到春天到来再飞回去，因此人们认为鸱鸮的到来代表了春天的到来，这就是物候历法。在《史记·天官书》中有"昴曰髦头"的说法。历史学家、古文字学家丁山曾指出"髦头"即猫头鹰，商代武丁时期又称其为昴（卯）鸟星。[1] 而猫头鹰在夜间活动，也寓意着在黑夜迎接黎明的到来，人们便认为猫头鹰也是"太阳"的另一种存在方式，有万物复苏的美好寓意。这也体现出先民对太阳的崇拜。通过神话的角度解读这些看似不相关的事物的表层，却能发现它们内在的紧密联系，究其根本是先民对于太阳的崇拜与对农业的依赖。

---

1 丁山：《中国古代宗教与神话考》，上海书店出版社，2011，第149页。

图5-31 殷代 鸮尊

2. 图腾、生殖神与战神的象征

殷商时期的青铜器作为礼器，是一种贵族身份的象征，代表着上层阶级对权力的拥有。这时期出土的鸮形器物的共同特点是鸮的双目炯炯有神、身子挺拔，给人一种威严的感觉（图5-31）。随着考古学的不断发展，关于"玄鸟"就是鸱鸮的观点得到大量学者的认可，而"玄鸟为燕""玄鸟为凤"这两种学术观点则受到了不小的冲击。刘敦愿先生在《中国古代有关枭类的好恶观及其演变》中认为枭类在商代人的心目中是非常尊贵的。孙新周先生曾在《鸱鸮崇拜与华夏历史文明》一文中从甲骨文字的原型上进行考究，论证了鸱鸮形象是殷民的图腾崇拜，认定了商民族神祖的原型为鸱鸮，以及它成为原始思维产物的必然性。

生殖崇拜对于原始社会来说是一种普遍流行的风俗习惯，是人们对于生物繁衍的一种美好夙愿，也是对幸福生活的一种期冀。帝俊是殷商人的祖先神，也是他们崇拜的生殖神。在当时，用鸟状男根已经成为一种普遍认知。这种文化现象可以说是巫术思维下的必然产物。连云港将军崖的岩石上画有大量如鸱鸮眼睛般的神面画像，这些都体现了殷商先民对鸱鸮图腾的崇拜。他们通过夸张的方式表现鸱鸮的面部特征，突出如太阳般的双眼与两只毛角，忽略了鸱鸮外部的整体轮廓。这种概括性的图像背后是宗教思想的体现，简练的图形语言具有图腾族徽的特性。其中，两只大眼睛可视为太阳，同样也是睾丸的图形化语言，先民认为圆形寓意着生命的繁衍（图5-32）。

在奴隶社会中，尚武是整个社会的风气，鸱鸮的形象常在军事领域有所应用。学者刘敦愿曾说鸮类与兵刑之事相联系，象征战争的胜利。[1] 鸱鸮作为一种凶猛的鹰类，飞行能力和捕食能力极强，是自由和凶猛的象征。正是由于它们这种战斗能力强的生活特性，先民认为鸱鸮就是战神的象征，所以他们将鸱鸮形象与兵刑之事结合，希望起到避兵的作用。后来在礼器中，人们也常将鸱鸮与虎的形象结合使用。

1 刘敦愿：《中国古代艺术中的枭类题材研究》，《新美术》1985年第4期，第54—58页。

3. 不祥之鸟的象征

　　西周后期，鸮一改尊贵的象征，转而变为凶狠与灾难的代名词，被赋予了狠毒强暴的文化内涵。《诗经·豳风·鸱鸮》中写道："鸱鸮鸱鸮，既取我子，无毁我室。恩斯勤斯，鬻子之闵斯。"此时的鸮被视作邦国的灾难，文中周公将殷王武庚比作破坏巢穴的鸮，并以弱鸟自比，整首诗都是母鸟对鸮的控诉，预示着周王室的灾难与祸患。同样的文化内涵也应用在《诗经·大雅·瞻卬》中，诗中说"懿厥哲妇，为枭为鸱。妇有长舌，维厉之阶"。文学作品中体现了贬义鸮形象的实例。在汉武帝时期，鸮同样是人们所忌讳的对象，被视为不孝之鸟。

　　然而，从西汉早期古墓中出土的鸮类大多是俑的形式，以陶器为主，体形较为修长，与真实鸮鸟的形象比较接近。河南和内蒙古河套地区出土的鸮形器大多都作为冥器出现。曾有学者提出随葬的鸱鸮陶器"应与当时的祛禳观念有关"[1]，还有学者认为鸱鸮与通往天堂的天梯有着某种联系。总而言之，这些观点都在表达鸱鸮是可以引导已故的人通往天堂的向导，可见汉人对鸱鸮也有一种敬畏之情。

　　无论是可以引领主人通往天堂的神鸟，还是被人唾弃的恶鸟，反映出来的都是汉人对于鸮鸟的认知情感是复杂多样的，我们不能片面地一概而论，应该以辩证的视角来看待汉人对鸮的看法与认知。

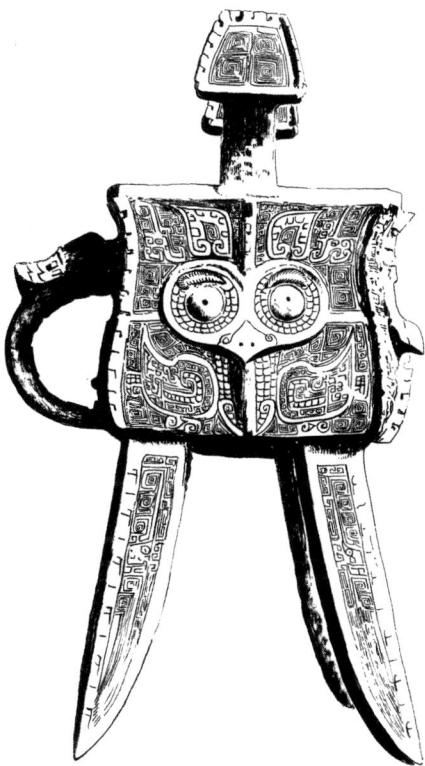

图5-32　殷代　鸮纹铜斝

---

1 邹衡主编《天马—曲村（1980—1989）》，科学出版社，2000，第1042页。

五、结论

图 5-33 殷代 鸮纹铜器（河南安阳市殷墟妇好墓出土）

本章从定义、文化溯源、表现形态、内涵演变这四个方面对鸮形纹与鸮形器进行梳理。古人对鸱鸮的情感转变与当时的社会文化和生活习俗有着密切的关系。在最原始的自然崇拜时期，鸱鸮成为先民崇拜的神化对象，后来，鸱鸮被人们视作恶鸟，成为被厌恶的对象，可见文化发展是多元且复杂的，人们对鸮形器的认识也是在不断变化迭代的。

大量文献表明，鸮形器的发展过程也印证了历史发展的过程。殷商时期大量有关鸱鸮的礼器出土（图5-33），足见鸱鸮在当时人们心目中的崇高地位，这也造就了鸮形器物在历史上的鼎盛地位。然而自周代以后，鸮形器数量急剧减少，器物的种类也有所下降，无法在某一个地区或空间内形成体系化的资料。

第六章

鱼游其间

鱼纹

马夏静

　　鱼纹作为青铜器写实动物纹中的一类纹样，多饰于青铜盘，少量饰于青铜鼎等。早在新石器时期，华夏先民就开始在陶器上绘制鱼纹。鱼纹自始至终贯穿彩陶的各个时期。进入商周青铜器时期，鱼纹也随之出现在礼器、日常用器、作战工具等青铜器上。本章主要从风格演变、表现形式、组合形式这三方面归纳分析商周青铜器鱼纹，以此阐述商周青铜器鱼纹的面貌。

一、原始崇拜——源起

图 6-1　新石器时期　黑陶双耳陶盘（浙江博物馆藏）

在一定程度上，鱼纹既是原始渔猎生活的真实写照，也是原始人类精神生活的真实反映。华夏先民用鱼纹装饰器物的风俗由来已久。其风格质朴、简约，图腾感强。新石器时期河姆渡遗址出土的黑陶双耳陶盘（图 6-1）上已可见鱼藻纹。有关原始鱼纹的源起，主要有祈求丰收说、图腾崇拜说、生殖崇拜说。

1. 祈求丰收说

原始先民通过在器物上绘制鱼纹以祈求丰收，这种观点显然是从原始时期的捕鱼生产生活出发的。"根据当时半坡繁息的动物中有大量的水鹿、貉、竹鼠，推测其周围一定是富有水草的沼泽地，浐河水量也许比现在要大得多，因而鱼类是很多的，捕鱼较之打猎也许更为方便。"[1] 在原始时期，气候湿暖，鱼类繁多，鱼类是原始先民的重要食物之一。西安半坡曾出土过骨制鱼钩、鱼叉等渔猎工具，甚至在原始陶盆内壁也出现了鱼纹、渔网纹，"彩陶上绘制的各种形状的鱼纹和网状的'渔网'纹饰，

---

1 中国科学院考古研究所、陕西省西安半坡博物馆编《西安半坡——原始氏族公社聚落遗址》，文物出版社，1963，第 224 页。

图6-2　人面网纹盆（西安半坡博物馆藏）

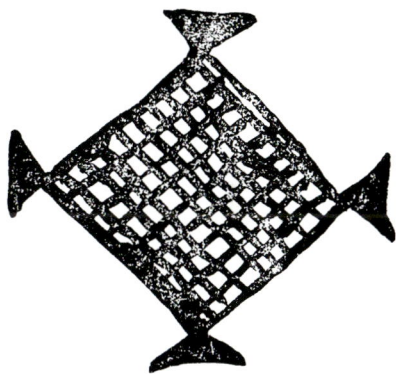

图6-3　人面网纹盆上的渔网纹

说明捕鱼业在半坡先民生活中似乎占着特别重要的地位"[1]。其实物如西安半坡出土的人面网纹盆，盆内侧有人面鱼纹和四角带有网坠的展开状渔网纹（图6-2、图6-3）。鱼纹与渔网纹的组合似乎意味着一种原始祈求，祈求着渔网捕获鱼儿。

　　商周时期，人们不光捕鱼，还十分重视养鱼，为了鱼类丰饶，甚至进行了渔禁。《逸周书》有载："夏三月川泽不入网罟，以成鱼鳖之长。"[2]在鱼类的交配及生长季节禁止捕捞，到冬季才开始允许捕捞。《礼记·月令》有载："季冬之月……是月也，命渔师始渔，天子亲往……"结合中国古代的渔猎生活和纹样，人们通过绘制鱼纹来祈求丰收的观点也是有迹可循的。

---

1 西安半坡博物馆：《西安半坡》，文物出版社，1982，第1—2页。
2 张闻玉译注《逸周书全译》，贵州人民出版社，2000，第166页。

2. 图腾崇拜说

　　除了将鱼纹作为祈求丰收的象征，
原始先民还可能将鱼纹作为该氏族的保
护神或祖先来崇拜，例如"半坡类型彩
陶上的鱼和人面相结合的复合纹样，正
是半坡氏族以鱼类水族作图腾的形象的
反映"[1]。在人面鱼纹中，人与鱼的形象
结合在一起，这种变形的鱼纹可能代表
着人格化的鱼神，并被视作原始氏族的
保护神或祖先，其实物如西安半坡出土
的人面鱼纹盆（图6-4）。图腾崇拜是
原始社会中最早的宗教信仰形式之一，
在殷商时期，图腾崇拜依旧在延续，"商
代的历史文明是在龙山期新石器时代的
文化的基础上发展出来的……商代自龙
山期承袭了祖先崇拜与亲族群的政治性
这两项重要特征"[2]。商代有鱼氏即子
渔后代以鱼为氏族图腾，鱼氏族人也多
从事渔猎。商周青铜器中也有以鱼的形
态作金文族徽的，例如鱼父乙鼎、鱼父
癸壶、伯鱼卣等，其中刻有似鱼形的金
文，其实物如河南鹤壁龙村出土的鱼父
己卣[3]，上有"鱼"形图形文字（图6-5、
图6-6）。

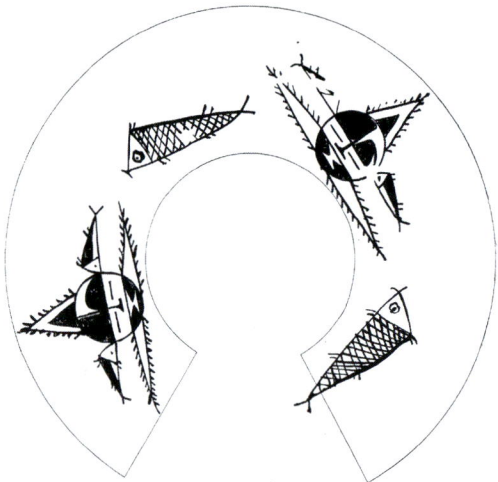

图6-4　人面鱼纹盆（中国国家博物馆藏）展开图

图6-5　西周　鱼父己卣
（河南省博物馆藏）

图6-6　鱼父己卣上的铭文拓片

1 郭廉夫、丁涛、诸葛铠主编《中国纹样辞典》，
天津教育出版社，1998，第62页。

2 张光直：《中国青铜时代》，生活·读书·新
知三联书店，1983，第303页。

3 中国社会科学院考古研究所编《殷周金文集
成（修订增补本）》，中华书局，2007，第
1775页。

3．生殖崇拜说

　　鱼本身具有旺盛的生殖力，常被视为生殖崇拜的象征。在原始社会中，人类已经意识到生殖对宗族繁衍的重要性。在原始渔猎生活中，人口的增加就是人力的增加，由于生活水平的限制、部落之间的战争、疾病天灾等，原始社会的人口死亡率极高。因重视种族的延续，人们就容易对有较强繁殖力的鱼产生崇拜，希望通过崇拜鱼，使自身也能有如同鱼一般强大的生殖能力，这显然是一种生殖崇拜，表现出原始人类对生殖繁盛的祈求。将鱼纹作为一种生殖崇拜，其最直接的表现就是将之作为女阴的象征。在原始彩陶中，就有形似女阴的鱼纹，如西安临潼姜寨遗址出土的鱼蛙纹彩陶盆（图 6-7）的双鱼纹，上下对称，便是模拟了女阴的形状。

图 6-7　仰韶文化半坡类型　鱼蛙纹彩陶盆（西安半坡博物馆藏）

　　"远古人类以鱼象征女阴，象征女性身体的一部分。尔后，由部分到整体，鱼发展为象征女性，又进一步发展为象征男女配偶和情侣。"[1]在原始时期之后，鱼纹不断发展，但无论其表现形式如何变化，其始终带有一定的生殖崇拜色彩。这种生殖崇拜可能并非如原始双鱼纹那样直接明了，而是通过一种相对含蓄的象征方式进行表达。商周时期，有以生殖与求子为主题的春祭，《周礼·地官·媒氏》有载："媒氏，掌万民之判……仲春之月，令会男女。于是时也，奔者不禁。若无故而不用令者，罚之。"此时人们祈求多育多福，这种生殖崇拜的思想也在青铜器中有所体现，如常将有男性生殖崇拜意味的龟纹、象征多子多孕的蛙纹和鱼纹搭配在一起，其实物如陕西清涧县出土的三件商代龟鱼纹盘，故宫博物院所藏商代龟鱼龙纹盘、战国龙蛙龟鱼纹方盘。

---

1 赵国华：《生殖崇拜文化略论》，《中国社会科学》1988 年第 1 期，第 140—141 页。

二、鱼游千古——演变

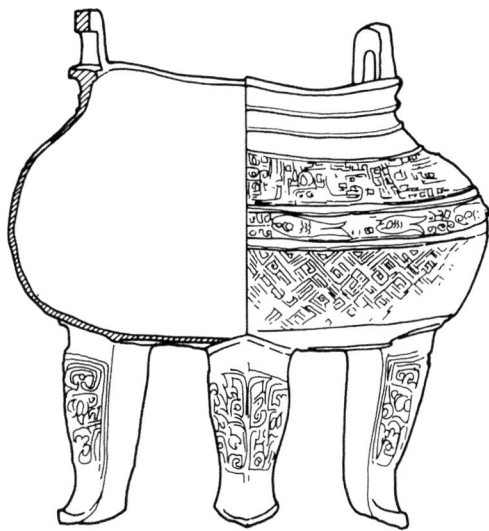

图 6-8　商　土瓶形铜鼎（江西省博物馆藏）

图 6-9　土瓶形铜鼎上的鱼纹

图 6-11　兽面纹鬲形铜鼎上的鱼纹

1. 规整概括——商与西周

　　夏商周三代被称为中国青铜时代，出现了灿烂繁盛的青铜文化，青铜礼器种类多样、工艺精湛、纹样繁复。商周时期，鱼纹主要被用于青铜器和玉鱼上，总体风格大气稳重，符合该时期威严、肃穆的社会气氛。其实物如新干大洋洲出土的商代土瓶形铜鼎，鼎腹饰侧视无鳍鱼纹一圈，首尾相衔，两鱼中间填有云雷纹（图6-8、图6-9）；又如新干大洋洲出土的兽面纹鬲形铜鼎，鼎口饰侧视三鳍鱼纹一圈，鱼鳞被概括为两根短线，规整稳重，富有程式化美感（图6-10、图6-11）。

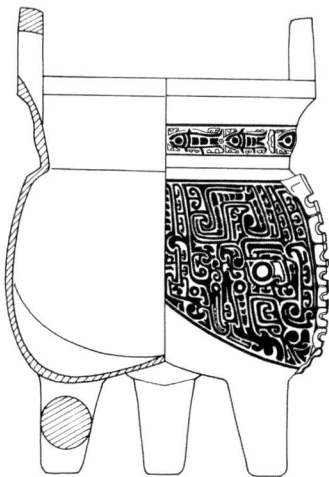

图 6-10　商　兽面纹鬲形铜鼎（江西省博物馆藏）

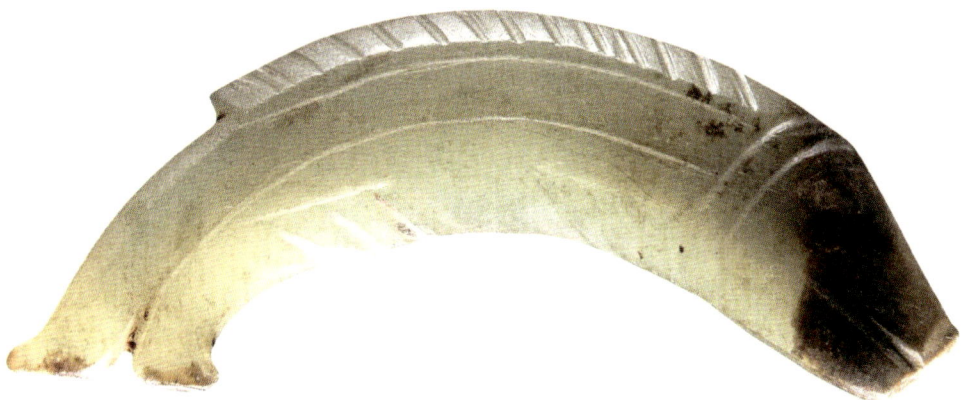

图6-12 商 玉鱼（中国社会科学院考古研究所藏）

图6-13 商 玉鱼（中国社会科学院考古研究所藏）

　　商人认为玉石不朽，人死后若口含玉蝉或者玉鱼，便有望借此玉器得以魂魄再生，因此商代玉鱼较多，河南安阳妇好墓就出土了大量玉鱼。玉鱼为浮雕，形态多变，鱼体或直或弯，虽整体概括简洁，但形态十分自然生动（图6-12、图6-13），西周玉鱼也大多继承了商代的形式和风格。

　　与商、西周时期的玉鱼相比，青铜器鱼纹少有弯曲程度如玉鱼那般剧烈的鱼体形态，整体风格更呆板、规整、粗犷。可能是因器物不同，玉鱼与青铜器鱼纹的风格不同，玉鱼是一种配饰或随葬之物，青铜器则是一种礼器，鱼纹在其中，其风格必与器皿相配。在商周奴隶社会中，"在上层建筑和意识形态领域，以'礼'为旗号，以祖先祭祀为核心具有浓厚宗教性质的巫史文化开始了"[1]。频繁的占卜和祭祀活动，使社会长期处于一种森严、恐怖的氛围中。青铜器作为商周社会制度和政治意识形态的化身，呈现出一种

---

1 李泽厚：《美的历程》，生活·读书·新知三联书店，2009，第34页。

端庄、肃穆的风格，其实物如河南安阳小屯18号墓出土的商晚期龙鱼纹盘（图6-14）与日本白鹤美术馆所藏的商晚期蟠龙纹盘（图6-15）。器物造型规整厚重，纹样繁缛凝重，盘底有形象威严的龙纹，盘侧壁有一周呈游动状的鱼纹。从器物造型到装饰纹样，均给人一种狞厉、神秘之感。鱼纹作为青铜器中的一种辅助装饰纹样，其风格特征必不能脱离青铜本身的整体风格。

图6-14　商晚期　龙鱼纹盘（中国社会科学院考古研究所藏）

图6-15　商晚期　蟠龙纹盘（日本白鹤美术馆藏）

2. 生动写实——春秋战国

根据现有出土资料，相比商、西周，春秋战国玉鱼的数量大大减少，这一时期的鱼纹主要出现在青铜器上。从商与西周到春秋战国，鱼纹面貌逐渐写实化，更具生活情趣，整体呈现出一种生动、优美、浪漫的风格。其实物如陕西宝鸡茹家庄出土的西周晚期鱼形尊（图6-16），器物通体以鱼鳞状为饰，盖上有一小条鱼纹，整体造型饱满生动。春秋战国时期青铜器上的鱼纹（图6-17）也常用相对写实的、错落的圆弧形来表现鱼鳞，鱼鳍向上或向下翘起，鱼纹鱼体纤长优美，富有情趣。在风格上，春秋战国的青铜器鱼纹与商、西周鱼纹整体上的庄重威严形成了对比。到了春秋战国时期，宗族政治逐渐解体，礼崩乐坏，传统祭祀活动难以维持，青铜器的神圣宗教性被降低，鱼纹与现实生活的联系也开始加强，所表现出的面貌也开始与现实相近，变得更生动写实。

图6-16　西周晚期　鱼形尊（宝鸡市博物馆藏）

图6-17　春秋战国　鱼兽纹盘上的鱼纹

图 6-18　春秋早期　子仲姜盘（上海博物馆藏）

　　春秋战国时期，出现了一些浮雕或立体雕的鱼纹形式，非平面的表现形式让鱼纹显得更生动有趣。其实物如山西出土的春秋早期子仲姜盘（图6-18），中心有一立体的水鸟，以此向外扩展围绕，第二周有立体雕式的鱼纹（图6-19），第四周有半浮雕式的鱼纹。鱼纹小巧细致、栩栩如生，立体的鱼儿仿佛下一秒就会游动，让人赞叹不已。

图 6-19　子仲姜盘上立体雕式的鱼纹

图6-20　战国中期　宴乐渔猎攻战纹壶（故宫博物院藏）

战国时代，宗法制进一步瓦解，个体意识觉醒，此时纹样更加生动自由，充满生活气息。其实物如故宫博物院收藏的战国宴乐渔猎攻战纹壶，其纹样描绘了战斗、宴乐、捕猎等画面，壶腹中间区域有一渔猎图，靠圈足的下方则是水陆攻战图，船下有鱼类游动，鱼纹布局丰满，有趣自然，生动再现了古代社会生活的场景（图6-20、图6-21）。

图6-21　宴乐渔猎攻战纹壶　装饰花纹展开图

战国时期，青铜器已走向衰落，
"青铜器类型除鼎等少量祭器没被
漆器取代外，绝大部分的青铜器
物都被漆器取代了。这是一个崭新
的时代，可以说是一个漆器艺术时
代"[1]。战国时期漆器纹样纤细精
致，流畅洒脱。其实物如战国马山1
号墓出土的彩绘对凤纹漆耳杯（图
6-22），凤羽、凤尾勾勒细致，双
凤首尾相接，曲线优美，动韵十足。
此时青铜器鱼纹虽少，但从仅有的
出土文物中可以看出，青铜器鱼纹
的风格与漆器纹样那种生动自由的
风格有相似之处，这种生动的艺术
风格给传承多年的青铜器带来了新
面貌。其实物如故宫博物院所藏的
战国龙蛙龟鱼纹方盘，在方盘底部，
云纹与蟠螭纹交织成水波状，龟、蛙、
鱼在其中戏水，纹样充满气韵，其
中鱼纹描绘细致，体态纤长优美（图
6-23、图6-24）。其实物还如首都
博物馆所藏的鹈鹕鱼纹青铜敦，青
铜敦腹中描绘了鹈鹕用嘴叼住鱼的
捕鱼瞬间，鹈鹕与鱼形态生动，极
具趣味与动感（图6-25、图6-26）。

图 6-22　战国　对凤纹漆耳杯（荆州博物馆藏）

1 胡玉康：《战国秦汉漆器艺术》，陕西
人民美术出版社，2003，第30页。

图 6-23　战国　龙蛙龟鱼纹方盘（故宫博物院藏）

图 6-24　龙蛙龟鱼纹方盘　盘底局部图

图 6-25　战国　鹈鹕鱼纹青铜敦（首都博物馆藏）

图 6-26　鹈鹕鱼纹青铜敦　鹈鹕捕鱼图

三、鱼之玄妙——形式

图 6-27　商晚期　龟鱼龙纹盘（故宫博物院藏）

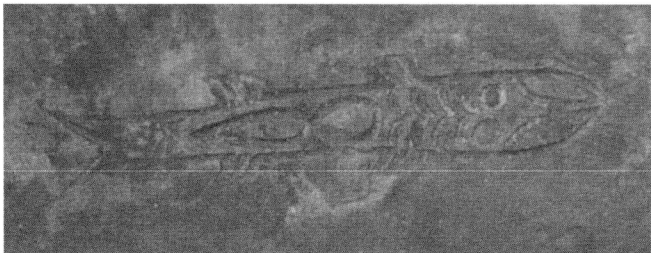

图 6-28　龟鱼龙纹盘上的鱼纹

在原始时期，彩陶鱼纹多是从侧面角度进行描绘；到了商周时期，鱼纹不仅会从侧平视的角度描绘鱼体，还会从正俯视的角度描绘鱼体。通过这两个角度，完整地表现出鱼的整个形态。根据现有资料，我们可以发现以侧平视的角度描绘的鱼纹较多，从正俯视的角度描绘的鱼纹比较少。描绘角度的不同，导致鱼纹的表现形式也有些许不同。其实物如故宫博物院所藏商晚期的龟鱼龙纹盘（图6-27、图6-28）、清涧县张家坬出土的龟鱼纹盘（图6-29、图6-30）。正俯视角度下的鱼体，从鱼顶部的正中心划分，上下对称地描绘鱼体，从鱼头、鱼眼、鱼身到鱼尾，无一不对称。但从侧平视的角度描绘的鱼体，有些由于要相对真实地表现侧面的鱼头结构，通常只能做到相对对称。

图 6-29 商晚期 龟鱼纹盘（清涧县博物馆藏）

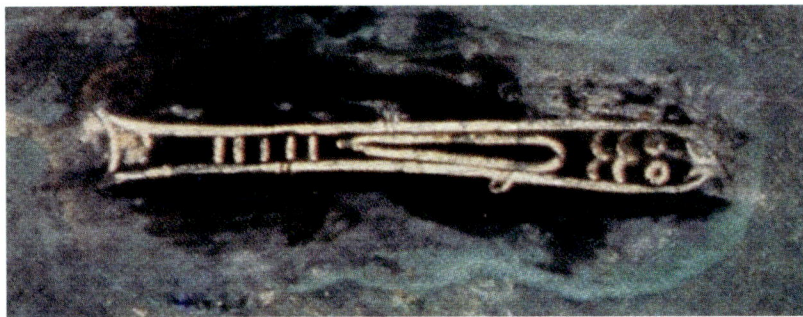

图 6-30 龟鱼纹盘上的鱼纹

1. 鱼鳍

对鱼纹的样式分类中，常以鱼鳍的数目作为分类标准，如将鱼纹分为无鳍、两鳍、三鳍、四鳍四种样式。鱼鳍作为鱼纹中突出的一小块面，常用一些平行的短线进行描绘，给鱼身带来了变化与趣味。其实物如商晚期的鱼龙纹盘上的鱼纹（图6-31），鱼的上下各有两鳍，鱼鳍用平行而密集的短线表现，鱼尾用拉长的线来表现，鱼鳞用密集有交叉的线来表现，鱼头则留出了一点空白，线条长短的对比、疏与密的对比给鱼纹带来了形式美感。笔者认为若去掉这些鱼鳍，鱼纹形式上则稍显乏味。春秋战国时期，这种鱼鳍带来的趣味更加明显了。其实物如1969年上海冶炼厂废铜中拣选所得的春秋早期的鱼龙纹盘上的鱼纹（图6-32），鱼鳍虽未用线条加以表现，但其本身的形状已具形式意味，鱼鳍与鱼身联系的部位较宽，到了尾部则变细，最后变为一条悠远、深长的细线向后延伸。从面到线的变化，给鱼纹带来了独特的审美韵味。

图6-31　商晚期　鱼龙纹盘上的鱼纹

图6-32　春秋早期　鱼龙纹盘上的鱼纹

2. 鱼鳞

　　鱼鳞是鱼纹的重要组成部分，鱼鳞的表现形式会直接影响整个鱼纹的风格。商周时期，青铜器鱼纹的鱼鳞表现手法各异，总体上来说，商、西周的青铜器鱼纹更程式化、更简洁，以直线或圆弧线为主。其实物如陕西清涧出土的商晚期龟鱼纹盘，鱼鳞简洁，整体鱼纹稍显呆板粗犷（图6-33、图6-34）；又如河南安阳武官北地出土的商晚期鱼纹盘，鱼鳞由重复、密集的圆弧组成，富有程式化美感（图6-35、图6-36）。

图6-33　商晚期　龟鱼纹盘（清涧县博物馆藏）

图6-34　龟鱼纹盘上的鱼纹

图6-35　商晚期　鱼纹盘（中国社会科学院考古研究所藏）

图6-36　鱼纹盘上的鱼纹

图 6-37　商晚期　旅盘（美国旧金山亚洲艺术博物馆藏）

商代青铜器上出现了鳞片状圆弧排列的鱼鳞纹。商代晚期青铜旅盘（图6-37）的鱼鳞纹与西周晚期虢宣公子白鼎（图6-38）的鳞纹极为相似。它们都是形近鳞片的圆弧错落排列，有提炼概括后的规整装饰之感（图6-39、图6-40）。至西周，鱼鳞纹盛行。

图 6-38　西周晚期　虢宣公子白鼎（北京市颐和园管理处藏）

图 6-39　旅盘上的鱼鳞纹

图 6-40　虢宣公子白鼎上的鳞纹

春秋战国时期，青铜器鱼纹的鱼鳞更为错落有致、舒朗优美，对鱼鳞的描绘更加细致、逼真。其实物如安徽繁昌汤家山出土的春秋中期鱼龙纹盘，鱼鳞的重复叠加排列比商与西周时期更为繁密，鱼纹之鱼鳞更趋向于现实生活中的真实鱼鳞（图6-41、图6-42）。

除直线或弧线，还有一种概括简化后类似数字"8"形状的鱼鳞表现形式，此鱼鳞表现形式多出现于商代。其实物如河南安阳小屯出土的龙鱼纹盘以及日本白鹤美术馆所藏蟠龙纹盘的盘内侧鱼纹（图6-43、图6-44），《商周彝器通考》记载的蟠龙纹盘、父戊酉盘中的鱼纹之鱼鳞也有类似的形状[1]（图6-45、图6-46）。

图6-43 商晚期 龙鱼纹盘上的鱼纹

图6-44 商晚期 蟠龙纹盘上的鱼纹

图6-45 商 蟠龙纹盘上的鱼纹

图6-41 春秋中期 鱼龙纹盘
（芜湖市繁昌区文物保护中心藏）

图6-46 商 父戊酉盘上的鱼纹

图6-42 鱼龙纹盘上的鱼纹

1 容庚：《商周彝器通考》，上海人民出版社，2008，第87—88页。

　　商周青铜器鱼纹之鱼鳞还有一种极为特殊的表现形式，其实物如北京市平谷区刘家河出土的商代龟鱼纹鸟柱盘（图6-47），盘内侧鱼纹之鱼鳞以重复的雷纹进行装饰填充（图6-48）。但从目前资料来看，用其他装饰纹样来表现鱼鳞的鱼纹，除此之外似乎没有。随着考古工作的进一步深入，也可能会有类似的鱼纹被发现。

图6-47　商　龟鱼纹鸟柱盘（首都博物馆藏）

图6-48　龟鱼纹鸟柱盘上的鱼纹

3. 鱼眼

鱼眼作为鱼纹整体造型中的点，是青铜器鱼纹中不可缺少的一部分。其主要表现为一个实心点、一个空心圆、一个空心圆内加一点（表1）。根据现有资料发现，一个空心圆内加一点的鱼眼形态较多。商周时期青铜器鱼纹中的鱼眼在各个时间段中似乎没有某一特定的表现形式，其表现形式根据鱼纹鱼头的结构而改变。

表1　《中国青铜器辞典》《中国青铜器全集》《商周彝器通考》中的鱼纹图像（笔者整理绘制）

鱼眼形态	鱼眼特征	鱼纹图示
实心点	鱼头在整个鱼体中占比较小，实心点状的鱼眼虽略显呆板，但与鱼纹的整个形态相适	
一个空心圆	鱼头在整个鱼体中占比相对适中，空心圆状使鱼眼具有呆滞感	
一个空心圆内加一点	鱼头在整个鱼体中占比相对适中，更接近于现实的鱼眼，生动自然	 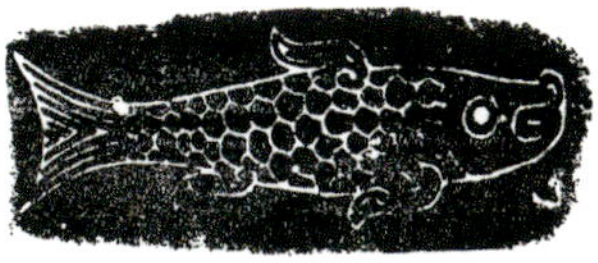
其他	鱼眼经提炼及加工，显现出非绝对写实的形态，简约规整，更具程式美感	 

四、相映成趣——组合

在商周时期，鱼纹很少以单独一尾鱼的形式出现，多是以连续的纹样来表现。鱼纹主要出现在青铜盘盘口，作为盘口内的一周壁饰。《礼记·内则》中有载："进盥，少者奉槃，长者奉水，请沃盥。盥卒，授巾。"古代盘器多用于盛水，具有盥洗功能。商周青铜器鱼纹多出现在青铜盘内，其常见搭配也是一些具有水性的动物，例如龙、龟、蛙，正如容庚先生在《商周彝器通考》中所说："今所见之器，每有绘鱼龙龟蛙之纹于盘内者。"[1]这些具有水性的动物在盘中组成一幅美妙的水中图景，当古人使用青铜盘进行盥洗时，自有一番趣味。

鱼与水关系密切，在盛水之器青铜盘中出现鱼纹和一些具有水性的动物纹似乎顺理成章，但也有鱼纹与其他动物纹进行组合的，如与鸟、虎这些非水性动物进行组合。这说明鱼纹与其他动物纹的组合并非只是表现水中图景那么简单，似乎也暗含其他特殊含义。张光直先生曾提出："商周青铜器上动物纹样乃是助理巫觋通天地工作的各种动物在青铜彝器上的形象。"[2]艾兰教授也认为："商代青铜器中盘的纹饰主要是龙纹、龟纹、鸟纹和鱼纹，纹饰一般位于盘沿和盘中，常混杂在鱼纹之间，这暗示着盘是一个水池，就像是神话里'扶桑'和'若木'下的水池，那里太阳鸟在其中洗浴，那里是通向黄泉，贯流下界的入口。"[3]根据青铜器的动物纹样是用来帮助巫觋通天地、通鬼神这一说法，可知鱼纹与其他动物纹的组合形式，似乎暗示青铜盘中的水，是一种通往阴间、鬼神之处的媒介，而那些动物纹则扮演着引导者的角色。

---

1 容庚：《商周彝器通考》，上海人民出版社，2008，第346页。
2 张光直：《中国青铜时代》，生活·读书·新知三联书店，1983，第323页。
3 艾兰：《龟之谜——商代神话、祭祀、艺术和宇宙观研究》，汪涛译，四川人民出版社，1992，第168页。

1. 鱼纹与龙纹

在青铜器鱼龙纹盘中，鱼纹常作为辅助纹样，常沿盘口内饰一周鱼纹，盘内中心则饰有龙纹，龙首居中，龙体盘卷。其实物如上海冶炼厂废铜中拣选所得的春秋鱼龙纹盘，龙首在盘内中心，盘内饰有一圈12尾首尾相接的鱼纹（图6-49、图6-50）。类似的鱼纹与龙纹组合形式，还有安徽繁昌汤家山出土的春秋鱼龙纹盘[1]。

2. 鱼纹与龟纹

鱼纹和龟纹的组合表现形式与鱼纹和龙纹的组合表现形式类似，都是盘口内侧有一周鱼纹，盘内中心有龟纹或龙纹。龟纹的形状特点也适合饰于圆形盘底。其实物如陕西清涧县出土的龟鱼纹盘（图6-51），内壁有一周三尾鱼纹，盘底有一龟纹。除此之外，陕西清涧县还出土了两件类似组合的龟鱼纹盘。

图6-49　春秋早期　鱼龙纹盘（上海博物馆藏）

图6-50　春秋早期　鱼龙纹盘　纹样展开图

图6-51　商晚期　龟鱼纹盘（清涧县博物馆藏）

1 陈佩芬：《中国青铜器辞典》，上海辞书出版社，2013，第1204页。

3. 鱼纹与两种以上动物纹

当鱼纹与两种以上动物纹组合时，通常其他动物纹同鱼纹一起装饰盘内侧一周，而装饰盘底的则是龙纹或龟纹。盘底饰龙纹的，有商代蟠龙纹盘[1]、父戊酉盘[2]，盘内侧兽、鱼、鸟相逐以绕成一圈装饰（图6-52、图6-53）。盘底饰龟纹的，其实物如故宫博物院藏商代龟鱼龙纹盘，盘内侧有三尾鱼纹和三条龙纹，鱼纹与龙纹相间，盘底则是龟纹；又如旧金山亚洲艺术博物馆藏商代晚期旅盘，盘内侧鱼纹、虎纹、鸟纹连成一圈，而盘底依旧是具有稳定感的龟纹，动静结合，充满趣味。

当盘底无主要、大面积的一种动物纹饰时，鱼纹与其他动物纹共同组成盘底画面，整体更为活泼有趣。其实物如故宫博物院藏战国龙蛙龟鱼纹方盘，在方盘底部，蟠螭、龟、蛙、鱼共同组成水中画面，气韵和谐，趣意盎然；又如山西出土的春秋早期子仲姜盘，或浮雕或立体雕的水鸟、鱼、蛙、龟交错分散在盘底，画面自在生动，俏皮可爱。

图 6-52　商　蟠龙纹盘　纹样展开图

图 6-53　商　父戊酉盘　纹样展开图

---

1 容庚：《商周彝器通考》，上海人民出版社，2008，第87页。

2 同上书，第88页。

五、结论

　　商周青铜艺术绚烂多彩，鱼纹是其中的一个辅助纹样，虽不如饕餮纹、龙纹、凤鸟纹等多见，但其源起、内涵、风格、形式也同样值得研究。通过对商周青铜器鱼纹的风格演变分析可见，纹样与人们的社会生活紧密联系在一起。从商与西周到春秋战国，各个时期的社会背景和思想观念或多或少影响着鱼纹的面貌，鱼纹作为一种艺术化的表现同样体现了各个时期人们的社会生活和审美趣味。商与西周，占卜祭祀之风较重，社会风气肃穆森严，鱼纹风格则规整概括；春秋战国，礼崩乐坏，社会风气逐渐自由开放，鱼纹风格则生动写实。通过现有资料，本章还对商周青铜器鱼纹的形式进行了具体分析，从鱼纹本身具体分析鱼鳍、鱼鳞、鱼眼的表现形式，然后对鱼纹与其他动物纹的组合形式进行分析，较为全面地阐述了商周青铜器鱼纹的面貌。

　　鱼纹历史源远流长，具有丰富的内涵和充满意味的形式，是中国传统文化中的瑰宝。从原始时期到现代社会，鱼纹仍出现在人们的视野中，把握过去鱼纹的历史语境和具体面貌，有助于我们更好地传承文化遗产，并结合当下的社会文化背景使鱼纹得到更好的应用。

蝉纹

第七章

复育轮回

赵天叶

　　蝉纹，中国传统纹饰之一，寓意吉祥，多见于青铜器、玉器、陶瓷器。蝉纹最早可追溯到新石器时代，兴盛于商周时期，主要分布在酒器、食器和兵器等器物的口沿、足部和腹部，主要为有足、无足和变形三大类，经常与兽面纹、龙纹、凤纹组合出现。

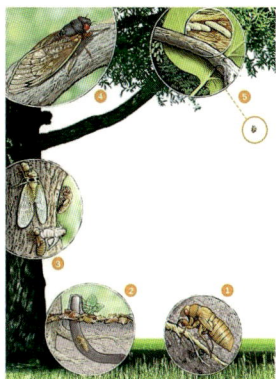

图 7-1　蝉的一生

图 7-2　古籀"蝉"字

图 7-3　西周早期　嬰父丁鼎
（上海博物馆藏）

一、五月鸣蜩——定义

　　蝉，俗称"知了"，为夏季常见昆虫，也是自然界中普遍存在的一种昆虫。从生物学上讲，蝉的一生（图 7-1）需要经历卵、若虫、成虫三个阶段，它们以刺吸式口器吸食树汁为生，待时机成熟便会爬上树干，蜕壳为成虫，有翅会飞。

　　汉代许慎《说文解字》云："蝉，以旁鸣者。"又："蜩，蝉也。"蝉又名蜩，《诗·豳风·七月》说："五月鸣蜩。"《荀子·大略》言："饮而不食者，蝉也。"中国古人对蝉的生活习性研究得非常清楚。蝉不仅有着高洁的品格，并被赋予了死而转生的神秘力量，可见蝉在中国古人心目中一直有特殊的地位。

　　刘敦愿先生认为蝉纹是"介于纹饰与文字之间，应是一种含有神圣意味的符号"[1]。中国最早的文字记载可以追溯到古籀"蝉"字[2]（图 7-2），其与西周早期嬰父丁鼎上的蝉纹（图 7-3）非常相似。

---

1 刘敦愿：《中国古代艺术品所见昆虫崇拜》，《考古与文物》1988 年第 2 期，第 24—32 页。

2 赵耕石：《篆文汇编》，台北华欣文化事业中心，1983，第 1079 页。

二、神功圣化——源起

迄今为止，最早的蝉形考古实物是距今 8000 多年的玉蝉，出土于内蒙古林西县白音长汗新石器时代兴隆洼遗址。此外，红山文化、良渚文化、凌家滩文化、石家河文化等文化遗址也都有玉蝉出土。玉蝉是以一种独立的蝉的形象出现，主要分佩蝉、冠蝉和玲蝉三种形式。有研究认为石家河文化晚期（公元前 4600—公元前 4000 年）的玉蝉是商周青铜器上蝉纹饰的鼻祖。[1] 其原因在于：第一，就现有资料来看，石家河文化晚期的玉蝉出土数量最多，且制作最为精美；第二，最早制作玉蝉虽然不是在石家河文化晚期，但在此之前的玉蝉制作是不成系统的；第三，石家河文化晚期是早期青铜文化的开始，由玉器到青铜器可能只是载体发生了变化。

夏代以前，随着铜的发现，人们逐步从运用自然铜转变为冶炼铜并开始制造青铜器。商周时期，蝉形的纹样被运用到了青铜器上，形成了现在学术界认定的蝉纹。蝉纹以蝉形为基础，造型鲜明有特点，其运用的器物类型繁多，与商周时期社会经济、政治均有密切联系。

---

1 张江：《商周青铜器上的蝉纹研究》，硕士学位论文，南京艺术学院，2016，第 17 页。

图 7-4　自然状态中的成蝉

图 7-5　商早期　鼎上的蝉纹
（1959 年河南安阳市武官村出土）

三、时移饰易——演变

从发展的趋势来看，蝉纹的演变可分为三个时期：形成期（殷墟一期[1]）、繁盛期（殷墟二期至西周早期周穆王时）、衰退期（西周中期至战国初年）。

1. 形成期

夏以前，从铜被发现，到利用自然铜，再到冶炼铜，这一过程很漫长，是青铜艺术萌生的阶段。目前可考的最早出现在青铜器上的蝉纹为商代早期（殷墟一期），通过能见到的器物标本已经基本可见四足蝉纹、无足无体节蝉纹、变形蝉纹这三种类型，包括有足、无足、变形这三大类中的部分型式。

与当时更早出现的幻想动物纹（兽面纹、夔龙纹）相比而言，蝉纹是一种写实动物纹样。此时期蝉纹的总体特征是形象趋于写实，主要描绘了成蝉（图7-4）的状态，其身体特征鲜明，均为大头圆目，三角形躯干无体节，"时间明确为殷墟早期的6件器物中，仅有1件有体节"[2]，尾部常有一小三角形（图7-5）构成特殊的装饰规律，造型简洁生动。

1 殷墟一期：盘庚—武丁前；殷墟二期：武丁、祖庚、祖甲；殷墟三期：廪辛、康丁、武乙、文丁；殷墟四期：帝乙、帝辛。
2 邱丽珠：《商周青铜器蝉纹研究》，硕士学位论文，湖南大学，2017，第22页。

图 7-6   商晚期   射女鼎（上海博物馆藏）

图 7-7   蜕壳前的蝉

2．繁盛期

至商代中晚期（殷墟二期、三期、四期）、西周早期，蝉纹开始进入繁盛期，纹饰产生丰富多样的变化，构图更为复杂。

商代中晚期，蝉纹已大量出现并分布在各种器型的各个部位中，纹饰类型丰富。较商代早期而言，蝉纹刻画得更为精细，仍保持了大头圆目的形态特征，但发展出体节与双翅的特征，逐渐有写意倾向，与装饰花纹叠加出现，抽象与变形的蝉纹开始出现。从商代中期起，大量蝉纹开始出现体节，有体节式（图7-6）多描写蝉蜕壳前的阶段（图7-7），同时也出现了浮雕形式。主要流行的蝉纹类型为无足无体节、无足有体节、二足、四足、变形有首型。商代晚期，蝉纹继续发展，多有体节，无足无体节、变形有首型蝉纹数量减少，但变形无首型蝉纹增加。此时期主要流行的蝉纹为无足有体节、变形无首型。西周早期蝉纹依然盛行，但已然有了颓废之势，从总体纹样数量来看，西周早期蝉纹所饰的器物较商代中晚期减少。有足蝉纹的数量相对增加，集中出现四足蝉纹，变形无首型蝉纹数量增加，变形有首型不见，开始出现变形蝉纹几何形化的特点。

3．衰退期

从西周中期起，蝉纹的运用大幅减少，直至战国初年完全消失。此阶段主要流行变形蝉纹。春秋时期饰有蝉纹的器物多为车马器和兵器，战国初年标本仅有华盖壶1件。

纵观青铜器蝉纹的发展演变历程，其形成于商早期，形象写实，发展于商代中期，晚期最为繁盛，形成了一定的规模与形制。西周早期多承袭商晚期的风格，但逐渐衰退，至西周中晚期以变形为主要特点，删繁就简。及至春秋早期，蝉纹纹饰更趋向简单，脱离写实。

图 7-8 商晚期 有足形蝉纹   图 7-9 商晚期 无足形蝉纹

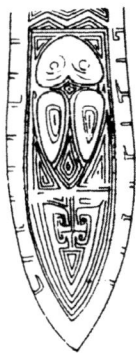

四、变化多样——形态

关于蝉纹的分类，学界的观点并不统一。学者朱凤瀚在《中国青铜器综论》一书中认为："青铜器纹饰中的蝉纹，皆具共同的特征，两只大目，体躯作长三角形，上部作圆角，腹部有条纹。"[1]笔者认为蝉纹可分为有足形蝉纹、无足形蝉纹和变形蝉纹三类（表1）。

第一类，有足形蝉纹（图7-8）。有足形蝉纹具体又可分为两足形蝉纹、四足形蝉纹与六足形蝉纹，通常描绘成蝉阶段，具有较强的写实性。两足形蝉纹基本有两种形态，一种是蝉的两足从颈部伸向上方，与头部平行；另一种是蝉的两足从颈部伸向下方，与体部平行。四足形蝉纹的基本形态为，从蝉的颈部伸出四足，两足朝上、两足朝下。六足形蝉纹非常少，其基本形态为，从蝉的颈部伸出六足，两足朝上、四足朝下。

第二类，无足形蝉纹（图7-9）。无足形蝉纹的数量在蝉纹中所占比例相当大，其形体富于变化，可将之分为有体节蝉纹与无体节蝉纹。无足有体节蝉纹多描绘蝉蜕壳前阶段；无足无体节蝉纹多描绘成蝉阶段，并多以浮雕形式出现，具有较强的写实性。

1 朱凤瀚：《中国青铜器综论》，上海古籍出版社，2009，第571页。

表1　蝉纹的发展演变

形式 时代	有足形蝉纹			无足形蝉纹		变形蝉纹	
	两足	四足	六足	有体节	无体节	有首	无首
二里头文化（夏文化）到商代初期（殷墟一期）							
商中后期（殷墟二、三、四期）至周昭王时期							
西周早期（穆王时期）							
西周中、后期							
春秋前东周（春秋、战国）							
春秋中叶到战国末							
战国以后							

　　第三类，变形蝉纹。变形蝉纹最大的特点就是保持蝉形特征的去写实化，可分为有首与无首蝉纹两类。有首变形蝉纹自始至终保持其基本特征，即保持大头、大眼、三角形体部轮廓；变形无首形则多呈几何图案化，有些简化为"心"形，多以云雷纹或折线纹衬底。

图 7-10　西周早期　凤纹卣
（上海博物馆藏）

图 7-11　兽面纹卣盖钮拓片

五、有据可循——分布

1. 分布位置

　　蝉纹所装饰的青铜器物种类丰富，主要出现在酒器（卣、爵、角、斝、瓻、勺）及食器（鼎、簋、鬲、甗）上，还有少量出现在兵器、杂器、乐器、弓形器、盥水器上。蝉纹主要分布在器物的口沿、足部和腹部，部分分布在盖钮，还有少量分布在圈足上部。

盖钮

　　凤纹卣[1]（图 7-10），西周早期，上海博物馆藏。无足无体节蝉纹饰于盖钮，竖置，大头圆眼，刻画简练，三角躯干含双翅，尾部朝上环绕盖钮一周。西周早期兽面纹卣（上海博物馆藏）上的无足无体节蝉纹也是饰于盖钮（图 7-11）。

---

1 陈佩芬：《夏商周青铜器研究》，上海古籍出版社，2004，第 179 页。

图 7-12　商晚期　鸢卣

图 7-13　商晚期　分裆鼎（中国社会科学院考古研究所藏）

提梁

鸢卣[1]（图 7-12），商晚期，梁身通饰无足有体节式蝉纹，盖面及腹部饰兽面纹，颈及圈足分饰龙纹、鸟纹。

口沿

分裆鼎[2]（图 7-13），商晚期（殷墟二期晚期，1995 年安阳郭家庄出土）。所饰无足有体节蝉纹，具有典型的殷墟晚期特点，即大眼，有波浪形体节，首尾相连，横置于器物口沿。

---

1 中国青铜器全集编辑委员会编《中国美术分类全集：中国青铜器全集》，文物出版社，1995，第 132 页。
2 中国社会科学院考古研究所、安阳市文物考古研究所编《殷墟新出土青铜器》，云南人民出版社，2008，第 137 页。

腹部

射女鼎[1]（图7-14），商代晚期，上海博物馆藏。无足有体节蝉纹分布于三角纹内，大眼，有波浪形体节，头朝上竖置，连续环绕鼎腹一周。

柱足

图7-14的射女鼎，变形无首形蝉纹饰于柱足，保留蝉的躯干部位，以三角形轮廓表现躯干，体现蝉的形象。

圈足

龙纹觚[2]（图7-15），商代晚期，上海博物馆藏。无足有体节蝉纹饰于圈足，首尾相接横置，大眼，多道波浪体节。

器物底部

保卣[3]（图7-16），西周早期，1948年河南洛阳出土。四足蝉纹饰于圈足内底部，大头圆目，有体节，勾勒细致匀整。

图 7-14 商晚期 射女鼎（上海博物馆藏）

图 7-15 商晚期 龙纹觚（上海博物馆藏）

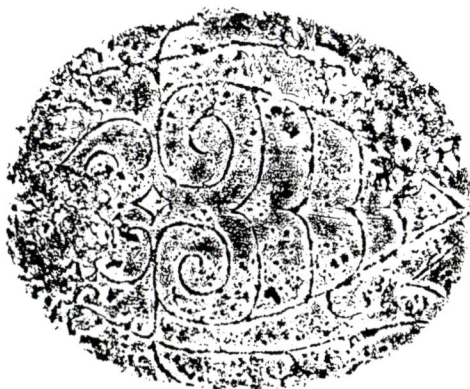

图 7-16 西周早期 保卣（上海博物馆藏）

---

1 陈佩芬：《夏商周青铜器研究》，上海古籍出版社，2004，第104页。

2 陈梦家：《美国所藏中国铜器集录》，金城出版社，2016，第3页。

3 陈佩芬：《夏商周青铜器研究》，上海古籍出版社，2004，第166页。

器身图案空白处填充

豕卣[1]（图7-17），商晚期，上海博物馆藏。器呈椭圆猪形，大叶形耳向上竖起，双目圆睁，在四蹄腹部间空处填充一枚蝉纹。

兽面纹罍[2]（图7-18），商晚期，上海博物馆藏。腹部饰兽面纹及垂叶纹，垂叶纹内饰鸟纹，两块纹的空隙处填充一小枚蝉纹。

戈卣[3]（图7-19），商晚期（1970年湖南宁乡县黄村出土），湖南省博物馆藏。蝉纹饰于卣的盖侧檐角上凸起面，大头圆眼，二足向躯干尾部延伸，有六条弯曲体节。

图7-17　商晚期　豕卣（上海博物馆藏）

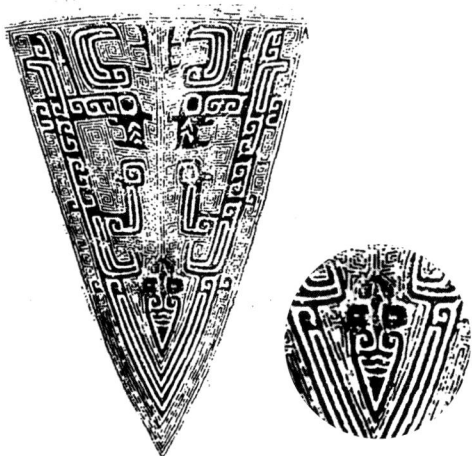

图7-18　商晚期　兽面纹罍（上海博物馆藏）

图7-19　商晚期　戈卣（湖南省博物馆藏）

---

1 陈佩芬：《夏商周青铜器研究》，上海古籍出版社，2004，第28页。

2 同上书，第58页。

3 中国青铜器全集编辑委员会编《中国美术分类全集：中国青铜器全集》，文物出版社，1995，第158页。

者减钟[1]（图7-20），春秋晚期，上海博物馆藏。干饰云纹及篆籀，甬饰卷龙纹，旋饰蝉纹一周。此属蝉纹鼎衰退期，属变形无首形蝉纹。

图7-20 春秋晚期 者减钟（上海博物馆藏）

车具

车軎[2]（图7-21），春秋早期，河南平顶山应国墓地出土。变形有首形蝉纹，以圆形表示蝉纹头部，并以实线连接三角形躯干，造型极简。

图7-21 春秋早期 车軎（河南平顶山应国墓地出土）

---

1 陈佩芬：《夏商周青铜器研究》，上海古籍出版社，2004，第33页。
2 姜涛、王龙正、王胜利等：《河南平顶山应国墓地八号墓发掘简报》，《华夏考古》2007年第1期。

2．排列方式

从蝉纹的排列方式来看，当时人们追求的并不是把相同图案简单地放在一起，而是通过不同的排列产生全新的韵律，在相似中求变化，在变化中求统一。青铜器蝉纹普遍使用以中轴线或中心点对称的方式追求连续纹样，从而构成镜像的形式；通过与蕉叶纹或三角纹的组合在器物口沿形成新的纹样带产生节奏感；与其他动物纹样组合补白加强纹样的整体性，共同点是都产生了强烈的视觉冲击力。

本章上一节中提到了蝉纹分布位置，不同位置的排列方式也各有不同。蝉纹主要分布在器物的口沿、足部、腹部。在口沿上的布局，常见为蝉纹横置、首尾相连，如蝉纹鼎[1]（图7-22），1959年河南安阳武官大墓出土；或以中心线对称、首首相连排列，如告宁鼎[2]（图7-23），河南安阳市孝民屯出土；也有以雷纹为地排列，如分裆鼎（图7-13）；有的蝉纹头部向下竖置在三角或蕉叶纹内环绕器物一周，如𢀖簋[3]（图7-24）。蝉纹在器物腹部的排列，常见为头部向上竖置在三角或蕉叶纹内，环绕器物一周，连续排列，如射女鼎（图7-14）；也有横置，与蝉纹在器物口沿上横置的排列相似，如父乙鼎[4]（图7-25）。蝉纹在器物柱足的排列几乎全部为竖置，尾部朝下，环绕足部一周，连续排列，如射女鼎（图7-14）。在圈足上部的排列蝉纹均为横置环绕一周，首尾相连或首首相连为一组图的二方连续排列，例如龙纹觚（图7-15）等。

蝉纹在器物盖钮上，多为头部朝下竖置，连续排列，例如凤纹卣（图7-10）。蝉纹在器物提梁上的布局基本与在器物口沿上相似，横置连续排列，如鸢卣（图7-12）。还有在斗柄上的首首相对的两枚蝉纹，如蝉纹斗[5]（图7-26）。还有用作填充器物纹样空白处的，排列方式为竖置，尾部朝下单独出现，如豕卣（图7-17）。还有一类蝉纹排列比较特殊，不在器物的外部，也不与任何纹饰组合，单独出现在器底，表示了器物的身份，例如保卣（图7-16）。

图7-22　商晚期　蝉纹鼎（中国社会科学院考古研究所藏）

1 中国青铜器全集编辑委员会编《中国美术分类全集 中国青铜器全集（卷二）》，文物出版社，1995，第2页。
2 同上书，第26页。
3 中国社会科学院考古研究所编著《殷墟青铜器》，文物出版社，1985，图26。
4 金维诺总主编，孙华卷主编《中国美术全集：青铜器一》，黄山书社，2010，第36页。
5 中国青铜器全集编辑委员会编《中国美术分类全集：中国青铜器全集》，文物出版社，1995，第165页。

图 7-23　商　告宁鼎（中国社会科学院考古研究所藏）

图 7-24　商晚期　宰簋（美国弗利尔美术馆藏）

图 7-25　商　父乙鼎（中国社会科学院考古研究所藏）

图 7-26　商晚期　蝉纹斗（中国社会科学院考古研究所藏）

六、相得益彰——组合

所谓纹饰组合，即一种或多种纹样以固定的形式出现在固定时期的固定器物中。本章所研究的蝉纹应用范围很广，但较少作为主要纹饰，比较多见的是与兽面纹、夔龙纹、凤鸟纹、蛇纹、虎纹等组合搭配，还有与火纹、蕉叶纹、三角纹、云雷文等纹样的组合（图7-27）。

1. 蝉纹单独出现

蝉纹作为主纹单独装饰器物非常少见，通常是蝉纹排列环绕于器物口沿或足圈，其余部位为素面。以西周早期蝉纹盘[1]（图7-28）为例，该盘于辽宁喀喇沁左翼蒙古族自治县马厂沟窖葬出土，四足蝉纹横置，以中线为轴，首首相连，向两边对称排列，饰于盘口沿及足圈，其余均为素面。还有蝉纹铜鼎[2]，蝉纹横置饰于器物口

图 7-27　西周早期　蝉纹青铜壶

1 金维诺总主编，孙华卷主编《中国美术全集：青铜器三》，黄山书社，2010，第524页。
2 湖北省博物馆、湖北省文物考古研究所、随州市博物馆：《随州叶家山：西周早期曾国墓地》，文物出版社，2013，第187页。

图 7-28 西周早期 蝉纹盘（辽宁省博物馆藏）

图 7-29 西周早期 聚父丁鼎（上海博物馆藏）

图 7-30 商 鸟纹柱足鼎（河北省文物研究所藏）

沿一周，其余为素面。聚父丁鼎[1]（图 7-29）的蝉纹装饰与蝉纹铜鼎类似，但另有三足饰鸟纹，双耳饰龙纹。

另有一种单独出现的蝉纹，可以归纳为以蝉纹为主。蝉纹竖置于三角蕉叶纹内，通常以云雷文作底，连续组合成带状纹样饰于器物腹部，置于以兽面纹、凤鸟、龙纹、火纹、蛇纹等组成的周带纹样下方。如鸟纹柱足鼎[2]（图 7-30）口沿下方由鸟纹组成周带，下饰无足有体节蝉纹，竖置于三角蕉叶纹内，以云雷文作底。

2. 蝉纹与动物纹

研究发现，商代晚期多出现蝉纹与当时流行的兽面纹的组合，同时蝉纹也较多和各种动物纹相搭配，如龙纹、鸟纹、蛇纹等，不同的组合有不同的含义。

蝉纹与兽面纹、龙纹

兽面纹及龙纹都是想象动物纹，有一种神秘与威严感。《重修宣和博古图》载："昔人远取诸物，良有旨哉。"[3]商代晚期出现非常多的兽面纹与蝉纹的组合，通常出现的器物是鼎，其作用是明尊卑、别上下，在商代用鼎制度就已经出现了等级差别[4]，它们已经是权力的象征。蝉纹与兽面纹的组合，可以总结为以下两种组合方式。

1 陈佩芬：《夏商周青铜器研究》，上海古籍出版社，2004，第 51 页。

2 金维诺总主编，孙华卷主编《中国美术全集：青铜器一》，黄山书社，2010，第 28 页。

3 王黼：《重修宣和博古图》，清文渊阁《四库全书》，子部九，册一，第 19a 页。

4 马承源：《中国青铜器》，上海古籍出版社，2003，第 63 页。

图 7-31　商晚期　🜨 父丁觚（上海博物馆藏）

图 7-32　商　亚舟鼎（美国弗利尔美术馆藏）

一是蝉纹在兽面纹之上。蝉纹多横置于器物口沿，环呈周带。例如 🜨 父丁觚[1]（图 7-31），蝉纹横置在兽面纹上，位于器物足圈处。

二是蝉纹在兽面纹之下。蝉纹位于鼎腹，兽面纹之下的蝉纹多饰于三角形或垂叶纹中，四周或上部填以雷纹，蝉纹头部向上，环绕一周。例如亚舟鼎[2]（图 7-32），上为兽面纹，四周填有雷纹周带，下为典型的无足有节蝉纹，其头朝上，竖置于三角纹中，以雷纹填充。

江伊莉在《商代青铜器纹饰的象征意义与人兽变形》中说，兽面纹附加的蝉纹是表示变形的象征，代表着兽面伸展出来的身体，似被有意作为一种变形、灵魂再生的象征。[3] 蝉纹与兽面纹的组合，可以理解为一个有机整体，具备了兽面纹所具备的含义。张光直先生提出了兽面纹含义的"巫蹻说"，即商周青铜器包括兽面纹在内的动物纹样，是协助巫术来沟通天地人神两个世界的；江伊莉认为，兽面纹是萨满的面具，协助萨满作法与天地鬼神通灵，由此可以推断蝉纹被视作灵魂再生的象征，而兽面纹象征能与天地沟通的萨满，这两者的结合具备明显的宗教文化含义。

---

1 陈佩芬：《夏商周青铜器研究》，上海古籍出版社，2004，第 51 页。

2 中国社会科学院考古研究所编《殷墟妇好墓》，文物出版社，1980，第 39 页。

3 江伊莉、刘源：《商代青铜器纹饰的象征意义与人兽变形》，《殷都学刊》2002 年第 2 期，第 22—28 页。

蝉纹与龙纹的组合布局和蝉纹与兽面纹的组合
相似，龙纹和兽面纹同是想象纹样，多了一些神性
与精神性。如蝉纹鼎[1]（图7-33），口沿龙纹横置
形成周带，下竖置蝉纹，其眼睛凸起于三角纹内。
此外，还有一些器物的兽面纹是由龙纹组成，此类
组合的典型器物如分裆鼎[2]（图7-34），蝉纹位于
器物口沿，为无足有体节蝉纹。

蝉纹与鸟纹、蛇纹

西周早期盛行蝉纹与鸟纹的搭配组合，但是这
个时期的纹饰主题明显改变，从兽面纹转向（凤）
鸟纹。其排列形式虽与兽面纹的组合相类似，但仍
有几个特别之处。

𤔲父丁鼎（图7-29）下置扁足设计为凤鸟形，
这是西周早期典型的造型，与西周中期的比较为质
朴，其口沿一周饰横置四足蝉纹（有体节），其余
几乎留白，这是以凤鸟纹与蝉纹单独组合出现的器
物。而兽面纹罍（图7-18），由两个凤鸟纹组成
了一个大的三角纹，而蝉纹是作为补壁所用，在大
三角纹的底端，与凤鸟纹结合组成一个整体纹样。
两鸟纹之间的空隙再填充一枚无足有体节蝉纹。正
父庚壶[3]（图7-35），颈部饰对称华冠凤纹，宽尾
下垂，壶腹部通体饰满鳞纹。西周中期变形蝉纹盛
行，笔者认为无首蝉纹作为鳞片内填充纹样被置
于重叠的鳞片中的情况是存在的。

图7-33　商晚期　蝉纹鼎（中国社会科学院考古研究所藏）

图7-34　商晚期　分裆鼎（中国社会科学院考古研究所藏）

图7-35　西周中期　正父庚壶（上海博物馆藏）

---

1 中国青铜器全集编辑委员会编《中国美术分类全集：中
国青铜器全集（卷二）》，文物出版社，1995，第17页。
2 中国社会科学院考古研究所、安阳市文化考古研究所编
《殷墟新出土青铜器》，云南人民出版社，2008，第137页。
3 陈佩芬：《夏商周青铜器研究》，上海古籍出版社，
2004，第78页。

蝉纹与蛇纹也常组合出现，艾兰教授曾在文章中提出："蛇是原始艺术中极为普遍的母型。蛇住在水里，或是穴居土中，冬天长眠，春天蜕皮，于是它成为转化和再生的自然象征。"[1] 这与蝉纹所具备的重生含义非常一致，因此可以推断蝉纹与蛇纹的组合，蕴含重生的含义。段勇先生在《商周青铜器幻想动物纹研究》中说以西周早、中期之交为界，青铜器纹样也有明显的变化，之前更显神秘、恐怖、威严、繁缛、凝重，之后较为世俗、活泼、富丽。[2] 蝉纹与蛇纹同样是写实纹样，商代蝉纹、蛇纹流行凸出的圆眼，身体饱满圆润，有种夸张的特质，而后逐渐变得简单、质朴、世俗。其组合形式通常是上下布局，例如邑鼎[3]（图7-36），其口沿横置一周蛇纹，无足蝉纹置于三角纹内饰于腹部，变形无首蝉纹饰于柱足。

3. 蝉纹与其他纹样

青铜器纹样中除了上一节中提到的动物纹，还有许多经典纹样，例如云雷纹、火纹、三角纹、蕉叶纹、乳丁纹等。

蝉纹与三角纹、蕉叶纹

三角纹与蕉叶纹通常作为辅助纹样出现，而蝉纹通常置于三角纹与蕉叶纹内，分布在器物的口沿、足部、腹部等处。如射女鼎（图7-6、图7-14），其无足有体节蝉纹在三角纹内饰于鼎腹；又如爻鼎[4]，为商代晚期器物，其蝉纹置于蕉叶纹内饰于鼎腹，竖置一周带。

比较特殊的是三角纹鼎[5]（图7-37），其四足蝉纹作为单独的连续纹样横于鼎口沿一周，首尾相连，四足发达，前两足从眼部上方朝上伸出，后足末端外撇。腹饰竖置三角云雷纹也是单独的连续纹样，其余处留白。蝉纹与三角纹两者都为主体。

图7-36　商晚期　邑鼎（陕西省考古研究所藏）

---

1 艾兰：《龟之谜——商代神话、祭祀、艺术和宇宙观研究》，汪涛译，四川人民出版社，1992，第185页。

2 段勇：《商周青铜器幻想动物纹研究》，上海古籍出版社，2003，第165页。

3 中国青铜器全集编辑委员会编《中国美术分类全集：中国青铜器全集》，文物出版社，1995，第4页。

4 上海博物馆青铜器研究组编《商周青铜器纹饰》，文物出版社，1984。

5 金维诺总主编，孙华卷主编《中国美术全集：青铜器一》，黄山书社，2010，第31页。

图 7-37　商　三角纹鼎
（北京大学赛克勒考古与艺术博物馆藏）

图 7-38　商晚期　圆鼎
（2006 年河南安阳殷墟郭家庄出土）

蝉纹与云雷纹

云雷纹是青铜器上典型的纹饰，有单独作为主纹出现在器物颈部或足部的，也常作为青铜器上纹饰的底纹，由连续的"回"字形线条构成，用以烘托主题纹饰。

云雷纹与蝉纹的组合，常见于蝉周围，填充于三角纹、蕉叶纹或是组成周带时的空白处，运用非常广泛，如父乙鼎（图 7-25），其无足有体节蝉纹，以云雷纹横置于鼎腹一周，上下均饰云雷纹周带。

蝉纹与火纹

蝉纹与火纹的组合并不少见，例如圆鼎（图 7-38），其口沿处蝉纹与火纹相间隔组成周带，下饰竖置三角蝉纹一周，均以云雷纹作底。鼎是青铜礼器中的主要食器，在食器上出现火纹应该有特殊的含义。火纹又称"涡纹"，是圆中有同向旋转的涡旋纹。《庄子》

图 7-39 商晚期 凤鸟蝉纹鼎（上海博物馆藏）

所提到的"灶有髻"，其注解为"髻，灶神，著赤衣，状如美女"。《广雅》云："蝒、蛁，
蝉也。"山东大学历史系丁山教授曾提出青铜器上蝉纹的原型应该是灶神，而其实这种
昆虫并不是蝉，而是与蝉形体相似的昆虫，即原始的火神。在此见解上，刘敦愿先生在《中
国古代艺术品所见昆虫崇拜——论商周时期"蝉纹"的含义》一文中提出，蝉纹的原型
可能并不是蝉而是灶马，一种在灶屋中活动的昆虫。参考上述见解，饰于食器上的火纹
与蝉纹结合应具有庄严神圣的意义。

　　凤鸟蝉纹鼎[1]（图 7-39），口沿部饰火龙纹，下饰竖置无足有体节蝉纹，是蝉纹与龙纹、
火纹的组合。《论衡》曰："夫日者，天之火也，与地之火无以异也。"[2]这三者的组合
增加了神秘色彩。

---

1 金维诺总主编，孙华卷主编《中国美术全集：青铜器一》，黄山书社，2010，第 29 页。
2 王充：《论衡》，清文渊阁《四库全书》，子部十，卷十一，第 16a 页。

図 7-40　佩蝉
（山东省滕州市前掌大遗址出土）

図 7-41　西周晚期　玲蝉
（河南三门峡虢国墓出土）

図 7-42　汉代　玉蝉
（上海博物馆藏）

七、不胜枚举——应用

1. 玉器

　　前文提到过玉蝉在产生初期主要有三种用途，一是佩蝉（图7-40），顶端有对穿孔；二是冠蝉，用于帽饰，于腹部对穿孔；三是玲蝉（图7-41），用在死人口中压舌，体积较小，刀法简单，没有穿眼。

　　蝉在玉器中有其特殊的文化内涵及造型方式。首先，将玉蝉佩于身上表明了君子的高洁品性。《说文解字》曰："玉，石之美者，有五德。"《唐诗别裁》云："咏蝉者每咏其声，此独尊其品格。"这些成就了玉蝉丰富的历史与人文内涵。山东省滕州市前掌大18号墓出土的佩蝉是一件挂饰，简单的几刀就将蝉惟妙惟肖地刻画出来。其次，将蝉冠于头上，冠蝉于腹部穿眼，眼形有直穿眼也有象鼻眼，可以穿线将其固定在帽子上，有表示"蝉联"的隐喻。此外，玲蝉象征死而转生之意。《论衡》言："复育转而为蝉。"把蝉放入死者口中，古人以此对蝉寄寓了灵魂不灭的祝愿。商时有含贝者，西周有含蝉形玉者，春秋时有含珠玉者。战国以后，盛行死者含蝉形玉，于汉代尤甚。

　　此外不得不提的是汉代制作玉蝉（图7-42）的工艺，素有"汉八刀"之称。自新石器到商代出土的玉蝉，可以看出蝉的造型圆润多弧线，这与佩戴和使用（玲蝉）有关；而发展到周、汉时期的玉蝉则表面平滑光亮，边沿棱角锋利，刀刀见锋的线条简练、粗犷有力，这形成了汉代玉蝉特有的风格。

2. 瓷器

清雍正、乾隆时期的瓷器，大量借鉴了青铜器的纹样。《乾隆记事档》将乾隆瓷器装饰花纹记录得非常详细，纹样必须按朝廷送来的图样或意旨设计，朝廷对瓷器的样式都有具体的规定，制作者不能随便改动。

乾隆款紫地轧道珐琅彩爵盘[1]（图7-43），从器型到纹样都借鉴了古代青铜器，在爵身中间明显有一个蝉头顶蝙蝠和如意的纹样，蝉形与青铜器蝉纹非常像且极生动形象，富有寓意。乾隆款豆青地珐琅彩开光山水诗句纹瓶[2]（图7-44），颈部饰有一圈似蝉形蕉叶纹。经过查证，《景德镇陶瓷古彩装饰》[3]一书中说，古彩的边角纹样多饰于瓶、罐肩部，缸、钵口部，圆盘挂盘边部。古彩边角力求规矩均匀，一般不单独表现题材和情节，主要为烘托主题，使作品丰富、完善、和谐。颈边多以芭蕉、如意来组成图案，在一定程度上加强了器物向上的感觉，使图案纹样有高峻挺拔之感。首先，商周时期青铜器中的蝉纹经常与蕉叶纹组合出现。其次，

图7-43　乾隆款紫地轧道珐琅彩爵盘

图7-44　乾隆款豆青地珐琅彩开光山水诗句纹瓶

---

1 冯先铭、耿宝昌：《清盛世瓷选粹》，紫禁城出版社，1994，第319页。

2 同上书，第326页。

3 方复：《景德镇陶瓷古彩装饰》，江西高校出版社，2004，第55页。

将殷墟晚期的龙纹觚[1]（图7-45）与乾隆
款豆青地珐琅彩开光山水诗句纹瓶颈部的
蕉叶纹（图7-46）比对，会发现其蕉叶
纹就是去首的蝉纹形状。此外，如意纹其
实多为扁形（图7-47），笔者认为此处
这类图案边角应该就是"蝉形的蕉叶纹"，
而非如意纹头的蕉叶纹装饰。比对发现该
类蝉形蕉叶纹与如意形蕉叶纹是蕉叶纹的
两种变形体，会结合在一起灵活运用。

图7-45 商晚期 龙纹觚拓印

蝉形纹多以"倒"蕉叶形纹的形式出现，是目前发现的青铜器中唯一以昆虫为题材
命名的主题纹饰。

图7-46 乾隆款豆青地珐琅彩开光山水诗句纹瓶蕉叶纹

图7-47 乾隆款豆青地珐琅
彩开光山水诗句纹瓶如意纹

---

1 陈佩芬：《夏商周青铜器研究》，上海古籍出版社，2004，第58页。

图 7-48　金珰附蝉（南京市郭家山东晋温氏家族墓出土）

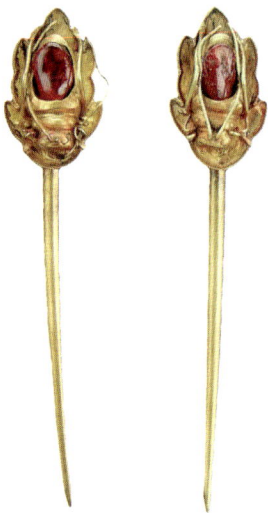

图 7-49　明代　金蝉簪（定陵出土）

图 7-50　明代　金蝉玉叶（南京博物院藏）

3. 金银器

关于蝉的金饰，最著名的当属笼冠上的"貂蝉"装饰了，即所谓"金珰附蝉"（图 7-48）。《后汉书》中亦有"侍中、中常侍加黄金珰，附蝉为文，貂尾为饰，谓之赵惠文冠"[1] 的记载。汉代应该就有带有"蝉"装饰的笼冠，这种冠饰来源于赵武灵王仿效胡服。如南京市郭家山东晋温氏家族墓出土的金珰附蝉，其常见样式有点像是上部中间凸起的五边形，非常精致，一般也称为"山形"，如大小山丘一座座连绵不断，亦作"蝉连"相承之意。而其中间刻画的"蝉"则非常抽象，甚至有点难以辨认，但其本身就极具装饰性。

除了"金珰"，还有许多与蝉有关的金银器，如定陵出土的金蝉簪（图 7-49），做工精细，镶嵌了红宝石，蝉形圆润饱满，两支成一对以固定或点缀古时女子的发髻。以蝉作装饰更有清雅高洁之意。

明代金蝉玉叶（图 7-50），南京博物院藏，1954 年苏州五峰山博士坞的明代弘治年间进士张安晚家族墓地 14 号墓出土，金蝉双翼微张，与玉叶相互辉映，妙趣横生。这一类器物与玲蝉的作用相似，通常用于陪葬，蕴含着对逝者破茧重生的愿望。

4. 文房

"文房"一词始见于南北朝时期，是指国家典掌文翰的地方。北宋翰林学士苏易简撰写了《文房四谱》五卷，分笔谱二卷，砚、纸、墨谱各一卷。

---

1 范晔：《后汉书》，清文渊阁《四库全书》，史部，志第三十舆服，武冠。

图 7-51 明代 蝉形澄泥砚

图 7-52 明代 蝉形澄泥砚背面

自此文房有"四谱"之名，即现在俗称的文房四宝，但除了笔、墨、纸、砚，还有许多辅助用具，如水丞、水洗、镇纸、笔架、笔洗、笔掭、印章、印泥等。

蝉形砚台

唐代诗人李频曰："露滴从添砚，蝉吟便送杯。"宋代诗人吴龙翰作《夏日书事》："槛柳拂棋局，瓶花落砚池。蝶狂如被酒，蝉咽似吟诗。"自古以来，蝉在文人心中就有别样的地位，诗中可见砚台更是与文人的生活息息相关。中国的文人精神是定型于北宋的，北宋苏易简《文房四谱》、唐积《歙州砚谱》、米芾《砚史》等多书记载了当时砚台的样式与名目，不下百种。"蝉文化"渐渐深入砚雕领域，蝉形砚以其优美的造型和高雅脱俗的文化寓意成为一种典型的仿生砚，盛行于明代。如明代蝉形澄泥砚（图 7-51），沐文堂藏，造型写实逼真，蝉背（图 7-52）为砚堂，背后有蝉足，设计独特，既实用又美观。澄泥砚在明代是颇为流行的砚材。明末清初的文学家丁耀亢曾作《偶得汉砖蝉砚》一首："汉宫衰草未央前，火灭烟飞四百年。铜雀倾来曾见瓦，金华迁后有遗砖。清风墨沈形全蜕，白露玄光骨已仙。冠绶何时生羽翼，磨成重写帝京篇。"专咏"蝉砚"的诗词使人感知到文人对蝉形砚的特殊情感。

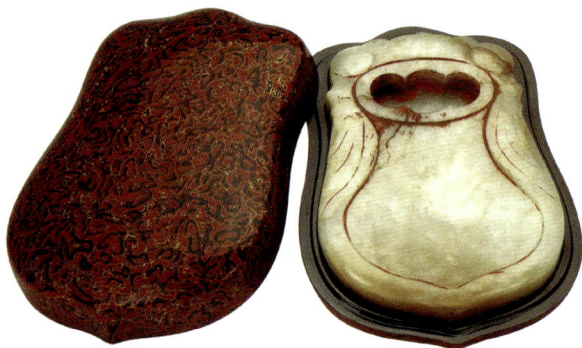

图 7-53　明代　青玉蝉形砚（青浦书屋藏）

图 7-54　水丞（出自项元汴《历代名瓷图谱》）

　　清代诗人陈梓夸赞"蝉砚"："饮而不食，俭也。嗜墨而不墨墨，廉也。吐辞为经，文也。坚刚不渝，信也。冠不集而石于蜕，清也。"[1]明代的青玉蝉形砚（图7-53），青浦书屋藏，将青玉制为蝉更能表达文人高洁、清廉之意。

蝉纹水丞

　　水丞又称中丞，号称文房第五宝，是书案上储水的容器，兼具实用性与观赏性，制作古朴雅致，最能体现文人雅士的审美情趣。

　　水丞仿绍兴《鉴古图》款式（图7-54）。高低大小图，釉色粉青，冰纹片裂。文而不华，朴而近质，真有汉魏间名人遗器之意，并下紫锭卧蚕水注，同得之武陵鬻古家。（文为项元汴所撰）。图中可见水丞肩部为蝉纹，底部为蕉叶纹，极清新雅致。

---

1 陈梓：《陈梓全集》，西泠印社出版社，2020，第364页。

图 7-55　五代　黄筌《写生珍禽图》（故宫博物院藏）

图 7-56　元代　钱选《草虫图卷》（底特律美术馆藏）

5. 绘画

　　《宣和画谱》言："诗人多识草木虫鱼之性，而画者其所以豪夺造化，思入妙微，亦诗人之作也。若草虫者，凡见诸诗人之比兴，故因附于此。"草虫在花鸟画中有着举足轻重的地位，是表现生活情趣的重要载体之一。黄筌是五代时期较为著名的画家，精于写生，造型准确，其所作《写生珍禽图》（图 7-55）对蝉等草虫作了细致入微的勾画，用极细的墨线勾勒出轮廓，然后根据真实的草虫颜色来逐一染色，十分逼真。可见在这个时期，草虫的题材已经成为绘画的一部分，而且画家们开展了细致入微的研究。元代钱选画《草虫图卷》（图 7-56），画中残荷、水草、青蛙、蚱蜢、蜻蜓，姿态各异、生动自然，墨色浓淡丰富有变化，布局疏密得当。

黄筌　　　　　　　　　钱选　　　　　　　　　沈周　　　　　　　　　齐白石

图 7-57　画家画蝉图对比

上图中钱选、沈周、齐白石画
的蝉（图 7-57），比起黄筌所画
更轻松随意，用了兼工带写的表现
手法，而周围植物的虚化处理，将
主体衬托得更加分明。沈周题画诗：
"秋已及一月，残声绕细枝。因声
追尔质，郑重未忘诗。"（图 7-58）
蝉是秋之天籁，对生命的敬畏从不
因其短长而论多少，只要是生命就
值得敬畏。蝉常常被用来表达文人
的一些心声，而沈周所画的水墨蝉
更为写意，营造出水墨氤氲的朦胧
意境。

齐白石将草虫这一类画推上了
新的高度，如扇面（图 7-59），
静物与草虫动静对比，写意的植物
与精致的草虫产生疏密对比，画面
富有节奏感又不失平衡。

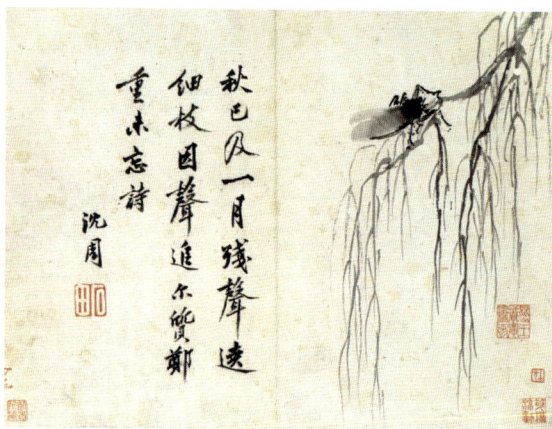

图 7-58　明代　沈周《卧游图》

图 7-59　现代　齐白石　扇面

6. 佛道教

蝉在中国古代象征永生和复活，这个象征意义恰恰与道家毕生追求的羽化升仙的最高境界相一致。在道家思想为主导的汉代，用玉殉葬是祈求永生和复活的寓意，如上文提及的玲蝉就是人们希望含之可以成仙得道。

在山东博兴龙华寺遗址出土了一尊东魏时期的蝉冠菩萨石雕立像（图 7-60），现存于山东省博物馆。这尊蝉冠菩萨像戴高冠，嘴角微翘，面含笑意，头后方有巨大圆形头光，最为引人注意的就是菩萨宝冠正中装饰的蝉纹，"蝉冠菩萨像"也由此得名。随着佛教日渐本土化，加之道教"蝉蜕"思想的影响，菩萨像头部常饰以蝉冠，这既蕴含了一种轮回之意，也有一些蝉联缨冠的世俗意义，还表达了佛教神像高贵和令人敬仰的气质。

7. 发型

蝉鬓，中国古代妇女的发式之一，指面颊两旁贴近耳朵的薄如蝉翼的头发。晋崔豹《古今注》卷下曰："魏文帝宫人绝所宠者，有莫琼树、薛夜来、田尚衣、段巧笑四人，日夕在侧。琼树乃制蝉鬓，缥眇如蝉翼，故曰蝉鬓。"又曰："其鬓发薄如蝉翼，黑如蝉身。"南朝梁元帝有《登颜园故阁》诗："妆成理蝉鬓，笑罢敛蛾眉。"盛唐时，流行梳妆成蝉鬓。如唐代周昉所画《簪花仕女图》（图 7-61）局部所示，女子耳边的鬓漆黑如蝉身，形成薄薄一层，仿佛蝉翼般，飘逸生动。卢照邻《长安古意》云："片片行云著蝉鬓。"描述极其恰当。

图 7-60　东魏　蝉冠菩萨石雕立像（山东省博物馆藏）

图 7-61　唐代　周昉《簪花仕女图》局部（辽宁省博物馆藏）

8. 建筑

雀替（图7-62）是中国古代建筑的特色构件之一，《营造法式》中称其为"绰幕"，又称"角替"，是柱子上端连接房梁与柱子共同承受上部压力的衔接构件。南北朝、宋代早中期和辽代的雀替较简洁质朴，少作装饰，仅由上下二木构成。发展到宋末，雀替下部出现了蝉肚造型，并出现雕刻与装饰。元代的蝉肚造型最繁复（图7-62）。从明至清，蝉肚造型逐渐走向雕饰高峰，并在底部另加一斗一拱。雀替的雕刻装饰品种繁多，有龙、凤、仙鹤、花鸟、花篮、金蟾等形式，雕法则有圆雕、浮雕、透雕等。笔者认为蝉肚雀替的美学作用已经远超其在建筑结构中的作用（图7-63）。

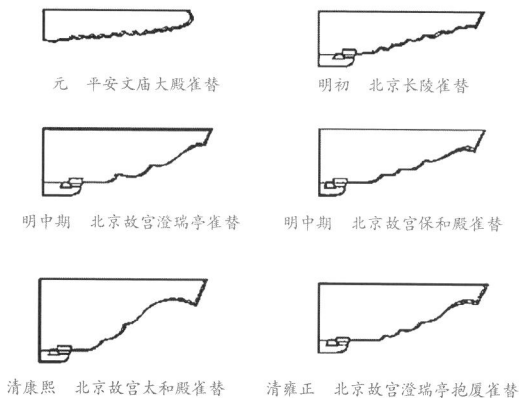

元　平安文庙大殿雀替　　　　　　明初　北京长陵雀替

明中期　北京故宫澄瑞亭雀替　　　明中期　北京故宫保和殿雀替

清康熙　北京故宫太和殿雀替　　　清雍正　北京故宫澄瑞亭抱厦雀替

图 7-62　雀替的演变

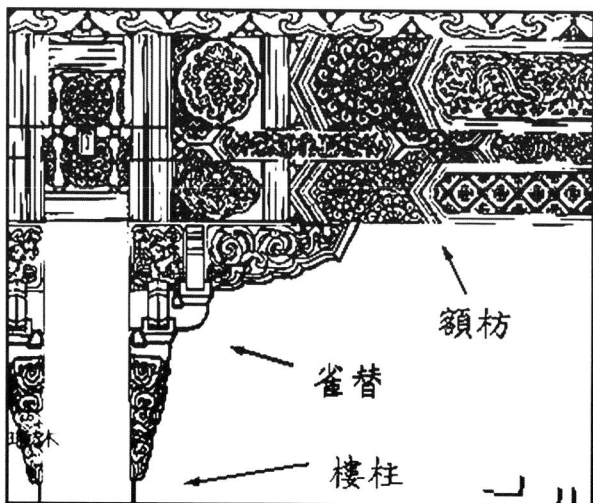

图 7-63　雀替在建筑中的位置

八、结论

　　蝉纹在学术界的定义为青铜器上的蝉形纹样，有着悠久的历史，蕴涵丰富浓厚的文化，它所具有的审美意境和寓意，都表明了蝉纹具有极高的艺术价值。本章分蝉纹的起源、历史演变、形态分类、分布排列、组合构成几个方面，具体阐述了蝉纹的整体风貌。作为中国传统纹样中动物纹的一种，蝉纹是同时具有写实性与写意性的，且是在不断变化发展的。

　　通过对蝉形纹样在不同工艺品类中的运用研究，会发现风格各异的蝉形纹样表现了不同时期的文化思想、构思设计、艺术表现、技术加工等方面的新发展，且与时代精神、工具改革、材料更新、经验积累以及艺术思潮有密切关系。

　　蝉形纹样值得我们继续深入研究，文化、艺术、生活是相互作用和相互影响的，对于现代设计与绘画来说，蝉纹是值得借鉴与运用的重要元素。

第八章

以形观象

乳丁纹

王玲

　　早在悠远的史前文明期，华夏先民制作的陶器已出现了立体圆点形态，那是"乳丁纹"的初始样貌。随着后世青铜器的发展，"乳丁纹"作为一种常见辅助纹样，被用到各种礼祀器物上。乳丁纹见于史前，盛于商周，延续至秦汉以后。关于乳丁纹的名称起源及演变历程，诸多文献资料中说法不一，"乳丁"应是后人形象化的惯用称谓，本章将追溯古代器物上凸起圆点的命名与原型，并系统梳理该纹饰自先秦至汉代的发展脉络及其中所蕴含的思想观念。

图 8-1　甲骨文"乳"

乳丁纹，在其他载体上也称"圆圈纹""枚"，通常是指器物表面的立体圆点凸起，其形态、大小、高低不一，多见于青铜器、玉器，是青铜器物上出现较早的常见纹饰，以独立式或方阵式规律排列。

从字形演变来看，甲骨文"𤳗（乳）"（图 8-1）有乳房或喂养之意；甲骨文"●"为"丁"的象形字，指端组、小块状。此外，乳丁纹始见于新石器时代的陶器，从实用功能与材质演变的角度来看，"乳丁"为似乳头形、小块状的陶器纹饰。从象形化命名的脉络进程看，相较于"乳钉"，"乳丁"更符合原义。

从文献记载来看，"乳"与"枚"为钟饰的不同叫法。早在周代，《周礼·考工记·凫氏》记载："凫氏为钟，……钟带谓之篆，篆间谓之枚，枚谓之景。"东汉郑玄注："枚，钟乳也。"唐《北堂书钞·乐部》引《乐纬叶图征》："'君子铄金为钟，四时九乳。'宋均注云：'九乳，法九州也。'案：四时谓带有四，九乳谓枚有九也。"宋代《宣和博古图》载"百乳方鼎""百乳彝""乳彝""百乳钟""七乳鉴"……"周百乳彝"："乳所以养人者也，犹瓜之保子，著之于器，以示其永保用之意。"

以上为不同时期对乳丁纹的名称界定与说明，周以降，乳丁纹多指器物上的乳状纹饰或钟乳，称为"乳纹"或"乳状纹"更为贴切。

二、同型异纹——同类

图 8-2　战国　白玉三联谷纹璧

由少量点缀到有序排列的乳丁纹饰，逐渐成为一种装饰风尚，不仅存在于陶器、青铜器上，而且在玉器、瓦当及古砖等不同器物上都有呈现。或有形态的相似，或有排列的相近，或是乳丁的演变，或是其他纹饰的衍生，有着形态差异的"乳丁纹"在不同载体、不同时期的称谓也有所不同，如玉器谷纹、青铜目纹、钟枚。

1．谷纹

谷纹，玉器上常见的装饰纹样之一，指纹样单元形态作萌芽谷粒状的一种纹饰（图 8-2）。《周礼·春官·大宗伯》载："（周制）王执镇圭，公执桓圭，……子执谷璧，男执蒲璧。"六瑞形制大小各异，以示爵位等级之差别。郑玄注："谷，所以养人。""谷，善也，其饰若粟纹然。"[1]乳丁为谷纹的一种形式，为浮雕半球状单元，浮凸明显。战国末期衍生出蒲纹、乳丁纹等纹饰。至西汉，以蒲纹、勾连乳丁纹出现较多。自西

---

1 林尹：《周礼今注今译》，台湾商务印书馆，1979，第 217 页。

图 8-3 汉代 谷纹璜

汉晚期至东汉，乳丁纹广泛流行。[1]"玉璧谷纹蒲纹的出现，是对青铜器乳丁纹和雷纹的创造性借鉴。谷纹璧和蒲纹璧在战国晚期成为主流，是社会经济、文化以及玉器本身发展的多重作用下形成的。"[2]

就乳丁纹而言，"不过是浅浮雕谷纹失去芽所致。换言之，前者是后者蜕变的结果。……乳丁纹的出现，不仅比谷纹而且比蒲纹为晚，在西汉晚期及东汉的玉器上才出现。……谷纹（图 8-3）实由涡纹发展而成；后者却是龙纹分解后所派生的纹饰。因此，谷纹与五谷中的谷粟，实在是风马牛不相及，汉唐经师及宋儒将谷纹视为谷粟的象征，显然出于臆想，并不正确"[3]。

综上所述，玉璧上流行的谷纹，虽形似发芽的种子，却源于由龙纹派生出的涡纹，后演变发展到战国末，又衍生出乳丁样式。谷纹与乳丁纹之间有一定的发展关联，但玉器上出现的乳丁纹明显比青铜器上的乳丁纹晚，是谷纹的衍生纹饰。

---

1 丁哲：《玉器谷纹的初步研究》，《赤峰学院学报（哲学社会科学版）》2014 年第 8 期，第 11 页。
2 文萌：《玉璧谷纹蒲纹浅析》，《齐齐哈尔师范高等专科学校学报》2013 年第 6 期，第 7 页。
3 杨建芳：《龙纹、涡纹、谷纹、蒲纹、乳丁纹东周玉器主要纹饰的演变及定名，兼论〈周礼〉成书年代》，《香港中文大学中国文化研究所学报》1991 年第 22 卷，第 91—92 页。

2. 目纹

目纹，是青铜器上的常见纹样之一，在饕餮纹、凤纹等纹饰中以突出强化形象的形式出现，或是浮雕凸起的半球体形态（图8-4），或是纵向高凸的柱体形态。饶宗颐先生指出："餐餐纹"有一种系以"羊"面为基础而突出其目睛，而古器每以羊为纹饰，兼绘目形。殷周彝器饕餮纹，多刻二目或四目。《周礼》方相氏黄金四目，以殴疫鬼。盖取禳凶去邪之意。[1]饶先生又在三星堆纵目纹（图8-5）描述中言："三星堆铜人目凸出作柱状，可作直目看待，也许摹仿日神烛龙，取其可烛照九阴，在举行燎祭或大傩时，以作祀事对象，使众鬼惊恐无所遁形。"[2]《华阳国志·蜀志》载："其目纵，始称王。"此句描述了蚕丛的形象。尔里斯特·格曼布雷奇曾说："原始艺术里，眼睛是一种普遍性形象。它具有让人恐惧，尊神压邪的功能。"

图8-4　商晚期　铜凤柱斝（陕西历史博物馆藏）

---

[1] 饶宗颐：《巴黎所见甲骨录》，香港苏记书庄，1956，第31页。

[2] 饶宗颐：《西南文化创世纪：殷代陇蜀部族地理与三星堆、金沙文化》，上海古籍出版社，2010，第203页。

图 8-5　商晚期　铜纵目面具（三星堆博物馆藏）

图 8-6　西周晚期　中义钟

目纹作为一种独立存在的纹饰，与乳丁之间有着形似的关联，其高耸凸起的形态为青铜器增添几许神秘威严的力量。

3. 枚

《周礼·考工记·凫氏》记载："凫氏为钟，……钟带谓之篆，篆间谓之枚，枚谓之景。"东汉郑玄注："枚，钟乳也。"（图 8-6）高至喜先生在对铙的考证中提出，由兽面纹铙到简化兽面纹铙、云纹铙、乳丁铙、有枚铙，最后到甬钟的发展演化序列，"D"形铙乳丁就是以后有枚铙和甬钟的枚的起始形态。[1] 将乳丁铙与枚铙并提，可见在礼乐器物中作为功能性的枚，是铙、钟枚饰的初始称谓，后人将枚、乳作为钟饰的不同叫法。

---

1 高至喜：《论中国南方商周时期铜铙的型式、演变与年代》，《南方文物》1993 年第 2 期，第 47—49 页。

三、纹脉相承——远古

图8-7　乳丁纹红陶鼎（裴李岗文化）

图8-8　灰陶乳丁纹壶（大汶口文化）

　　远古时期，先民制器既有来自生活实用审美功能的需求，又有原始巫术宗教神秘的寄托与祈愿。早在新石器时代，以凸起圆点为原型的纹饰已在出土陶器上出现，这是乳丁实物形态的最早发现。乳丁纹装饰陶器由来甚久，最早期的可见于河南新郑县出土的裴李岗文化乳丁纹红陶鼎[1]（图8-7），另有新石器时期灰陶乳丁纹壶（图8-8），壶的肩部饰有两圈乳丁，第一圈四乳丁，第二圈八乳丁，共十二乳丁，设计奇特，类似的壶未见出土。

　　自制陶始，冶铜、炼金、琢玉的技艺中有大量充满意味的纹饰，乳丁纹便是其中一种，作为出现最早的点纹装饰，可在陶器中一见其相似的形态与组合样式。在众多陶器纹样中，这种点纹应是后期形似乳丁纹的原始萌芽。

---

1 段清波：《中国古陶器》，湖北美术出版社，2001，第2页。

图 8-9　彩陶钵

上承裴李岗文化，仰韶文化时期出土的彩陶上也有大量或平面或立体的圆点。其中，平面圆点与后期凸起立体的圆点排列有许多相似之处（图8-9、图8-10），彩陶钵口边缘饰有一圈圆点，数量为十二，内有连线的圆点；也有圆点与菱形纹结合的纹饰，数量由一生二、四、七、十二……数量之多，让人叹为观止。可见，点纹在彩陶上是一种常见的装饰纹样。同期出土的旋纹鼓形器（图8-11）与彩陶浮雕人形双耳壶(图8-12)上出现了立体乳丁，其中鼓形器上有七个乳丁，浮雕人形双耳壶上的圆点凸起是对人体的形象表达。

李泽厚先生在《美的历程》中提出："陶器纹饰的美学风格由活泼愉快走向沉重神秘，确是走向青铜时代的无可置疑的实证。……在上层建筑和意识形态领域，以'礼'为旗号，以祖先祭祀为核心，具有浓厚宗教性质的巫史文化开始了。"[1]可见，陶器上丰富的点纹装饰，与后期青铜时代点凸纹饰的再现之间有着形式与内容的关联，是贴近生活的原始描绘向统治阶级观念演化的过程。

图 8-10　彩陶圆点弦纹壶

图 8-11　彩陶旋纹鼓形器

图 8-12　浮雕人形双耳壶

---

1 李泽厚：《美的历程（插图珍藏本）》，广西师范大学出版社，2000，第53页。

图 8-13　夏晚期　管流角（引自《故宫青铜器图典》）

1. 平凸环绕：夏代

上承远古纹饰之形，到夏代，乳丁纹的呈现载体为青铜器。这些青铜器的纹饰主要体现了统治者的威严力量和意志，它们与陶器上神秘怪异的几何纹样，在性质上也有了区别。[1]

据考古发现，二里头文化时期的青铜器表面已有乳丁纹饰，这个时期的青铜器器壁较薄，纹饰风格纤细，乳丁大多成环形装饰于器物腰腹部，此时乳丁纹与弦纹、凸棱纹组合较多。从形态上看，多为小颗粒平凸圆点，并不具有"钉"的样式，如夏晚期出土的管流角（图 8-13），腰腹饰有两圈小的乳状纹，极为形象。

---

1 李泽厚：《美的历程（插图珍藏本）》，广西师范大学出版社，2000，第 60 页。

2. 圆凸秩序：商代

铜簋乳丁

商代早期，乳丁形态延续夏代样式，仍有平缓圆凸的特征，网纹斝(图8-14)器壁较薄，三足纤细，整体轻巧秀丽，腰部装饰菱形纹与弦纹，其间有乳丁，形为平缓较小的乳凸状圆点，器物与纹饰皆有秀丽之风，与后期庄严狞厉的青铜器纹饰大为不同。

发展至商代中晚期，在大量出土的铜簋器物上装饰有数量众多的乳丁纹。乳丁已成为当时青铜器的主要装饰纹样，排列方式具有一定的范式，多和雷纹、菱形纹组合，形态呈弹头尖凸状，乳丁造型愈加形象化。表1中出土的各种簋，腹部装饰大量密集的乳丁纹，与菱形纹组合，排列整齐，乳丁形态由平凸浑圆逐渐变得尖凸，多以五行排列，纵向以二三交替排列。

图 8-14　网纹斝（引自《故宫青铜器图典》）

表 1　商代乳丁纹特征

时期	商代晚期	商代晚期	商代晚期	商末周初	西周初期
名称	乳丁旋涡纹簋	乳丁四瓣花纹簋	乳丁回首夔纹簋	乳丁夔纹簋	乳丁纹簋
图片					
乳丁特征	平凸浑圆，五行排列，纵向以二三交替排列	凸起渐高，乳凸浑圆，五行排列，纵向以二三交替排列	尖凸之势，呈锥体，五行排列，纵向以二三交替排列	尖凸更甚，锥体延长，呈放射状	愈发有尖锐高耸之势，乳丁变高
组合形式	与涡纹、菱纹等组合	与四瓣花纹、涡纹组合	与夔纹组合	与夔纹组合	与夔纹组合

兽面乳丁

每个时代流行的纹饰会呈现在不同器物上，既有视觉形象的审美特征，又具有意识形态的观念表达。商代，饕餮纹与兽面纹是青铜器上的主体纹样，有一类表现为兽面凸目，臣眼圆目，形态与乳丁纹饰极为相近。此时，兽面乳丁组合的纹饰较为常见，有并列式、融合式、重叠式等组合形式，其乳丁形态多为平缓的圆形凸起，排列方式多样，如平行排列、图形排列等。湖北崇阳出土的兽面纹鼓（表2），双面铜鼓鼓座均饰疏散状的兽面纹，兽面凸目，圆形凸眼形态较大，边缘饰大量小颗粒乳丁纹。河南郑州张寨南街出土的兽面纹方鼎，乳丁呈斗形阵列式，整体呈圆凸平缓式样，方鼎四角纵向条带上各有64个乳丁，总数多达772个。

从表2可见，自商早、中、晚期直到西周，乳丁纹有明显的演变特征，由形态较小的平缓圆凸逐渐发展为尖耸的样貌，兽面纹与乳丁纹相互增益，营造出威严狞厉又平静有序的双重审美意味。

表2　兽面乳丁纹

时期	商代晚期	商代中期	商代晚期	西周初期
名称	兽面纹方鼎	兽面纹鼓	兽面目雷纹乳丁簋	四牛首耳乳丁纹簋
图片				
乳丁特征	乳丁与兽面为主体纹饰，兽面纹沿口下一圈，乳丁呈凹型有序排列	鼓体饰兽面纹，鼓两边各有三圈有序排列的小乳丁	簋腹部饰斜方格乳丁纹，足部饰兽面纹	牛首纹，三排尖凸乳丁有序排列，足部饰夔纹
组合形式	兽面纹、乳丁纹、目纹	兽面纹、乳丁纹、目纹、云雷纹、鸟纹	兽面纹、乳丁纹、目纹、雷纹	牛首纹、乳丁纹、鸟纹

兵器乳丁

青铜器中与祭祀、战争有关的礼器、兵器的数量是最多的。商代，乳丁纹饰在不同的器物上都有新的表达，在兵器上加乳丁装饰也成为一种新风尚。商代出土兵器数量较多，在出土的三大类兵器中，横击类和直击类兵器出现乳丁纹最早，防护类最晚。商代中期，兵器上也常见小颗粒圆点凸起，河北藁城台西 112 号墓出土的铁刃铜钺，一面两排各六枚乳丁纹，另一面两排分别为七枚与八枚。[1] 又见商时的羊首弯刀（图 8-15），刀身装饰两列密集的小乳丁。至商代后期，兵器上乳丁纹的发展进入高峰阶段，成为北方文化兵器的装饰风格之一。[2] 商晚期的兵器兽面纹大钺（图 8-16），上端装饰兽面纹，间饰数量为七的平缓乳丁，有学者称为"梅花丁纹"，执有者被赋予兵权，大型钺往往是权力的象征，起仪仗作用，表示地位的高贵和权力的显赫。兵器上乳丁纹的装饰特征为有序排列、均匀平凸小乳丁，呈纤丽风格。

图 8-15　商　羊首弯刀

图 8-16　商晚期　兽面纹大钺

1 中国社会科学院考古研究所编《中国早期青铜文化——二里头文化专题研究》，科学出版社，2008。
2 韩金秋、杨建华：《略论商周时期兵器上的乳钉纹》，《文物春秋》2010 年第 5 期，第 7 页。

五、多元共存——周代

图8-17　西周早期　甲簋（上海博物馆藏）

图8-18　西周　乳丁纹四耳簋（宝鸡石鼓山考古队藏）

1. 尖凸风尚：西周

西周初期，簋器一改简约圆润的廓形，变得更为硬朗繁复，兽首增大，更加立体，乳丁形态尖凸更甚，锥体延长，呈放射状；后期愈发有尖锐高耸之势，乳丁变长，通常满饰于簋器腹部，整体冷峻、肃穆、神秘。其实物如上海博物馆藏盛食器甲簋（图8-17），装饰牛首纹，腹饰尖凸乳丁雷纹；又如西周初期石鼓山墓地出土的乳丁纹四耳簋（图8-18），乳丁纹尖凸似弹头形，带状排列，较长，共192枚。与前期相比，尖凸且高耸的乳丁成为此时的装饰风尚。

2. 平缓高耸：东周

春秋战国时期，青铜器铸造范式日渐成熟完备，此时出土的青铜器以编钟类为主。在当时百家争鸣的背景下，其青铜器物的造型及装饰也十分丰富。如出土的古中山国乳丁蟠螭纹带盖铜鼎（图8-19），鼎身及盖以精致的蟠螭纹为地，上满饰小巧乳丁，装饰意味极浓，为此时较为独特的纹饰风尚。

青铜编钟是商周时期的礼乐用器，春秋战国时编钟数量尤多，且呈现明显的演变特征，钟枚的长短及铸造工艺极具时代特色。其中，钟枚的形态与数量位置皆有较大变化。西周早期，枚的间距大；西周中期，枚的形态仍较长，沿枚的外围有一周方形的棱刺；西周晚期，枚的位置上缩，弱于腔高的三分之一。[1] 早期的编钟基本都是甬钟，钟体表面大多铸有乳丁，目的是节制音长，缩短敲击后的震荡时间，以便于演奏。[2] 枚的存在以实现演奏的功能性为主，数量与形态在演变中有所变化。西周前，编钟的枚较长，呈钝凸的样式，与乳丁的名称形态相符合。春秋早期，龙纹钟（图8-20）的钟枚尤为细长，枚的铸造工艺为嵌式两层台，特征突出；另有云纹钲（图8-21），枚根部呈扁平凸状，逐渐向上收缩，上接小的乳突圆点。春秋后，编钟上的枚逐渐变为平缓旋钮状，从样貌上来看已脱离乳丁式样，独成一派风格。

图 8-19 战国 乳丁蟠螭纹带盖铜鼎

图 8-20 春秋早期 龙纹钟

图 8-21 春秋早期 云纹钲

---

1 马承源：《中国青铜器》，上海古籍出版社，1988，第285页。

2 岑东明、董亚巍等：《从浠水巴河编钟特征看两周时代编钟的范铸技术》，《江汉考古》2011年第S1期，第86—88页。

六、规矩方圆——汉代

两汉时期，乳丁呈现的载体转为铜镜，在后世出土的大量铜镜上，不同形式的乳丁纹是十分流行的主体纹样之一。秦至西汉前期，铜镜上的四乳纹和博局纹盛行，多与蟠虺、草叶、星云等纹饰搭配，并出现大量铭文，如"大乐富贵""常毋相忘"等。铜镜造型为外圆内方，内部的装饰纹样或以方形示四方，或以四乳构成四方方位，方圆之间有规矩秩序，也蕴含着古人的情感思想。

西汉中期，主题纹饰广泛使用四分布局方式，即以四乳为基点将镜背分为四区，其间布置主题纹饰。与此同时，铭文已经成为铜镜纹饰的重要组成部分，常见的铭文有"见日之光"和"昭明"等。连弧蟠虺纹镜（图8-22），以平行线条纹作底纹，蟠虺纹间装点四乳丁纹。近边缘处饰一周内向连弧纹圈。又如"见日之光"铭四乳草叶纹镜（图8-23），各区分别以一乳为中心，每乳左右各有一对连叠草叶纹。再如星云纹镜（图8-24），带座四乳配列四方，乳间排列小乳丁，再以曲线相连接，形状似天文星象，故有星云之名。四乳四虺，钮座外四乳间环绕装饰着蟠虺纹。[1] 云雷纹圈带"千秋万岁"铭文镜，四枚尖凸乳丁，中心围绕12颗扁平小乳丁，是较为少见的样式。新莽时期的"黄帝冶镜"铭瑞兽博局纹镜（图8-25），上有十二乳丁间隔十二地支，并有铭文："黄帝冶镜四夷服……长保二亲子孙力……""上颐"铭瑞兽博局纹镜有铭文"八子九孙治中央"。东汉中期的吕氏龙虎纹镜，以带座乳丁划分四方，上饰有东王公、西王母形象，中心围绕一圈24颗小乳丁。

---

1 故宫博物院：《故宫青铜器图典》，紫禁城出版社，2010，第54页。

图 8-22 西汉 连弧蟠螭纹镜

图 8-23 西汉 "见日之光"铭四乳草叶纹镜

图 8-24 西汉 星云纹镜

图 8-25 新莽 "黄帝冶镜"铭瑞兽博局纹镜

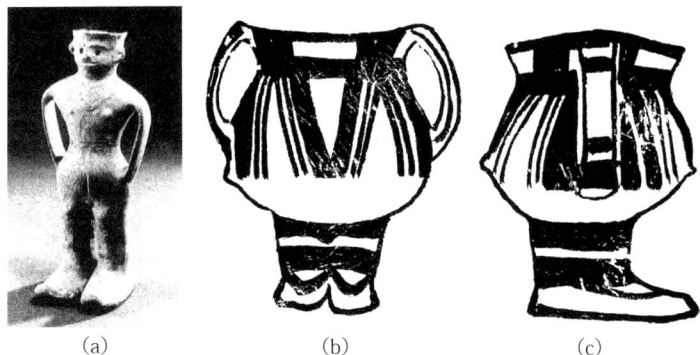

(a)　　　　　　　　(b)　　　　　　　　(c)

图 8-26　人形彩陶壶（甘肃玉门火烧沟出土）
(a) 为彩陶壶照片，　(b)　(c) 为陶壶绘样

七、点阵意向——文化

追溯乳丁的原型线索，便要关注它的形态内涵。作为一种凸起的圆点纹饰，乳丁纹不像饕餮纹、兽面纹等那样具有明显的神秘威吓的符号特征，常被看作其他纹样的辅助纹饰，形态上似乎少了繁复神秘的意味，在文字叙述层面多是作为名称的记录，对其形式的象征寓意描述并不多。乳丁纹自从在远古陶器上出现以来，经历了商周的流行发展，形态由小而大、由平而凸、由凸而锐，所呈现的载体由彩陶及青铜，又玉器、瓦当……遍及生活用器的许多方面。

"从历史的角度来考察，点纹的原型似是多样的。亦如我们在现实生活情境中所观察体验的那样。在陶泥时代甚至更为古远的先民文化创造中，在器物上雕饰由太阳纹组成的七星梅花点、五星点，点纹首先是生活原型的写照。"

原始彩陶上塑造的人体乳凸形态（图 8-26），便是对它具象的写实描绘。不少研究成果都指出，简体以外的"周"，都与田野、田间有关。余永梁在《易卦爻辞的时代及其作者》一文中指出："金文周字作⊕，从田中出米。"北宋黄伯思在《东观余论·周方鼎说》中也认为："此鼎腹之四周皆饰以乳，其数比他器为多，盖亦推己以致养之义……"[1] 从酉父癸簋（图 8-27）的拓印图中可看出乳丁纹与菱形纹的排列组合特征，和甲骨文、金文"周"字中的点，形式一致。

---

1 黄伯思：《东观余论》，中华书局，1988，第 170—172 页。

(a)

(b)

(c)

图 8-27　商晚期　酉父癸簋　（a）（b）为其纹样，（c）为其实物

　　商周时期，青铜器上乳丁纹与菱形纹的组合形式最常见。在诸多纹样中，都隐藏着先民的生活劳作状态，他们以一元或多元的意象记录天地之间的生活，是穿越实践经历与意识想象后的多重建构。作为在生活用器与礼器中都存在的乳丁纹饰，其象征寓意是有倾向性的，一方面表达着对大地滋养万物的尊崇，另一方面又流露出对未来的祈愿。既有生活之具象形态，又具礼制的庄严秩序。

图 8-28　商晚期　黄簋

图 8-29　西汉　鎏金嵌琉璃乳丁纹壶

1. 宜子孙观念

"数千年来中国人最重要的价值重心之所寄,维持'家系'与维持'香火'之不坠,……可以延续亲属群体的长久结合。"[1]因此,器物及纹饰成为连接祖先与后代的桥梁,也成为一种祖宗崇拜的超自然信念与寄托。

商代晚期,流行乳丁纹与菱形纹组合的纹饰风格。商晚期出土的黄簋(图 8-28)腹部满饰菱形纹和乳丁雷纹,乳凸圆润平缓,排列规律,水平五道乳丁,纵向以三二有序布置。关于菱形纹,朱存明先生认为:"汉画像饰有的菱纹纹饰,是原始鱼图腾抽象的产物,来源于古代的生殖崇拜观念,寓意后代昌盛,永祀香火。"[2]到西汉,乳丁菱形纹又以一种新的工艺与组合样式出现。出土的西汉鎏金嵌琉璃乳丁纹壶(图 8-29)通体鎏金并饰菱形纹,四角点缀琉璃乳丁,这种纹饰是较为少见的样式。

至汉代普遍存在的生子观念,是当时人们对子孙昌盛的集体性祈愿。"丁"为天干之一,古代把成年壮健的男子叫作"壮丁",后又引申出"人口"的含义,如"添丁"。东汉后期,铜镜上多"宜子孙"的铭文,对于子孙延续的重视也是儒家思想的映射。如杜氏铭七乳禽兽纹镜上明确记载有"凡九子,乐毋事,宜酒食"和"七子九孙居中央,夫妻相保如

---

1 李亦园:《宗教与神话》,广西师范大学出版社,2004,第 118 页。
2 朱存明:《汉画像之美:汉画像与中国传统审美观念研究》,商务印书馆,2011,第 322 页。

威央兮"的铭文。东汉"八乳简化博局禽兽纹铜镜"，饰有八枚大乳丁和九枚小乳丁，与镜铭文中的"八子九孙治中央"句相对应，寓意后代昌盛，是人们寄情于物的直观表达。汉代铜镜造型特征为外圆内方，内部常见由四乳构成的四方方位，以及由七乳、八乳、九乳构成的纹饰，方圆之间，既有规矩秩序，也蕴含着古人的情感思想。

2. 天文观象

商周时期，常见饰有大量乳丁纹的方鼎，鼎腹四面皆有乳丁纹与兽面纹及其他纹饰的组合；周代常见对称凤鸟纹，乳丁以列阵式排列成斗形，具有一定的程式性。冯时《中国天文考古学》认为："某些特殊的祭祀遗迹甚至直接与天文有关；或许一些具有特别意义的圆形器，陶质、玉质和青铜礼器上的雕绘图像以及这些礼器本身就是古人的礼天遗作。"[1] 王先胜《中国上古纹饰初读》也称："分析那些乳丁纹的结构和数量关系，一般都吻合古代天文历法和易学的常数。这些常数包括：一年四时八节十二个月二十四节气七十二候三百六十天。……"[2] 西周早期的方鼎（图8-30），口沿凸起的形状与天象"璇玑"的形式相同，乳丁数量为二十四，与天文星象有着形似的关联。

图8-30 西周早期 方鼎

---

1 冯时：《中国天文考古学》，社会科学文献出版社，2001，第4页。

2 王先胜：《中国上古纹饰初读》，学苑出版社，2016，第143—144页。

八、结论

　　只有全面地考虑和重构某个时代的生活和思想，才能对某一种特定的艺术形式的意义及价值有所了解。[1] 以追溯原型为点串联乳丁纹饰发展脉络的主线，会发现历代乳丁形态发展有明显的演变特征。

　　"乳钉"为现代的普遍用名，而钉字本义及延伸意义与初始乳丁形态原型并不契合。乳丁形态于史前出现，其载体为陶器，从溯源的层面来看，"乳丁"二字更为合适。

　　由彩陶形象化的乳丁，经过夏商周青铜器的鼎盛发展，乳丁形态从舒缓到凸起肃穆，归纳起来有平缓圆点式、球面凸起式、高耸尖凸式、高耸钝凸式几种典型样式，于礼器、生活用器上普遍存在。商周时流行兽面乳丁，春秋战国形成铸造范式，形态渐程式化。

　　乳丁从最初的抽象记录到附加多元的象征寓意，是各个时期社会文化发展的反映，后人据其形象化形态命名为乳丁。它始于原始宗教延伸及生活意义，既是古人天文星象观的物化表达，又是史前农耕文化生殖崇拜与祖先崇拜的符号化建构。后期青铜器式微，乳丁在汉代则以铜镜为新的载体，其内涵由多元崇拜凝聚为"宜子孙"观念的延续。

---

1. 巫鸿：《礼仪中的美术》，生活·读书·新知三联书店，2016，第 166 页。

商周时期是青铜器发展的鼎盛时期，火纹作为商周时期青铜器上重要的几何纹样之一，有着丰富的表现手法与应用案例。夏朝末年，火纹就已经有了大致的轮廓和雏形，囿于工艺原因，此时的火纹还只是一个简单的凸起圆饼状，中心仅有一个圆形纹饰，没有涡旋状条纹。商人好酒，火纹也因此被广泛应用在酒器上，爵、尊、觚等青铜酒器上都能找到火纹的踪影，加之农耕文明的兴起与商朝社会的进步，火纹的工艺与表现形式都得到了长足的发展，其装饰手法也逐渐走向顶峰。西周吸取了前朝的教训，酒器不再盛行，火纹因此在食器与其他青铜器皿上得到了广泛的应用，其图案变化、工艺手法也更显丰富。西周后期至春秋战国，火纹依旧存在，但由于铭文的时兴与漆器的流行，火纹数量逐渐减少，但工艺也得到长足发展。火纹丰富的造型变化与组合形式促进了商周青铜器的繁荣，其背后所反映的社会面貌之变化也为后来的研究提供了有力的佐证。

本章以商周青铜器几何纹之火纹为研究对象，首先探讨"火纹"的名称内涵，再对其单个纹样的形状特征进行梳理和归纳，探索火纹与其他青铜器经典纹样的构成形式，最后窥探火纹背后反映的社会风貌与宗教信仰。

第九章

火纹

回天倒日

吕金泽

一、日神之火——定义

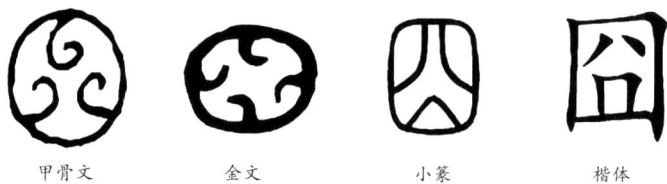

　　甲骨文　　　　　金文　　　　　小篆　　　　　楷体

图 9-1　从左至右依次为甲骨文、金文、小篆、楷体

　　"火纹",又称"涡纹""囧形纹"(图9-1),是指外圆、内饰有同向旋转的涡旋条状的圆形纹样,且纹样中心常饰有同心小圆圈或圆点,部分火纹内部没有涡旋条,或中心为空白。因其与"涡旋"的关联性,所以火纹又称涡旋纹或圆涡纹。[1]

　　将该类纹样称为"火纹",主要是由于"火"与"日"密不可分的逻辑关系与社会内涵。《论衡·说日篇》载:"夫日者,火之精也。"《淮南子·天文训》中亦云:"火气之精者为日。"《礼记·礼运》有载:"火以圜,山以章,水以龙鸟兽蛇。"火在古代就是"日"的象征。因此,"火纹"一词,既具有一定的形式内涵,又具有直接的文化内涵。

---

1 郭廉夫、丁涛、诸葛铠主编《中国纹样辞典》,天津教育出版社,1998,第215—217页。

　　在商周时期，百姓对于自然神抱有强烈的敬仰之意，青铜器最初也是作祭祀用，太阳作为"日神"在商周社会产生了广泛的"日神崇拜"，可见火与日关联之密切。直至进入春秋战国时期，漆器等新器型的出现逐渐淡化了青铜器纹样背后的寓意，火纹逐渐演变成一种装饰性更强的"涡状纹样"。

　　"火纹"，也有学者称"囧形纹"。江淹《杂体诗三十首》中第十八首写道："囧囧秋月明，凭轩咏尧老。"李善在该诗下面注引《苍颉篇》："囧，大明也。"可见，"囧"在古代是"大明"的意思。而《礼记·礼器》中有记载："大明生于东，月生于西，此阴阳之分、夫妇之位也。"《论衡·说日篇》中亦载："在地，水火不圆；在天，水火何故独圆。"从中可以看出"大明"与"月"分别对应"阳"和"阴"；月为阴，那么可以推断出"大明"就是所谓的"阳"，也就是日。"囧形纹"除了囧字与纹样的形象相似，也有一定的象征意义。

　　较之"涡纹""囧形纹"，"火纹"一词与"日神"关系更密切，也更符合商周时代的社会特点，故本章将该类纹样统称为"火纹"。

二、曲折内旋——形态

图9-2　高　兽面纹斝（铜陵县西湖镇童墩村出土）

图9-3　兽面纹斝
（铜陵县西湖镇童墩村出土）

图9-4　兽面纹斝　俯视图

图9-5　伞状顶部纹饰拓片

　　在商朝初期及以前，火纹以单个火纹和由 5～6 个单个火纹组成的纹饰带为主要构成方式。铜陵县西湖镇童墩村出土的商朝兽面纹斝（图9-2～图9-4），高33cm，口径18.2cm，其伞状顶部便饰有单个火纹（图9-5）。

　　单个的火纹也分为圆圈外有光芒的和没有光芒的，有光芒的火纹出现较少，常常作为主体纹饰单独出现；而没有光芒的圆涡状火纹在商朝中后期常常与其他图案搭配出现，也可以作为主体纹饰单独出现。火纹作为主要纹饰，位居器皿中间部位装饰于青铜器上（图9-6）；有的火纹外圈还有一圈放射状的太阳光芒图案（图9-7），此形式更接近于"日"之意象，从此处特征也可以看出火纹的来源及内涵。

　　随着时代变迁，火纹整体变化更加丰富。除单体装饰外，火纹与其他纹样的组合装饰所形成的纹饰带愈加丰富；火纹本身中心构造由乳丁转为圆圈，再转为圆点和空白；旋转方向顺时针和逆时针均有出现，周朝也出现了中心对称的旋转形式；弧线条数的变化虽没有那么明显，但整体也呈由少向多的发展趋势；工艺上也逐渐由单一的阴刻手法向浮雕手法转化，慢慢削减火纹最初的强象征性，过渡为一种纯装饰化的几何图案（见表1）。

图9-6　中心单个火纹　　图9-7　战国　单个火纹外饰光芒

表1　火纹随时代发展变化特征示例

时代	中心构造	弧线旋转方向	弧线条数	其他	样式概括
商朝前期	乳丁状	顺时针 / 逆时针	3~6条	主体纹饰 / 阴刻	
商朝后期	乳丁状和圆圈状	顺时针 / 逆时针	3~7条	搭配纹饰带 / 阴刻	
周朝前期	圆圈状为主	顺时针 / 逆时针 / 对称	3~8条	阴刻 / 凸于器物表面	
周朝后期	圆点状和空白	顺时针 / 逆时针 / 对称 / 圆点	3~8条	浅浮雕 / 装饰化	

1. 中心构造

火纹中心构造是辨别火纹所属时代的重要特征之一。随着时间的推进，火纹的中心构造在不断演变，从乳丁到圆圈，从圆圈到圆点，再从圆点到空白。

夏代晚期到商朝前期，火纹的中心以凸起的乳丁纹为主。此时的火纹最初呈圆饼状，中间略微凸起，从中心没有其余装饰逐渐转变为中心饰凸起的乳丁纹，乳丁纹外装饰有旋转的涡状弧线，以此形象表示火光的流动。

商朝后期至周朝前期，火纹中心凸起的乳丁渐渐平面化，出现了小圆圈的表现形式，与外围的大圆圈形成同心圆。此时，乳丁纹与小圆圈共存。

周朝后期，火纹中心小圆圈逐渐过渡成一个圆点或中心空白，如 1976 年陕西扶风县庄白村 1 号青铜窖藏西周陵罍（图 9-8、图 9-9），中心就已经演变成一个圆点形式。而西周对罍上的火纹中心已为空白（图 9-10）。

至此，商周时期火纹的中心构造完成了由凸起的乳丁到圆圈，由圆圈到圆点，由圆点再到空白的变化趋势。

2. 旋转方向

火纹的弧线旋转方向没有明显的时代特征，但由于火纹内弧线的旋转有多种变化特征和方式，在类型学里也是重要的特征之一。火纹内弧线的旋转方向整体上以所有弧线顺时针旋转和所有弧线逆时针旋转为主，也有部分弧线左右对称的情况。到周朝，火纹图案的形式更加丰富，也有部分图案用圆点代替弧线，没有旋转方向之分。

图 9-8　西周　陵罍
（1976 年陕西扶风县庄白村 1 号青铜窖藏）

图 9-9　西周　陵罍（局部）

图 9-10　西周　对罍（1973 年陕西凤翔县出土）

3. 弧线条数

　　火纹的弧线条数有数量和奇偶之分，但不同弧线条数背后所蕴含的意义还不得而知。商周时期火纹的弧线条数常为 3 ～ 8 条，且不同时代之间弧线条数和奇偶数量没有非常明显的差异。在周朝后期，部分火纹中间的弧线转变为圆形凸起的圆点，以取代弧线的造型。图 9-11 与图 9-12 同为西周时期的史父乙豆与利簋，火纹内部分别有 5 条与 4 条弧线。

图 9-11　西周　史父乙豆
（1980 年陕西宝鸡市竹园沟墓地十三号墓出土）

图 9-12　西周　利簋

4．其他特点

除以上三个区别外，火纹随时间发展也有一些不同的特征。

在商朝前期，百姓对于"日神"的尊敬更胜一筹，人们常以"日"作为单独的祭祀主体进行祭祀活动，因此火纹常作为主体装饰物饰于青铜器上，阴刻也是当时唯一的装饰手段。

到了商朝后期，王权的上升与农耕文明的发展让神的地位有所削弱。火纹除单独出现外，更多是与其他纹样搭配出现，呈现百花齐放的状态，这从侧面印证了商朝农耕文明的繁荣。

进入周朝，受商朝灭亡的经验教训，周朝更兴食器。火纹的装饰器型不再仅限于酒器，丰富的器型为周朝提供了更多的装饰手段，此时的火纹除了阴刻的手法，常凸于器物表面，图 9-13 至图 9-15 所示 1981 年陕西宝鸡市纸坊头弢国墓地出土的西周早期弢伯四耳方座簋，与器物本身形成一层新的空间对比。

周朝后期，铭文的增加减少了火纹装饰的频率，同时火纹也逐渐向纯装饰化过渡，部分器型上出现一些"浅浮雕"的效果，火纹也愈加变幻多姿。

图 9-13　西周早期　弢伯四耳方座簋
（1981 年陕西宝鸡市纸坊头弢国墓地出土）

图 9-15　西周早期　弢伯四耳方座簋　局部铭文

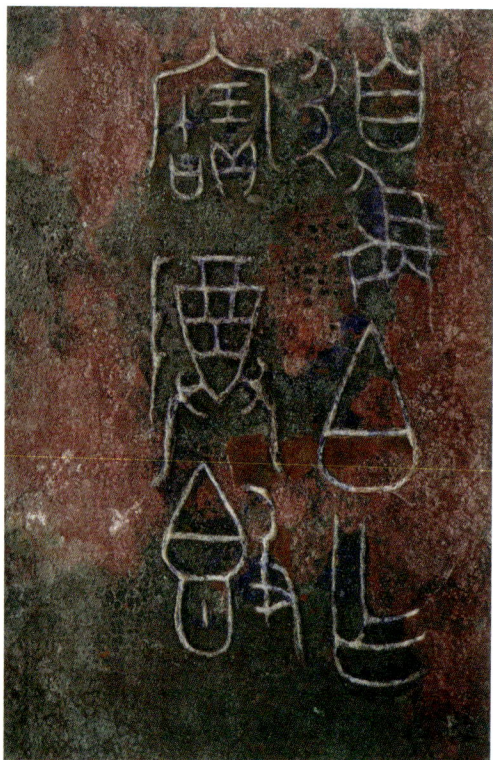

图 9-14　西周早期　弢伯四耳方座簋　局部

图9-16　西周　龙纹小铜罍
（1974年陕西宝鸡市茹家庄强国墓地出土）

三、举不胜举——组合

图9-17　商　青铜器火龙纹饰带

1．火纹与夔龙纹

《左传·桓公二年》中对火纹与夔龙纹有如下描述："火龙黼黻，昭其文也。"夔龙纹是商周青铜器上的主要装饰纹样之一，常常作为青铜器纹样的主体出现在器身上。夔龙纹最初在青铜器上的展现具有高度抽象化的特征，"是器纯缘间及圈足，皆作夔龙相环若循走之状。《说文》谓：夔，神魅也，如龙一足"。可见夔龙之貌：卷曲的龙身、张开的嘴巴，有正侧之分，且常为一足或两足。图9-16所示西周龙纹小铜罍中与火纹相间装饰的龙纹，形态简洁精巧。图9-17的火纹与夔龙纹拓片则将该类纹样的形态用黑白稿形式呈现。

图 9-18 商朝 龙纹蝉纹鼎

图 9-19 商朝 龙纹蝉纹鼎 局部

　　火纹与夔龙纹的图案组合有着驱灾辟邪的含义。《后汉书·舆服下·印》记载刚卯上的文字："正月刚卯既决，灵殳四方，赤青白黄，四色是当。帝令祝融，以教夔龙，庶疫刚瘅，莫我敢当。"[1] 刚卯本身具有辟邪之用，"祝融"是火神之意，"刚瘅"指厉鬼，让火神"教夔龙"以驱走牛鬼蛇神，可见"夔龙"与"火"之间的联系，故二者均为辟邪祈福之用，经常搭配使用。

　　除此以外，火纹与龙纹相配合的纹饰在青铜器上大量出现的情形是特殊现象，龙纹、火纹相配应该是反映水火相配的概念。[2] 在春秋战国早期的铭文中，我们已经能够找到水火相配与阴阳之说的印证。《左传》中有载："火，水妃也"；"水，火之牡也"。火妻水夫，水与火之间的对应关系或许能在商周时期大量的火纹与龙纹的组合出现上找到一些端倪。图 9-18、图 9-19 所示商朝晚期的龙纹蝉纹鼎，鼎口有一对耳朵，折沿方唇，腹部略深，口沿下饰有一圈火纹与龙纹相间的主纹饰带，火纹足有 9 枚。

1 范晔：《后汉书》，中华书局，1965，第 3673 页。
2 上海博物馆青铜器研究组编《商周青铜器文饰》，文物出版社，1984，第 21 页。

图 9-20　西周早期　双体龙纹方鼎口沿装饰

图 9-21　西周早期　洹秦簋口沿装饰

　　图 9-20 所示，西周早期的双体龙纹方鼎口沿上饰有两条左右对称的龙纹，周围饰有简约的圆形纹样，但图案较小，形状较为模糊；图 9-21 中同期另一尊洹秦簋的口沿则出现了类似纹样，双龙左右对称呈弯曲状，中部龙头交叠似兽面，龙身曲折蜿蜒处饰火纹数枚，均为中心圆点形式。由此可见，此类双体龙纹周边所饰的圆形纹样是火纹。图 9-22 中 1975 年陕西扶风县白龙村出土的商朝晚期的姤姒康方鼎则为我们展现了该类纹样的实物效果，鼎口下方纹饰带上对称的双龙上下端都有火纹数枚，火纹内部的弧线也简化成了圆点数枚。该类变体纹样出现数量很少，且造型特点与常见的火龙纹有所区别，中间交叠形成的兽面更是形成了一种全新的视觉观感，商周时期青铜装饰艺术水平之登峰造极由此可见一斑。

图 9-22　商晚期　姤姒康方鼎
（1975 年陕西扶风县白龙村出土）

图 9-23 西周早期 神鸟纹方座簋
（2012 年宝鸡石鼓山商周墓地出土）

图 9-24 商 青铜器火纹与凤鸟纹纹饰带

2. 火纹与凤鸟纹

《诗经·商颂·玄鸟》中记载："天命玄鸟，
降而生商。"鸟是商族的图腾，是殷商的起源。凤
鸟纹随着时间进行了一系列演变，商代前期，凤鸟
纹仅是表现为抽象的鸟类头部特征，圆眼，钩喙；
商代晚期，凤鸟纹逐渐演变为完整的鸟体式样，凤
头、圆眼、花尾、有爪或无爪、前视或回顾式，且
背景常有云雷纹等几何纹样作地纹。[1] 图 9-23 是于
宝鸡石鼓山商周墓地出土的西周早期神鸟纹方座
簋，簋口下方饰有凤鸟纹与火纹相间的纹饰带，簋
底座则饰有四瓣目纹与火纹相间的纹饰带，可见其
装饰手法极其丰富。

郭沫若将《卜辞通纂》398 "于帝使凤，二犬"
考释为："是古人盖以凤为风神……盖视凤为天地
之使，而祀之以二犬。"[2] 由此可见，凤鸟是殷商
帝王的使臣"风神"，它与象征"日神"的火纹排
列组合形成纹饰带，图 9-24 所示的商代青铜器上
的火纹与凤鸟纹纹饰带，此类纹饰均体现了商周百
姓对于天神的敬畏和崇拜，以及驱邪纳福的美好祈
愿。

3. 火纹与动物纹

青铜器上的动物纹分为写实动物纹和变形动物
纹两种类别，主要有虎纹、象纹、鱼纹、龟纹、蝉
纹、蛇纹、贝纹等。由于动物纹种类丰富，青铜器
器型类别多样，因此动物纹与火纹的搭配不胜枚举。
出土于清涧县的两只商代晚期龟鱼纹盘（图 9-25、
图 9-26），盘中心饰有中心带火纹的龟鱼纹样，
火纹居于中心，与龟背纹路相得益彰。

---

1 王宇：《商周青铜器上凤鸟纹研究》，硕士学位论文，
首都师范大学，2012，第 1 页。

2 马承源：《中国青铜器研究》，上海古籍出版社，
2002，第 365—366 页。

图 9-25　商晚期　龟鱼纹盘（1982 年陕西清涧县出土）

图 9-26　商晚期　龟鱼纹盘
（1964 年陕西清涧县张家坬出土）

动物纹可以与火纹排列组合形成纹饰带，装饰在青铜器的顶部或腹部；火纹也可以作为动物纹的装饰纹样，饰于动物纹中心。商代创立了"阴阳历"，根据日月的运行规律创建了自己的计时方式，并以此确立了春秋之分，由此可以从侧面看出商周时期农业发展的状况。而"日"作为农业生产必不可少的元素，成为祭祀的重点对象之一。

《诗经·大雅·旱麓》载："清酒既载，骍牡既备。以享以祀，以介景福。"最好的牲口用来祭祀，体现了祭祀活动在古人心中的崇高地位。由此，"祭祀"这一活动将作为祭祀品的牲口与作为祭祀对象的"日"联系在一起，龟纹、鱼纹、驹纹等动物纹样同火纹的图案组合也就得到了合理的解释。除平面的结合以外，火纹也可作为主要装饰图案饰于象形的动物青铜器上。梅县出土的西周中期盠驹尊（图 9-27），将火纹饰于驹中部，驹头部下方饰有铭文。

图 9-27　西周中期　盠驹尊（1995 年广东梅县出土）

4．火纹与四瓣目纹

四瓣目纹是指商周青铜器纹饰中一目居中、周围环绕四个等大瓣状且瓣状纹饰外侧为非闭合状态的纹饰。[1] 其实物如宝鸡竹园沟墓地出土的西周早期的四叶目纹鼎（图9-28），通高24.1厘米，口径19.6厘米，腹深10.5厘米，该鼎将四叶目纹与火纹相间排列于鼎中部。

四瓣目纹作为一种现实中并未找到实体的抽象纹样，其叫法、原型和分类有许多种说法。岳洪彬在《殷墟青铜礼器研究》中将四瓣目纹称为"四瓣花纹"："其形如四朵花捆绑在一起，故称四瓣花纹。"[2] 关于四瓣目纹的分类，有学者将其分类为植物纹类，认为其起源于某种类花植物；也有学者将其归类为动物纹类，认为其起源于夔龙或某种异兽。此处采用上海博物馆青铜器研究组在《商周青铜器文饰》中对四瓣目纹的描述与定义："四瓣目纹以一个兽目作为图案单位，四角附有四翅，如尖瓣的物体，每瓣各有两叶构成鸟翅状，流行于殷墟中晚期及西周早期。"其实物如商朝青铜壶火纹间四瓣目纹（图9-29～图9-31）。商朝中后期，四瓣目纹与火纹总是搭配出现，成相间排列的装饰带，鲜有其他组合形式。

5．火纹与兽面纹

除与龙纹、凤鸟纹、动物纹、四瓣目纹搭配以外，火纹也与兽面纹搭配，其视觉效果非常突出。火纹与兽面纹间隔排列形成纹饰带是一种比较典型的装饰手段，图9-32所示的西周早期陵方罍，上部饰有火纹与兽面纹。

图9-28　西周早期　四叶目纹鼎（宝鸡竹园沟墓地出土）

图9-29　商　青铜壶　火纹间四瓣目纹

图9-30　商或西周初期　青铜器　火纹间四瓣目纹

图9-31　商或西周初期　青铜器　火纹间四瓣目纹

---

1 杨欢：《商周青铜器四瓣目纹研究》，《考古学报》2019年第1期，第23—46页。

2 岳洪彬：《殷墟青铜礼器研究》，中国社会科学院出版社，2006，第88—90页。

虽然相比于前面几种搭配形式，火纹与兽面纹搭配并不常见，但依旧为火纹构成形式的丰富提供了多样的选择。如西周早期的兽面纹簋（图9-33、图9-34），簋中部一较大的兽面纹作为主纹饰，上下饰火纹与龙纹相间的纹饰带，上部纹饰带中间插入了一枚缩小的兽面纹，似是将上中下的纹饰相互呼应，形成主—较次—再次的层次对比；又如兽面火纹青铜罍上的火纹与兽面纹纹饰带（图9-35），火纹与兽面纹的搭配非常罕见，因为兽面纹常作为唯一主体纹饰于青铜器上，而该纹样将兽面纹居中夹于两枚火纹之间，形成一种类中心对称的组合形式。

图9-33 西周早期 兽面纹簋
（1980年陕西宝鸡市竹园沟墓地出土）

图9-34 西周早期 兽面纹簋纹饰
（1980年陕西宝鸡市竹园沟墓地出土）

图9-32 西周早期 陵方罍　图9-35 西周 兽面火纹青铜罍（陕西扶风县出）上的火纹与兽面纹纹饰带

四、千年之业——演变

图 9-36　夏　乳丁纹铜斝
（河南博物馆藏）

图 9-37　商早期　兽面纹斝
（湖北省博物馆藏）

1. 夏铸九鼎，火纹伊始

夏朝是我国第一个世袭制的朝代，河南省洛阳市偃师二里头遗址出土的文物将华夏文化的开端锁定在了二里头，且在二里头文化时期我们就已经发现了单个的火纹。神农氏以火为纪，炎帝为"太阳神"，火与日自古以来就两两相连且密不可分，是光明、权力和生命的代表，也是古人信仰的核心。《考工记·画缋》曰："火以圜。"火是太阳的标志，而圜就是圆涡状的火纹，曲折内旋的形态好似水涡。

河南博物馆藏夏代乳丁纹铜斝（图 9-36），其口部有一对平顶柱子，上部呈微微张开的喇叭形，下腹部向外鼓起，饰有五个单个排列的"圆饼形微凸纹样"，底部三个锥形足。由于铸造技术的限制，此青铜斝本体装饰偏简洁素净，仅上部装饰有一圈凸起的乳丁纹，下腹部一排微微凸起于器型表面的火纹圆饼，照应了夏代晚期古人对于"火"的初步认识——"火以圜"。而后来的青铜斝，在相同部位出现了更加复杂的火纹，如湖北省博物馆藏商代早期兽面纹斝（图 9-37），除上部乳丁纹外，还添饰了云纹，腹部的纹样也由"圆饼"过渡为中心带有凸起乳丁的涡状火纹。这说明火纹最初的演变模式是一个在圆饼内部逐渐深化的过程，也可以佐证一点，即圆饼状是火纹的最初形态。

我们可以通过圆饼状火纹的形状大小与装饰位置进行推断，青铜器火纹早在夏朝晚期就初具雏形。虽然其形态特征不如后期那么完善与丰富，缺少了火纹内部的涡旋装饰与中心装饰，但圆饼状的火纹也更加直接地印证了古代人民对于火的最初印象。即使当时的工艺较为简陋，装饰能力极为有限，火纹也依然存在于青铜器的关键部位，并占有相当大的比重，可见人们从远古开始就已将火作为伟大的自然力量加以崇拜了。

2. 商朝之初，单个连续

汤灭夏后，大会诸侯，定都于亳，建立商朝。在今河南商丘，第二个奴隶制王朝诞生，商朝施行仁政以巩固统治，多次迁都以躲避自然灾害，商朝早期农业与手工业都得到了迅速的发展，经济也逐渐繁荣。社会的进步与手工业的发展带来的是青铜器纹饰的创新。在这个时期，火纹以更加完整的形态正式进入人们的视野，但其作为主体纹饰的情况还是非常罕见。商朝早期火纹中心出现了凸起的乳丁，且周围有用阴刻线的手法刻出的弧线，常以单个连续的形式组成 5 ～ 7 个火纹纹饰带，装饰在青铜罍的下腹部、青铜爵的伞形柱顶上。

此时期的火纹装饰器物类型以青铜酒器为主，如青铜爵、青铜罍，并且装饰类型以单个花纹连续成带的形式为主。于宝鸡石鼓山商周墓地出土的商朝父乙罍（图 9-38），罍鼓部饰有单个连续的火纹若干。而随着时间的发展，青铜器火纹装饰手法开始变得多样，单个连续的火纹之间逐渐出现了一些装饰以填充空隙，如图 9-39 所示户县侯家庙出土的商朝早期涡纹斝，斝上火纹与火纹之间出现了些许纹样。

图 9-38　商朝　父乙罍
（2012 年陕西宝鸡市石鼓山商周墓地出土）

图 9-39　商早期　涡纹斝
（1971 年陕西户县侯家庙出土）

3. 商朝晚期，举不胜举

商王朝自建立之后，王室内部的争斗就从未停止。权力的诱惑激发了统治阶级的贪婪本性，内忧外患与频繁的战乱间接促使了殷商酒事之炙烈。《史记·殷本纪》载："自中丁以来，废适而更立诸弟子，弟子或争相代立，比九世乱，于是诸侯莫朝。"《尚书·微子》有言："我用沉酗于酒，用乱败厥德于下。"在这个巫鬼之说、祭祀之风尤盛的时代，宗教神学成了统治阶级捕获人心的手段，酒与酒文化也成为官僚百姓饮以壮胆、聊以慰藉的工具。青铜酒器在这个坎坷纷乱的时代广泛流行，其装饰纹样也得到了发展。

商朝晚期是火纹大行其道的时期。器型的种类随着商代技术水平和手工艺的迅猛发展变得更加丰富，同时，商代对于祭祀的崇尚和酒文化的兴起则让各色酒器成为装饰的主体之一，部分青铜兵器，如商代后期的兽面纹钺（图9-40）上也出现了纹饰装饰。除爵、斝以外，罍、壶、勺、觚等青铜器上丰富的纹饰为我们展现了商朝社会的快速发展，纹饰在器物上的装饰位置也变得更加丰富。

在这个时期，火纹出现了中心乳丁变成小圆圈的形式，与外围的大圆组合形成同心圆，结合阴阳雕刻的效果，火纹的视觉效果也更加突出和醒目。火纹也与其他各种纹样相组合形成装饰带（图9-41），由此使得火纹在商代晚期的组合形式非常丰富。

图9-40　商后期　兽面纹钺

图9-41　商晚期　火龙蝉纹鼎口沿

图 9-42　西周早期　火龙纹簋口沿

图 9-43　西周　董临簋

图 9-44　西周早期　荣簋

4. 以周代商，以食代酒

　　商朝由于并不约束其他各国，中央只控制最肥沃的土地，因此叛乱不断。而商朝后期纣王沉迷酒色，奢靡腐化，商朝就此灭亡。周朝则是一个善农耕的时代，吸取了商朝灭亡的教训后，国家通过实施"分封制"获得安宁。同时，礼乐制度开始兴起。周王朝将周朝的统治阶级严谨地划分为天子、诸侯、大夫与士四个明确的阶层。乐器、乐师、仪仗、穿着等方方面面都有着严苛的层级规定，上下级之间严禁越级行事。除周王朝建立初期安土息民的统治能力以外，礼乐制度的兴起很大程度上也得益于周朝农耕文明的飞速发展。在民殷国富的社会背景下，周朝的铸造业、丝织业都得到了长足的发展。因此，进入周朝后，青铜酒器减少，食器增加，火纹的应用更加广泛，形式也逐渐丰富。

　　由出土的文献资料可以看出，斝、爵等酒器明显减少，被食器取而代之，这些食器迅速成为青铜器火纹更加时兴的装饰对象。如西周早期用于盛饭的青铜簋，其口沿饰有兽面纹、火纹与龙纹（图9-42）。

　　由于这是一个过渡时代，火纹在形式上也得到了一定的传承，商朝末期留下的同心圆涡状火纹依旧保持基本形式，还是以中部小圈的火纹为主，常与其他纹样组合形成纹饰带，组合的方式更加多样，整体设计也更加成熟（图9-43、图9-44）。

5. 西周之末，删繁就简

西周末年，分封制带来的权力分化让周王室逐年衰弱，与各诸侯国渐行渐远，诸侯国各自为政，在少数民族进攻时周王室得不到诸侯国的支持。同时，周厉王横征暴敛，阶级矛盾加深，人民与王室离心，周幽王废后立妾，西周末年礼乐崩坏。自然灾害也让整个王朝与百姓的生活雪上加霜，加之井田制瓦解，封建土地私有制兴起……在这个混乱的时期，青铜器的铸造常僭越礼乐制度，铭文也不同于商朝的简洁，文字篇幅明显增加，铭文的写法也趋于多样，铭文在青铜器上的装饰占比也逐渐碾轧其他纹样。相比其他图形纹样，除婚丧嫁娶等信息外，铭文更有记录史实的功用。该时期青铜器火纹也随着纹饰数量的减少而逐渐减少，以中心为圆点或空白的火纹为典型，部分兵器上也有火纹装饰。

除了阴刻，火纹还出现了一种新的工艺表现形式，即整体纹样高于器物表面，做出一种类似于"浮雕"的装饰效果，以商后期兽面纹大钺（图9-45、图9-46）为例。这样的手法使青铜器的纹饰更有空间感和层次感，视觉冲击力也更强。

6. 春秋战国，未曾中断

西周末年，礼乐制度逐渐崩坏，奴隶制度崩溃，封建制度兴起，是社会制度大变革的时代。农耕水平的进步带来的是生产力的飞速提升，这促进了封建土地私有制的确立。诸侯争霸、百家争鸣。虽然诸侯争霸让许多百姓家破人亡、流离失所，但战争也加速了大一统。

在这个历史阶段，上到思想学说，下到手工艺品，均呈百花齐放之姿态。人们不再局限于青铜的冶炼与装饰，漆器、玉器、木制工艺品等均得到发展。而铁器的使用与牛耕的推广进一步促使青铜器从历史巅峰走向衰落。春秋战国时期的青铜器虽不再像

图 9-45　商后期　兽面纹大钺

图 9-46　商后期　兽面纹大钺　局部

商周时期那样鼎盛，但其装饰纹样依旧随着社会的
进步不断发展，火纹的内部装饰较过往时代更显纷
繁复杂，火纹与其他纹样的组合装饰也跳出了"纹
饰带"的模式。如战国早期火龙纹钟鼓部（图9-47），
火纹有了更多、更新颖的装饰手段。又如西周的孝
王盠尊（图9-48）与盠方彝（图9-49）在火纹外
圈装饰一圈曲折的太阳光芒图案，形成视觉中心，
与周围卷曲的龙纹线条相呼应，组合装饰在尊与方
彝的腹部。

　　又如战国早期火纹鼎的盖顶（图9-50），用
云纹对火纹内部进行填充装饰，使得图案与图案之
间融为整体，装饰更加饱满、立体；同一时期的蟠
龙纹敦盖盖顶（图9-51），远看仿佛是一个外饰
光芒的大火纹，近看则是由蝉纹、火纹与云雷纹相
互结合而成，这样的组合较之前的火纹更具视觉冲
击力。

图 9-49　西周　孝王盠方彝腹部

图 9-50　战国早期　火纹鼎盖顶

图 9-47　战国早期　火龙纹钟鼓部

图 9-48　西周　孝王盠尊腹部

图 9-51　战国早期　蟠龙纹敦盖盖顶

五、奉若神明——信仰

在商周时期，火纹代表"太阳"，体现商周百姓对日神的崇拜。

纵观夏朝末期到商朝早期的青铜器，火纹总是以单个图案的形式出现，或出现于青铜斝的腹部，或出现于青铜鼎的上部等。在青铜器纹饰还未发展到顶峰前，火纹就已经在青铜器上占据了很大的装饰空间，作为主体纹饰分配了较多的视觉分量。由此可以看出，在商朝早期，自然神灵之"日神"在商人的心中有着非常崇高的地位，在重酒器的时代中有着举足轻重的力量。

饕餮纹作为商人祖先的图腾代表，在青铜器上有着独一无二的地位。商早期，它与火纹同时出现在同一器物上，且火纹的视觉力量甚至强于饕餮纹而作为主体纹饰。有学者因此认为：在当时商人信仰中，太阳的地位略高于祖先神。[1]《吕氏春秋·先识览》："周鼎著饕餮，有首无身，食人未咽，害及其身，以言报更也。"代表祖先神的饕餮纹常施于青铜鼎的腹部、腰部，它与火纹之间地位的比较也反映了商朝早期社会对于自然神灵的崇拜高于对祖先的崇拜。

商朝后期，由于社会逐渐繁荣、铸造工艺逐渐发展和农耕文明的到来，青铜器的装饰到达了顶峰。饕餮纹很快代替火纹作为青铜器装饰的主要纹样，与云雷纹相结合，在祭祀所用的礼器上占据中心位置。其怪诞、

---

1 孟婷：《商周青铜器上的涡纹研究》，硕士学位论文，吉林大学，2009，第23—24页。

图 9-52　商晚期　宜子鼎口沿

图 9-53　西周早期　鄂叔簋口沿

夸张和颇具张力的兽面纹样在这个阶段大放异彩，火纹则退为辅助纹样，常与其他纹样相结合形成纹饰带施于青铜器物上（图 9-52、图 9-53）。纹样地位的变化反映了此时社会宗教信仰的变化，我们可以由此推测出，商人对祖先的崇拜逐渐上升，并超过对自然神灵的崇拜。

从夔龙纹的装饰变化上我们也能找到证据佐证：夔龙纹是水神的象征，火纹是日神的象征，水与日都是农耕劳作缺一不可的重要元素。在商朝后期，火纹与夔龙纹都很少单独作为主要纹饰施于青铜器上，二者往往相互结合，或与其他纹饰相结合，对青铜器进行辅助装饰。从这两种重要图案的装饰变化中我们可以看出，商朝后期，自然神灵地位降低，祖先神地位提高。

整个商周时期，火纹的装饰地位变化还反映了另一个社会信仰特点，即祖先神崇拜与自然神崇拜的逐渐融合。

在商朝后期，商人的"至上神"（上帝）就体现了这一特点。《诗经·商颂·玄鸟》中对于商人祖先有如下描述："天命玄鸟，降而生商。"可见，商人认为自己的祖先是玄鸟，而玄鸟又是日的象征，祖先神与自然神在寓意上似乎结合在一起了。在商朝后期和周朝的青铜酒器、食器上，火纹与凤鸟纹共同形成装饰带的情况并不罕见，且两者的纹样大小不分伯仲。《左传》中有言："昔高辛氏有二子，伯曰阏伯，季曰实沈。后帝不臧，迁阏伯于商丘，主辰。商人是因，故辰为商星。"这里的后帝当指高辛氏帝喾，他既为"帝"

图 9-54　春秋晚期　火龙纹钟舞部

图 9-55　春秋晚期　火龙纹钟鼓部

又为"后"，作为祖先神，殷人的上帝就是帝喾；作为自然神，帝喾又管辖着日月神。[1]
因此，我们可以推断出殷人所谓的"至上神"就是将祖先神与自然神结合在一起后的产物，
这也是商周神权政治的重要特点。

　　商晚期到西周中期，周人克商带来了"天神信仰"。此"天神"非彼"上帝"。有
学者指出，在商朝，"上帝"并未与祖先神、自然神形成明确的上下统属关系，既非至
上神也非商民族的保护神。[2]周人的"天神"是周朝的保护神，并非与王权系统相抗衡的
另一套系统，而是将神权融入了王权之中。

　　青铜器除了祭祀礼器之用，还拥有众多世俗身份认同功能，是家族权力与财富水平
的象征。而到了西周末年，周王室的衰败严重影响了青铜器的功用。宣王连年用兵导致
王室衰败，幽王时期地震又导致民不聊生，天灾人祸的大环境让青铜器整体装饰风格由
华丽转向朴素，器身上铭文增多，图案减少，"日神崇拜""祖先崇拜"等文化内涵也
随之淡化。但火纹作为一种装饰纹样，在春秋战国依旧延续发展（图9-54、图9-55），
直至战国末年才淡出人们的视野，其强大的生命力可见一斑。

---

1 徐心希：《试论商周神权政治的构建与整合——兼论商周时期的日神与天神崇拜》，《殷都学刊》
2006年第1期，第10—14页。
2 朱凤瀚：《商周时期的天神崇拜》，《中国社会科学》1993年第4期，第191—211页。

六、结论

火纹是青铜器上的一种装饰纹样，又称"涡纹""囧纹""巴纹"等。之所以称为火纹，是参考了火纹盛行时期——商周时期的社会特点与日神信仰，将火与日直接对应，从而选择了这种称谓。火纹在形态特征上分为外圈有光芒的火纹和外圈没有光芒的火纹，共同特征是一个外圆内部有几条曲折内弯的涡状弧线，中心或饰有点状或同心圆图案。随着时代的变化，火纹中心构造、弧线旋转方向、弧线条数都有不同的特点，其在青铜器上的装饰位置与工艺手法也有明显的时代特征。

除了单个的火纹，火纹在商朝中期以后也常常与其他纹饰结合出现，最常见的表现形式是火纹与其他辅助纹样相间排列形成装饰带，施于青铜器上。常见一同搭配组合的纹样有夔龙纹、凤鸟纹、龟纹及其他动物纹和四瓣目纹等。火纹在整个商周时期也有较为明显的断代特征。从夏朝末期开始的火纹雏形，到商朝前期的单个连续火纹装饰带，商朝晚期火纹的鼎盛，再到周代火纹逐渐由强身份认同功用到淡出视野，火纹经历了由盛至衰的演变过程。

从火纹的发展演变中，我们也能瞥见小小纹样背后反映的文化内涵——商周人民的日神信仰。火纹作为日的象征图腾，它的形态演变和使用情况从侧面反映了商周人们社会信仰与宗教观的变化，从"自然神"高于"祖先神"，到"自然神"与"祖先神"相融合形成"至上神"（上帝），再到周朝的"天神"，火纹的盛衰背后是手工艺的发展、朝代的更迭、宗教的变迁和社会的进步。

火纹在整个青铜器纹样中只是一个小小的图形，但如此一枚纹样背后竟有此番天地，可见商周青铜器底蕴之深厚，魅力之巨大。

第十章

千回百转

云雷纹

曾繁如

云雷纹是云纹与雷纹的统称，最早可见于新石器彩陶纹样，盛行于商周青铜器，至春秋战国仍然流行。其纹样构成的连续性、装饰性与抽象性奠定了中国传统纹样的特性基础，并在历史发展中始终保持着独特性和形式感。

一、阴阳回转 —— 定义

　　"云雷"一词最迟在汉代已有使用，证以汉代王充《论衡·儒增》："周鼎之金，远方所贡，禹得铸以为鼎也。其为鼎也，有百物之象……夫百物之象，犹雷罇也，雷罇刻画云雷之形，云雷在天，神于百物，云雷之象不能神，百物之象安能神也？"汉代许慎《说文·雨部》用古"云"字解读云雷纹，形容其"雷，阴阳薄动，雷雨生物者也。从雨、雷，象回转形"。

　　北宋科学家沈括在《梦溪笔谈》中对"云"与"雷"的分类理解：云纹与雷纹在形态上的基本特征都是回折环绕的几何图形，与旋涡纹有相似之处；其差异在于云纹近似圆形连续构成，而雷纹与云纹相比，则是形式上作方折的回旋线条。二者均大量出现于青铜时期的青铜礼器上。春秋战国时期，商人崇尚鬼神的习俗衰退，青铜器的使用也逐渐减少，云雷纹作为青铜器底纹的作用也渐失价值。但与此同时，其作为一种主纹应用在其他品类器物上逐渐出现。

二、形如云卷——溯源

图 10-1　半山窑型旋涡纹彩陶罐（甘肃兰州市花寨子出土）

　　在现有相关研究中，多数学者认为云雷纹出现于新石器时代晚期，盛行于商代，作为青铜器物上的地纹，与主纹配合使用，是商代青铜器纹饰中最为常见的几何纹样。学者回顾在《中国图案史》中称云雷纹"形如云卷，而方正的结构又像篆书的'雷'字"，故名称由此而来。[1]

1 回顾：《中国图案史》，人民美术出版社，2007，第 78 页。

图 10-2　云雷纹

关于云雷纹的起源，学术界主要有以下两种观点。

第一种观点，云雷纹由以水波为意象而产生的原始旋涡纹简化而来，主要论据是其在造型上具有旋涡纹饰的影子，形制与新石器时代彩陶旋涡纹具有明显的承继关系。[1] 其实物如甘肃兰州花寨子出土的半山窑型旋涡纹彩陶罐[2]（图 10-1），以一点为中心，纹样以线的形式绕点旋转，形成具有流动感的纹样效果。云雷纹亦有形式对称、二方连续的空间布局（图 10-2）。这都与云雷纹中的"云纹"特征相似。学者徐雯在《中国云纹装饰》一书中认为，云雷纹"在云纹的发展历史中"，"具有承上启下的重要意义"，"在结构形态上，云雷纹与原始旋涡纹没有根本的区别"[3]。以此来证明云雷纹与旋涡纹的内在联系，这不无道理，但这种单从纹样形态分析起源的方式有待商榷。

第二种观点，云雷纹由自然界的蛇发展而来。新石器时代遗址江苏金坛三星村出土的红衣陶豆可视为这一理论的论据支撑，陶豆外壁上八个方折云雷纹中有三个呈上下颌分开的动物形象，其狭长的造型被杨建芳教授等学者认为是蛇的抽象形态。中国古人自古便有崇蛇的习俗，如女娲与伏羲在远古神话中的人首蛇身形象、龙图腾中的蛇元素和江苏南部的古代部族古越族的崇蛇习俗等。[4]

不论云雷纹的起源是水波的意象，还是动物图腾的崇拜，其共同点均来源于自然界。故云雷纹作为一种中国古代早期便出现的纹样，其产生必定来自当时人们对自然事物的尊崇与敬畏，并随着社会的演变与发展，逐渐拥有更加丰富的精神内涵。

1 李中元：《中国旋涡纹样造型的演变及其阶段特点》，《国际纺织导报》2009 年第 9 期，第 79 页。
2 黄能馥、陈娟娟：《中国历代装饰纹样》，中国旅游出版社，1999，第 831 页。
3 徐雯：《中国云纹装饰》，广西美术出版社，2000，第 15 页。
4 杨建芳：《云雷纹的起源、演变与传播——兼论中国古代南方的蛇崇拜》，《文物》2012 年第 3 期，第 31—32 页。

三、肃穆狞厉——商周

图 10-3　商中期　雷纹扁足鼎　　　　图 10-4　商早期　肉食器雷纹鼎
（河南省文物考古研究所藏）　　　　（河南省新郑市文物保管所藏）

　　商周时期，云雷纹多作为青铜器上用来衬托饕餮纹等主体纹样的底纹使用。虽然云雷纹样式分类错综复杂，差异微妙，但其形制可大体分为斜角云雷纹、斜角目云雷纹、乳丁雷纹、勾连雷纹和三角云雷纹等。其中，斜角云雷纹与斜角目云雷纹是由直线涡卷线条构成的二方连续纹样装饰带，多以浅浮雕的工艺配合主纹样饕餮纹，集中于青铜器的腹部、颈部等，也常出现于圈足。

1. 斜角云雷纹

　　斜角云雷纹呈勾曲状或旋涡状，外框呈斜角，多集中于装饰带中心部分，周边偶有以珠联纹、乳丁纹等为辅点缀，是商代中期青铜器繁荣发展的产物。其实物如河南郑州向阳回族食品厂出土的商代中期肉食器雷纹扁足鼎（图 10-3），腹饰雷纹，上下以连珠纹为辅，扁足部分有龙纹装饰，雷纹部分呈倾状。[1] 再有商代早期肉食器雷纹鼎（图 10-4），上腹饰有一周以凸起的线条构成的雷纹，上下各辅有连珠纹样，这是商代早期为数不多的以雷纹为主纹样的青铜器物。[2]

---

1. 陈佩芬：《中国青铜器辞典》，上海辞书出版社，2013，第 343 页。
2. 同上书，第 336 页。

图 10-5　殷墟晚期　兽面纹觯圈足

图 10-6　殷墟晚期　兽面纹簋圈足

2. 斜角目云雷纹

　　斜角目云雷纹是在斜角云雷纹的基础上演变而来的纹样，多装饰于青铜器的圈足部分，也是勾连雷纹的雏形，形制以"目"为中心呈斜角环绕与勾连状，形态上相较斜角云雷纹更繁密，有些目雷纹风格逐渐稳健，以单个云雷纹的形式呈二方连续作装饰用途（图 10-5、图 10-6）[1]。例如商代晚期肉食器宁方鼎（图 10-7），颈饰目雷纹，以地纹形式出现，形态回环曲折，腹外饰外卷角兽面纹，器形较大，纹样清晰，精致浑厚。[2]

1 陈佩芬：《中国青铜器辞典》，上海辞书出版社，2013，第 135 页。

2 同上书，第 381 页。

图 10-7　商晚期　宁方鼎（美国大都会艺术博物馆藏）

3. 乳丁雷纹

乳丁雷纹又称"斜方格乳丁纹""百乳雷纹",对于乳丁雷纹的分类,各家分法不一。学者陈佩芬在《中国青铜器辞典》中称其属于菱形云雷纹中的一种,但由于其中乳丁纹的加入,又将其单独归类为一种特殊雷纹,与菱形云纹并列。[1]学者黄能馥、陈娟娟在《中国历代装饰纹样》中虽没有过多解释,但也将乳丁雷纹单独列出。[2]

商周乳丁雷纹式样多是以四个四方连续的云雷纹带组成的菱形纹样为边框,乳丁纹置于中心部分,多为凸起状,秩序感强,也有的辅以连珠纹点缀,这符合商代晚期青铜器刚健稳重的特征(图10-8)[3]。这样的纹样大面积出现在青铜器的腹部,作为一个整体逐渐成为青铜器上的主纹样。其实物如故宫博物院藏商后期尹鼎(图10-9),腹饰菱形云雷纹及乳丁纹,足部加饰蕉叶纹。[4]

图 10-8　乳丁雷纹簋纹样

4. 勾连雷纹

勾连雷纹是商代晚期发展成熟的云雷纹样式之一,形态多为呈四方连续的云雷纹组成的纹样带相互勾连,空白处为深色凹陷,由雕刻实现。还有一种为细雷纹呈"工"字形于纹样中心处相互连接而组成片状纹样带(图10-10、图10-11)。[5]前者相对稳健而后者更加繁复,体现了商晚期云雷纹

图 10-9　商后期　尹鼎(故宫博物院藏)

---

1 陈佩芬:《中国青铜器纹样史》,上海辞书出版社,2013,第137页。

2 黄能馥、陈娟娟:《中国历代装饰纹样》,中国旅游出版社,1999,第831页。

3 陈佩芬:《中国青铜器辞典》,上海辞书出版社,2013,第137页。

4 故宫博物院编《故宫青铜图典》,紫禁城出版社,2010,第24页。

5 黄能馥、陈娟娟:《中国历代装饰纹样》,中国旅游出版社,1999,第857—858页。

样式发展的多样性。勾连雷纹作为一种相对程式化
的几何纹样沿用至春秋战国时期，也影响着秦汉后
云纹与雷纹的演变。

5．三角云雷纹

　　三角云雷纹又分为三角云纹与三角雷纹，这
种分类方式也是以云纹与雷纹的"方圆"为标准。
其外形轮廓为正置或倒置的三角形，内填云雷纹，
多于商代后期装饰在青铜器的颈部与下部，并沿用
至春秋战国时期。商周时期较为常见的是三角雷
纹[1]，三角内填雷纹，二方连续填地，方正稳定（图
10-12），这亦体现了商末周初相对封闭、保守，
崇尚稳健的社会风气。如河南安阳小屯妇好墓出土
的商代晚期肉食器妇好鼎（图10-13），宽腹圆底，
下至柱足，口沿下饰兽面纹，腹饰明显的三角云雷
纹，其厚重感减少，更显示出一种别样的古朴雅致。[2]

图 10-10　勾连雷纹

图 10-11　勾连雷纹

图 10-12　殷墟中期　正簋　口沿

图 10-13　商晚期　妇好鼎（中国社会科学院考古研究所藏）

---

1 上海博物馆青铜器研究组编《商周青铜器文饰》，文物
出版社，1984，第316页。

2 陈佩芬：《中国青铜器辞典》，上海辞书出版社，
2013，第350页。

四、回环曲折——东周

盛行于商周时期的云雷纹，在春秋战国时期仍然沿袭不衰，形制相较于商周时期变化不大。战国早期镶嵌在器物上的三角云纹及勾连云纹可以印证云雷纹的变形与发展轨迹，如战国早期的三角勾连云纹（图10-14），已然摆脱商周早期与旋涡纹相似的形制，风格上走向活泼。[1] 再如战国中期三角云纹壶纹样（图10-15），外形轮廓呈现的三角形态与商周时期无异，但内填云雷纹的形态由方正稳健的雷纹逐渐变体，云纹内角卷曲勾连，构成上也由普通的二方连续变为水平翻转，为纹样排布增添了灵活性；上下辅以曲体形态云纹，用线相较于商周更加细致，首尾有粗细变化。[2]

春秋战国时期，镶嵌云纹的器物不再拥有商周时期青铜器的厚重之感，在纹样排布与形态上都更加自由活泼，流动性增强，逐渐展露纤细之感，如战国中期错银云纹尊（图10-16），脱离了商周时期的稚拙，展露"云气"之感。[3] 除此之外，随着各项工艺的进步，云雷纹在春秋战国时期首次脱离青铜器这一固定载体，广泛出现于漆器，并作为生活日用品广泛使用，这意味着云雷纹人文内涵的拓宽，如春秋时期云雷纹长方形盘（图10-17）与战国时期勾连云纹豆（图10-18）[4]，装饰性强，纹样与商周时期相比更显程式化，在色彩上更显精致灵活，这样的云雷纹在这一时期形成相对稳定的形式，并沿用至两汉时期。

1 陈佩芬：《中国青铜器辞典》，上海辞书出版社，2013，第136页。
2 同上书，第139页。
3 中国青铜器全集编辑委员会编《中国青铜器全集：东周4》，文物出版社，1996，第51页。
4 陈振裕：《中国漆器全集（第1卷）：先秦》，福建美术出版社，1997，第35页、第67页。

图 10-14　战国早期
镶嵌三角勾连云纹敦盖顶及口沿至腹部的三角勾连云纹

图 10-17　春秋时期　云雷纹长方形盘
（陕西省考古研究所藏）

图 10-15　战国中期　三角云纹壶纹样

图 10-16　战国中期　错银云纹尊
（湖北省博物馆藏）

图 10-18　战国时期　勾连云纹豆
（河南省文物考古研究所藏）

五、若隐若现——汉代

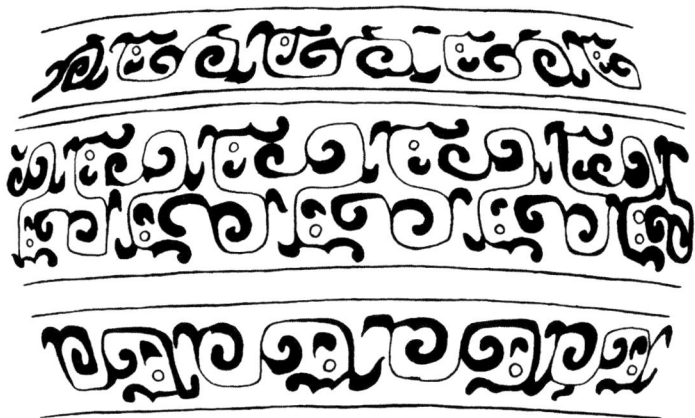

图 10-19　西汉中期　棺墙板（湖南长沙市马王堆出土）

随着百家争鸣的社会形势逐渐展开，人们对巫术、祭祀的重视程度大幅降低，青铜器的使用日渐衰落。杨建芳先生提到："云雷纹失去它固有的文化内涵而徒具形式，随着时间的推移逐步趋向式微，到了汉代便罕见其踪了。"[1]

两汉时期的云纹继承了春秋战国时期自由活泼的特点，并进一步发展，相继出现各种变体云纹，湖南长沙马王堆中仍然可见云雷纹的踪迹，纹样[2]动势上仍有作方纹的雷纹形态（图 10-19）。[3]但从整体来看，汉代云纹在纹样的粗细变化、形态走势上已经拥有了更具流线形的特点，在纹样复杂度上也有了一定的简化，亦通过首尾勾连的组合方式营造云气缥缈灵动之感。而湖南长沙马王堆出土的西汉变体云纹漆鼎（图 10-20）更能体现此时期云纹简化的流动曲线。此时青铜器衰微，云雷纹的常见载体转变为漆器，可以看出在漆鼎的四角与周身都有变体云纹的装饰带，在纹样结构与布局上跟商周时期的青铜鼎有很大的相似之处。[4]

汉代后期，更出现了许多与动物纹等结合的变体云纹，如陕西绥德出土的一系列汉画像石上的云纹雕刻，便是云纹与龙，甚至与人的组合。这是一种将抽象的云纹与写实

1 杨建芳：《云雷纹的起源、演变与传播——兼论中国古代南方的蛇崇拜》，《文物》2012 年第 3 期，第 37 页。

2 张乔：《云雷纹与"礼"的观念》，《新美术》2012 年第 4 期，第 72 页。

3 吴山：《中国纹样全集：战国·秦·汉》卷，山东美术出版社，2009，第 303 页。

4 湖南省博物馆官网：云纹漆鼎。

图 10-21 汉画像石中的"云气灵兽纹"（陕西绥德县出土）

图 10-20 西汉 变体云纹漆鼎
（1972 年湖南长沙市马王堆出土，湖南省博物馆藏）

图 10-22 汉画像石中的变形鸟云纹
（山东泰安乡出土）

的动物纹组合构成的纹样图示，方法是利用云纹流动起伏的特点，与动物纹或神怪人物纹相互穿插重复，形成所谓的"云气灵兽纹"（图 10-21）。[1] "云气灵兽纹"是抽象与具象的结合，具有很强的灵动感与装饰意味，营造出仙界之感。关于云纹与云雷纹的关系，学界普遍认为汉代云纹是由云雷纹中的云纹逐步发展并独立而来，而在前文中定义部分提到的汉代王充在《论衡·儒增》中提到的对云雷纹的描述，也被张乔先生作为云雷纹概念最早在汉代便已出现的论据。[2] 我们不难由此推测，两汉时期的云纹、云气纹与商周时期云雷纹中的云纹有着一定的继承与发展关系，在形式与布局上一脉相承。

汉代云纹还延续了战国时期云纹的特点，将动物纹与云纹融为一体，如山东泰安出土的汉画像石中的变形鸟云纹（图 10-22）[3]，将纹样开始部分演变成鸟的头部，其身体则为云纹流动的曲线状。除此之外还有与龙纹、凤纹等相结合的纹样案例，形成具有仙风道骨之感的独特风格。

综上所述，汉代云纹在发展中逐渐脱离了商周时期云雷纹本身庄重而神秘的特性，发展至汉代后期，逐渐演变成一种相对独立的纹样。

---

1 李国新、杨蕴菁：《中国汉画造型艺术图典·纹饰》，大象出版社，2014，第 151 页。
2 张乔：《云雷纹与"礼"的观念》，《新美术》2012 年第 4 期，第 73 页。
3 李国新、杨蕴菁：《中国汉画造型艺术图典·纹饰》，大象出版社，2014，第 154 页。

六、没落复兴——唐宋

在唐代，由于经济的空前繁荣，外来文化大量涌入，佛教等外来宗教的传入，思想的开放与包容等对此时期的纹样发展有很大影响，云纹的变体由简到繁。由唐道因法师碑侧的变体云纹（图10-23）[1] 可以看出，此时期的云纹虽然仍以四方连续的形态存在，但已经基本脱离云雷纹的初始形态。从纹样的密集排布、空白处镶嵌的大量连珠纹，以及形似卷草纹的变体分析得出，在唐代这个空前繁荣的时期，大量外来纹样的传入，形成了诸如宝云纹、朵云纹等与云雷纹本身样式差异甚大的、具有不同文化源头的云类纹样。与此同时，原本的云雷纹式样则逐渐式微。此时的云纹已经与早期的云雷纹有了很大的出入，不论是纹样来源还是发展逻辑，都逐渐脱离原有的体系，这也与当时的文化背景有关。

到了宋代，原本已经开枝散叶的体系又有了返璞归真式的总结，宋代著作《宣和博古图》中对云雷纹的表述体现了这一点，书中对"云雷"二字的定义多元而丰富，例如卷四"周饕餮鼎"中有一段描述："素耳直足，不设文饰，纯缘作雷篆，间以饕餮之状。"[2] 此处编者提出"雷篆"这一概念，表明宋代学者对于"云"与"雷"的系统解释逐渐形成，并有了详细记载。再如卷六对"商龙凤方尊"的描述与解释："四棱为凤形，周以云雷。盖龙以取其升降自如，凤以取其因时隐显，雷取其奋豫，云取其需泽，饮食燕乐而节文之礼，有在其中。"[3] 此处对于龙凤方尊的评价包含对其年代的鉴定与名称的解读，明确提出了"云雷"二字的观念。诸如此类的编撰与解读表明了宋代学者对商周时期青铜器纹样的再重视，不仅体现在器物上，更多则是在关于追溯云雷纹历史的研究文本上。

---

1 黄能馥、陈娟娟：《中国历代装饰纹样》，中国旅游出版社，1999，第909页。
2 王黼：《宣和博古图》，诸莉君整理校点，上海书店出版社，2017，第67页。
3 同上书，第109页。

图 10-23　唐　道因法师碑侧的变体云纹

相关研究的增多也使该时期的云雷纹重返大众视野，展露出唐朝时没有的平和雅致之感，但由于"复古"观念所致，其风格上与别朝相比更显中规中矩。如南宋几何纹豆（图 10-24），低浅圆腹，腹饰形似云雷纹的方形回折图案，且有突出的圆形乳丁镶嵌于表面。而值得一提的是，原器并未铸造下面的圈足，其背面也有明显的铆钉痕迹，可以看出此时的青铜器形态与铸造工艺较商周时期的一体成型已完全不同，具有新意[1]，但纹样的装饰与组合却颇有复兴古时风范之感。

图 10-24　南宋　几何纹豆（故宫博物院藏）

1 故宫博物院编《故宫青铜器图典》，紫禁城出版社，2010，第 271 页。

七、程式复古——明清

图 10-25　明　石雕云纹石座纹样（故宫博物院藏）

　　明清时期的云纹基本遵照宋代以后的规律，风格上没有迥异的偏差。故宫博物院所藏的明石雕云纹石座（图 10-25）上雕刻的云纹已经是相对程式化的样式，两边有卷曲呈如意状，彻底失去了早期云雷纹"刚健稳定"的特征，风格上趋于简化，更接近现代人认知中的云纹形态。笔者认为此时期的云纹一定程度上还是受到了唐朝以来外来纹样的影响，布局上除对称外也有散点式特征，甚至融合了宝相花、落花流水纹等纹样的特征，使纹样更具有饱满的形态与层次感。即便如此，我们仍然可以在工艺品、纺织品的云纹纹样中看到云雷纹的影子。仍以明石雕云纹石座为例，其底座上的两枚云纹虽然内部结构融合了唐代以来饱满、大气的花朵形态，但外形上呈方形，这是雷纹的显著特征。[1] 而在清光绪皇后石青缎地五彩绣云缉米珠有水八团龙褂特写（图 10-26）中[2]，底纹呈回纹旋涡形且排布填密，形态呈方形，作为龙纹与如意云纹的地纹而存

1 黄能馥、陈娟娟：《中国历代装饰纹样》，中国旅游出版社，1999，第 915 页。
2 同上书，第 449 页。

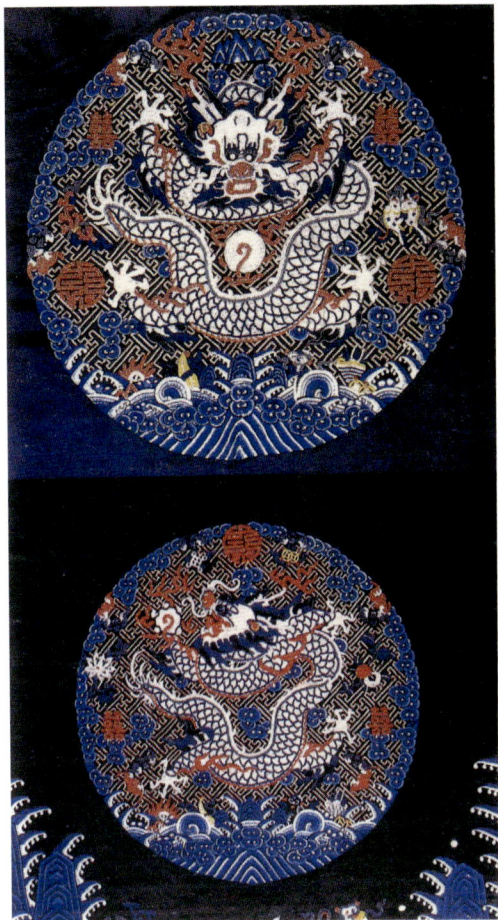

图 10-27　清　武四品虎纹方补

图 10-26　清　光绪皇后石青缎地五彩绣云缉米珠有水
八团龙褂特写（故宫博物院藏）

在；清武四品虎纹方补（图 10-27）的四周具有典型云雷纹特征的装饰则更加明显，纹样呈现勾连的方形回折，并以带状形态环绕于主纹样侧方，这些特征都与商周青铜器云雷纹的特点不谋而合。[1]

综上所述，在经历唐宋时期的动荡之后，在传统意义上的云纹纹样逐渐稳定化、程式化后，云雷纹作为一种地纹的作用再次呈现出来，以一种渐隐的方式呈现在丰富的工艺品中，且在载体种类与形态变化上都有了很大发展。若要追溯其原因，这得益于明清时期的学者对青铜器的研究达到了鼎盛的高度。不论是对《宣和博古图》的多次翻刻，还是清乾隆年间以其为蓝本而著成的《西清古鉴》，都反映了官方与民间对青铜器十分重视。在这样的背景下，作为青铜器中重要纹样的云雷纹，自然随着青铜研究的重新繁荣而获得了新生。

---

1 黄能馥、陈娟娟：《中华历代服饰艺术》，中国旅游出版社，1999，第 433 页。

八、一脉相承——文化

云雷纹从新石器时代晚期出现，到商周盛行，从春秋战国两汉时期
变体，再到唐宋及明清时期的没落与复兴，最终成为历史上一种具有学
术体系的传统几何纹样，其波折发展与各个时期的社会背景密切相关。
政治、经济、文化等因素赋予了各个历史阶段的云雷纹不同的文化内涵，
促使云雷纹得以历久弥新地以适应当时的社会状态并延续至今。

云雷纹可能起源于新石器时代的旋涡纹或蛇纹，最早出现于陶器。
每一种得以传承与延续的纹样都必定具有独特的缘起，也蕴含着丰富的
文化内涵。李泽厚先生在《美的历程》中指出："由写实的、生动的、
多样化的动物形象演化成抽象的、符号的、规范化的几何纹饰这一总的
趋向和规律，作为科学假设，已有成立的足够根据。"[1]这可以说是中国
传统纹样起源与延续的共同规律。徐雯在《中国云纹装饰》一书中将云
雷纹列入中国云纹历史的重要一环，以证明其"承上启下"的历史意义，
表明其具有跨越时代的发展脉络。[2]换言之，云雷纹作为一种几何纹样，
得以传承与延续的原因，就是它在不同时代背景下的兼容与演变。

首先，在新石器时代晚期，即学界公认的云雷纹起源时期，在原始
社会的背景下，封建王权还没有建立，人类活动仍以部族形式存在，农
耕文明因此逐步确立发展。在工艺美术史上则体现为陶器等带有农耕色
彩的、初级工艺阶段的工艺品。原始定居的农耕生活方式对自然条件与
云雷天象有着高度依赖，"云行雨施，品物流行"[3]，南方部族古越族对
蛇的崇拜也是基于想要免于伤害的愿望。因此，不论是早期云雷纹多以
陶器等器具为载体，还是纹样本身众说纷纭的复杂起源，都既体现了当
时刚刚起步的生产力水平，也表达了原始社会的人们对风调雨顺的向往。

其次，在云雷纹最为鼎盛的商周时期，由于王权的建立，浓烈的政
治因素逐渐在各方面显现。"奴隶社会和封建社会的思想意识，是建立
在奴隶主贵族、封建地主对广大奴隶和农民的残酷的经济剥削和政治压
迫基础上的上层建筑，奴隶主贵族和封建地主都利用他们掌握和控制的
上层建筑为其经济基础和反动的统治秩序服务。"[4]因此，神权在此时已

---

1 李泽厚：《美的历程（修订插图本）》，天津社会科学院出版社，2001，第37页。
2 徐雯：《中国云纹装饰》，广西美术出版社，2000，第15页。
3 胡少华：《云纹的文化考析及其在现代服装设计中的创新应用》，硕士学位论文，江南大学，2010，第13页。
4 杜迺松：《中国古代青铜器简说》，书目文献出版社，1984，第112—113页。

经不单单是对"天"的敬畏，也是王权贵族统治平民的手段，由此，象征力量与统治者绝对威严的青铜器作为礼器产生并盛行。徐雯先生将商周时期的云雷纹总结为三种风格变化：初期的"粗拙"，中期的"精细"，晚期的"单纯"。[1] 这也与时代中的多种因素密切相关。从工艺上看，早期延续新石器时代陶器的稚拙风格，中期之后的青铜器锻造技术逐渐精湛，工具种类与刻嵌技术均得到提高，并呈现批量化生产趋势，为繁复的云雷纹风格提供了足够的技术支撑。从礼制上看，"铸鼎象物，百物而为之备，使民知神奸……用能协于上下，以承天休"[2]，这表明了青铜器的政治用途，云雷纹作为青铜器上最常见的装饰纹样，其形制本质是讲究"回形"的回环曲折，但流动感不足，那些填满了云雷纹样的地纹带，宛若神鬼行走的通道，通过精密的铸刻带给人们无法言明的敬畏之感。从文化上看，周代末期政治上的瓦解与松懈使得思想文化上反璞风气兴起，云雷纹不再以"三叠装饰"为特点衬托饕餮纹，逐渐与乳丁纹等其他纹样有所结合，拥有了一定的独立性与多样性。这与当时的社会风气相辅相成，体现了人们对一种灵活、自由的社会风貌的向往，隐隐昭示着新时代的到来。

再者，从先秦到两汉时期，不论是百家争鸣还是大一统的正式确立，都代表中华文明进入了一个新的阶段。狞厉、刚健的青铜器云雷纹样自然不适用于当下的时代背景，于是由此发展衍生出先秦卷云纹（图 10-28）与两汉时期的变体云纹。云雷纹除了用于少量的青铜器，也广泛用于金银器、墓室画像砖等更加丰富的载体。这既表明工艺美术体系

图 10-28　西周或春秋　卷云纹

---

1 徐雯：《中国云纹装饰》，广西美术出版社，2000，第52页。

2 左丘明：《左传》，崇文书局，2017，第67页。

的不断壮大，也是工艺水平产生飞跃的依据。而汉唐时期对于墓葬的重视，对人死后精神世界的崇尚，让云雷纹彻底脱离了青铜器的传统风格，为以后的变体与发展奠定了基础。

最后，唐宋乃至明清时期，在作为青铜器主要纹样的云雷纹逐渐式微后，云雷纹的演变与多元复杂的社会环境有了更加密切的关系。不论是唐代的消隐还是宋之后的逐步复兴，本质上都是经济基础决定上层建筑的体现。唐代对佛教的引入，对雍容华贵、圆润丰满的工艺美术风格的崇尚，使得云雷纹无法得到发展，而其纹样本身具有的鲜明的守卫、守护的文化内涵也不符合社会稳定繁荣的盛唐时代的主流思想与政治需要。但宋以后，文人思想与文人艺术的兴起让宋代学者们回归质朴，重新拾起了对青铜器及其纹样的兴趣，云雷纹除了在金银器、纺织品、雕塑制品上有若隐若现的体现外，关于云雷纹本身的学术资料也是在此时期逐渐积累起来的。[1]

综上所述，由于不同时代的社会背景不同，对宗教礼法，乃至社会生产的需要也不尽相同，云雷纹在历史发展过程中所体现出的具体形态与风格也不同。这既说明一种纹样的发展离不开政治、经济、文化等因素的干预，也体现了云雷纹的形制与内涵在此过程中所表现出的与时代相匹配的高度灵活性与兼容性。

在云雷纹的演变过程中，不论在形制上以何种状态存在，其所表达的内涵本质都是相对统一的，有对封建礼教的维护，有人们对自然、神权的敬畏崇拜。"有天地然后有万物，有万物然后有男女……有父子然后有君臣，有君臣然后有上下，有上下然后礼义有所错。"[2]这表明"礼法"在中华文明体系中自古以来便占有重要地位。可以说，在封建社会确立后，工艺美术体系的演变情况就是王权制度发展的体现之一。在这样的政治文化背景下，云雷纹的出现与演变便更是如此。不论是云雷纹样本身，还是其主要载体青铜器，都具有自身独特的象征意味。宗法制度需要云雷纹这种充满刚健、稳定、带有凝重气息的装饰几何纹样作为礼器上的填地纹，以起到震慑平民的作用；汉唐时期的墓室砖墙需要其发挥原始的守护作用；甚至宋代之后对儒家伦理纲常的高度重视，云雷纹的没落与复兴过程，本身就是漫长的封建社会时期社会对礼法的推崇过程，归根结底，都是社会制度下造就的或狞厉、或活泼，或繁复、或程式化的不同魅力。

云雷纹于实用中起源，在漫长的历史长河中，始终作为一种代表天意、庄严的守护纹样履行着维护中国封建社会稳定发展的职责，它的美也正是来源于社会与文化赋予其的内涵，正因如此，它才得以历经沧桑，仍生生不息。

---

1 故宫博物院编《故宫青铜器图典》，紫禁城出版社，2010，第266页。
2 《宋本周易注疏》，王弼、韩康伯注，孔颖达正义，中华书局，1988，第839页。

九、结论

　　云雷纹在新石器时代人们对自然的崇拜中产生，盛行于人们对神权的敬畏，并在之后的发展过程中也始终与封建礼法分不开。这种因自然而诞生，随社会而变革的演变流程是中国纹样发展的典型历程，代表着古代人民一直以来对"天意"平安吉祥锲而不舍的祈愿，这是农耕文明带来的典型特征。在青铜器大量出现的商周时期，云雷纹刚健稳定，肃穆狞厉，以斜角云雷纹、斜角目云雷纹、乳丁雷纹、勾连雷纹、三角云雷纹为主要纹样样式；春秋两汉时期走向活泼，千变万化；再到唐宋乃至明清时期的没落式微与程式复兴，其演变规律也如纹样本身的形态一般千回百转，虽然历经波折，然而历久弥新，亦体现其自古以来一脉相承的象征含义。

第十一章

交泰相生

蕉叶纹与蕉叶形纹

胡新梅

商周时代是我国青铜艺术史上的巅峰时期，装饰纹样种类丰富，主体部分的装饰纹样多以动物纹为主，而器物之外的部分，如颈、足等处则经常出现被现今学界称为"蕉叶纹"的辅助型纹饰。从酒器类的觯、觚、爵、斝、卣、罍，到食器类的豆，再到礼器类的鼎、尊等，无论器型大小，都能见到此类型纹饰。

一、三角蕉叶——定义

　　"蕉叶纹"的命名和定义，始见于 1941 年容庚先生《商周彝器通考》："其状作蕉叶形，中为倒置之饕餮纹，上为三角纹……此花纹皆施于觚及尊，通行于商代或周初。"[1] 在蝉纹类型中也提到"垂叶形中作蝉纹"，并细分出仰蕉叶纹类、垂叶兽纹、垂叶象鼻纹等。1984 年，学者马承源在《商周青铜器文饰》一书中依据蕉叶纹内部的填充纹饰对其进行划分，将觚、鼎等器物上主体纹饰为异兽的归入叶形兽体纹，将边长较短的蕉叶纹归入叶形三角纹。[2] 2001 年，学者陈振裕在《中国古代青铜器造型纹饰》一书中，将蕉叶纹归为植物类纹饰中的叶脉纹和几何纹样中的三角纹，称蕉叶纹为垂叶纹和三角蕉叶纹。[3] 2009 年，学者朱凤瀚在《中国青铜器综论》中称蕉叶纹是"尖角向上的三角纹，两腰较长，近顶出弧线内收，其形状尤瘦长者通常称作'蕉叶纹'。多施于觚与大口尊及觯、爵的口下（下腹部），出现于殷代中期，盛行至西周早期"[4]。

1 容庚：《商周彝器通考》，哈佛燕京学社，1941，第 105—106 页。
2 上海博物馆青铜器研究组编《商周青铜器文饰》，文物出版社，1984，第 257 页。
3 陈振裕：《中国古代青铜器造型纹饰》，湖北美术出版社，2001，第 3—4 页。
4 朱凤瀚：《中国青铜器综论》，上海古籍出版社，2009，第 599 页。

表 1 蕉叶形纹与蕉叶纹对比

	蕉叶形纹		蕉叶纹
商		唐	
周		宋	
春秋		元	
战国		明清	

　　蕉叶纹和蕉叶形纹是两种截然不同的纹饰，二者出现的时间和寓意都有明显区别（表1）。蕉叶形纹流行于商周至春秋时期的青铜器上，整体三边相接呈三角形状环饰于器物周边，有曲线狭长者呈数片蕉叶状，也有浑厚锋利者呈锯齿状，亦有简洁抽象者呈连续直边三角状，其内部多以夔龙纹、凤鸟纹、蝉纹、兽面纹等动物纹样，或窃曲纹、云雷纹等抽象几何纹样为主体的纹样。

　　目前，最早的蕉叶形纹被发现于商代的青铜器上，因其形似蕉叶而得名。而芭蕉原生地本非中国，是在汉代时由东南亚交趾、建安（今越南一带）等地传入我国。在晋朝宫廷的华林园中，才成为宫廷园林的观赏植物。[1]商周青铜"蕉叶纹"与植物芭蕉树的蕉叶没有直接关系，其狭长而舒展的轮廓造型充满了自然主义有机线条的力量与美感，故称"蕉叶形纹"更为准确。

　　"蕉叶"这一称谓直到汉代芭蕉树传入我国才出现。汉代以后，出现了更为具象化的芭蕉叶纹饰图案，表达芭蕉叶的本身，称为"蕉叶纹"，多见于汉代之后的金银、陶瓷，以芭蕉叶叶片为原型的狭长树叶状图形，多有直线叶筋，两侧有镜像线条叶脉，以环带状形式出现在器物的颈部、腹部、足部等位置。

---

1 李溪：《从芭蕉图像看佛教艺术与文人情结》，《北京大学学报（哲学社会科学版）》2012年第2期，第53页。

二、天地媒介——起源

图 11-1   商   兽面纹爵（潜山县博物馆藏）

图 11-2   商晚期   䉣𝟭角

1. 酒气升腾

商人重饮酒，酒精所产生的致幻作用会被当作商人与天地鬼神沟通的重要渠道，故除了日常饮酒，祭祀时也多用酒与酒器。蕉叶形纹也多装饰在酒器的颈部口沿处，纹饰与器物的造型相结合，在视觉上营造出一种无限向上延伸之感，故有说器物上的蕉叶形纹似乎是为了借助酒气的蒸腾，使之成为人与天地神灵沟通的媒介，祈求上帝和祖先的保佑，以达到祭祀的目的（图 11-1、图 11-2）。[1]

2. 齿骨兵刃

蕉叶形外轮廓本身也充满意味，从尖端向两侧延伸出的弧线浑厚而充满力量，曲中有直，尖中带圆，柔中带刚。外轮廓虽是看似简单的形状，但当其出现在一些器物上时，会发现它是如此贴合器物造型的本身。比如

---

1 石亚卿：《商周青铜器蕉叶纹初探》，硕士学位论文，陕西师范大学，2018，第 32 页。

青铜罍的足部，又比如戈、戟（图
11-3 ～图 11-6）。此外，青铜
剑的外轮廓型都与蕉叶形纹的造
型十分相似。或许蕉叶形纹就是
以兵器的造型为主体装饰于其他
青铜器上，同样表达着力量与震
慑。

　　关于这一形式的来源，或
许与猛兽类动物的牙齿的形状有
关。其所在位置或上或下，较少
位于中部、腹部位置，与猛兽牙
齿位置一致，其尖端弧度也与猛
兽牙齿甚为相似，诸多饰以蕉叶
形纹的青铜器物展现出"犬牙交
错"的特征。蕉叶形纹整体造型
曲直结合，与青铜剑、戈等具有
攻击性的兵器造型相近。商周青
铜器藏礼于器，国之大事，又在
祀与戎，故蕉叶形纹饰所要表现
的内涵一定是与祭祀、征战、礼
乐制度有关的。其纹饰所表现出
的威严、冷峻、震慑内涵，与唐
宋及之后在陶瓷上出现的蕉叶纹
所传递出的内涵相距甚远。

3. 谷植叶片

　　陕西师范大学学者石亚卿认
为蕉叶形纹很有可能与作为粮食
的谷物类植物的叶子形状有关。
黍、稷为殷代民众的主要粮食，
稷属贱食类，而黍、粱一类为糯
性粟之上品，是常用于祭祀、酿
酒的贵重粮食，大麦、小麦、稻

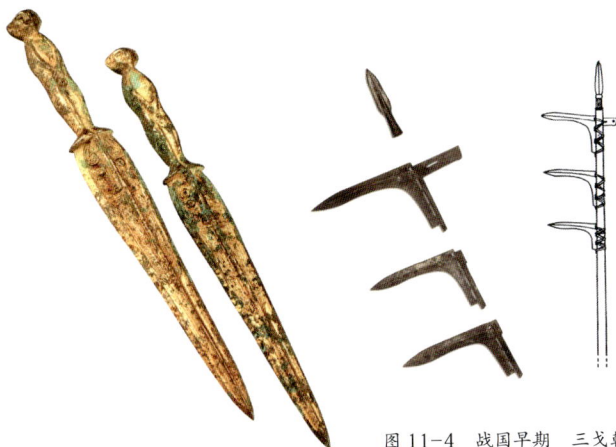

图 11-3　鎏金兽面纹人形茎短剑

图 11-4　战国早期　三戈戟
（湖北省博物馆藏）

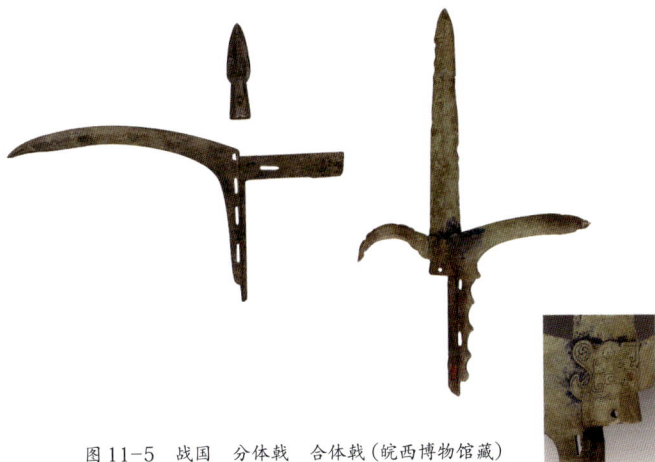

图 11-5　战国　分体戟　合体戟（皖西博物馆藏）

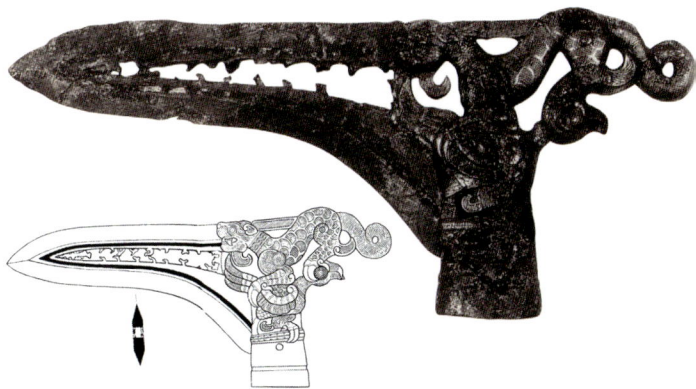

图 11-6　东周　戈（山西博物院藏）

一类的则为时令性食粮，在当时商王统治的中原地区种植量并不大。[1]

可以看出，用来酿酒的主要谷类是黍、粱等。观察黍、高粱一类的农作物，不难发现，这类谷物的叶子与装饰在青铜觚、尊等青铜酒器上的蕉叶形纹形制极为相似，由此可以推测，蕉叶形纹很有可能是代表谷物的艺术形象（图 11-7～图 11-10）。在酒文化盛行的殷商时期，用来酿造酒的谷类不仅种植数量广，且地位高，这都说明了谷物叶子是完全有可能作为艺术形象出现在青铜酒器上的。由此来看，蕉叶形纹的文化内涵更多代表自然植物和农作物之意，再联系蕉叶形纹与酒器的密切关系，更能体现这种意蕴。[2] 故而认为若说蕉叶形纹是酒文化的衍生物，那么大量出现在觚、尊等酒器上的蕉叶纹便是合理解释；若认为蕉叶纹是自然界植物的象征，那么与谷物叶子相似的蕉叶纹形象亦不难理解。[3]

图 11-7　商晚期　妇好方斝（中国社会科学院考古研究所藏）

图 11-8　商晚期　亚址方斝（中国社会科学院考古研究所藏）

图 11-9　商晚期　册方斝（故宫博物院藏）

图 11-10　商晚期　亚𗊲方斝

1 兰娟：《先秦制器思想研究》，博士学位论文，南开大学，2014，第 85 页。
2 石亚卿：《商周青铜器蕉叶纹初探》，硕士学位论文，陕西师范大学，2018，第 46 页。
3 同上书，第 47 页。

三、蕉叶形纹——演变

图 11-11　商　兽面纹爵（岳西县文物管理所藏）

商代是我国青铜器发展的高峰时期，此时期青铜器上的纹饰，整体呈现出崇神敬鬼、神秘威严的特征。这些纹饰不但具有强烈的装饰作用，可使器物本身更加华丽和夺目，而且也充满了宗法的内涵，使得器物本身更具权贵意味和神秘感。[1] 商人喜饮酒，目前出土的商代青铜器超半数为酒器。而诸多酒器也具有礼器的功能，其上常见作为辅助纹样的蕉叶形纹，其主体纹样往往为狞厉粗犷的动物纹，如夔龙纹和兽面纹。其实物如商代兽面纹爵（图 11-11），又如商代父丁觚（图 11-12）。

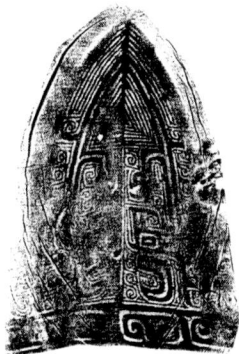

公元前十一世纪，西周建立，随之出现了完整的礼乐制度，青铜器上也出现了纪实铭文。西周酒器数量明显减少，各类礼器和日用器皿增多。周代青铜器纹饰不见殷商青铜器狞厉诡谲的气势，蕉叶形纹内部装饰图案也越发抽象化、几何化，整体呈现出一种朴实自然、疏朗通达的装饰风格。其实物如 1976 年陕西扶风县庄白村出土的西周早期饮酒

图 11-12　商　父丁觚（肥西县文物管理所藏）

1 孙修恩：《殷商青铜礼器纹饰的意象形态》，《郑州大学学报（哲学社会科学版）》2007 年第 6 期，第 165 页。

图 11-13 西周早期 凤鸟纹觚
（周原文物管理所藏）

图 11-14 西周 扉棱鼎
（宝鸡市渭滨区博物馆藏）

图 11-15 春秋 龙纹立鹤壶
（河南博物院藏）

器凤鸟纹觚（图 11-13），颈部饰蕉叶形纹，内填云雷纹，下方连续一周凤鸟纹，腹部并无任何纹样，简约大气。又如宝鸡石鼓山商周墓地 3 号墓出土的西周扉棱鼎（图 11-14），鼎腹中部饰直棱纹，腹下部饰蕉叶形纹，纹饰内部的图案应是抽象化后的夔纹纹样。

春秋战国时期是中国历史发展的"轴心时代"，整个社会特征是人性的觉醒，表现在青铜器物上的艺术风格也是神性向人性更进一步的回归。春秋战国时期的青铜器在延续西周风格的同时，整体更加具有世俗的人性化特征和典雅清新的艺术风格。其实物如1923 年河南新郑李家楼出土的春秋晚期盛酒器龙纹立鹤壶（图 11-15，又称莲鹤方壶，共两件，分别藏于故宫博物院和河南博物院），器物抓手处为双层外侈透雕蕉叶形瓣，中立一鹤，四壁饰蛟龙，造型精美。

蕉叶形纹整体外轮廓呈中心对
称状，两侧弧线曲中有直，顶部形
成尖形，两侧弧线向下垂直延伸，
形似后来出现的蕉叶。作为青铜器
上的辅助纹样，蕉叶形纹内部除了
饰以抽象的几何纹，还会出现凤鸟、
饕餮、蝉纹、龙纹等多种不同类型
的纹样。其实物如商代的四羊方尊
（图 11-16）、西周的何尊等。

1. 纹饰布局

纹饰的布局往往与所要装饰的
器物的造型关系甚密。即便是同类
型的器物，器物之上的纹饰通常也
都随着整体造型的细微差别而有所
不同。附着于器物之上的纹饰，其
变化除了要"适形"，也要服务于
器物整体所要表达的主题。

颈部口沿，向上而生

最常见的蕉叶形纹，便是出现
在各类青铜器皿中上部的，从腹部
开始纹样尖端向上，向器物口沿处
蔓延的形态。布局在器物上半部分
的蕉叶形纹，承载器型多为有腹但
上半部分比重较多需要装饰的酒器、
礼器，比如觚、尊等。此类上尖下
平的"正"蕉叶形纹多出现在青铜
器上方部分，多以颈部环绕连续出
现的形式为主。其实物如 1977 年出
土于河南安阳的商代晚期天册觚（图
11-17），又名天觚，颈部上方的
蕉叶形纹规整大气，作为装饰纹样
占据了器物的主体部分。

四、交错丛生——特征

图 11-16　商晚期　四羊方尊（中国国家博物馆藏）

图 11-17　商晚期　天册觚（中国社会科学院考古研究所藏）

腹部之下，倒垂支撑

商周青铜器上出现最多的是下尖上平的垂叶纹或垂鳞纹，也有的因廓形内部纹样为蝉而被称为蝉纹。从形式上看，上述几类纹样也属于蕉叶纹。此类倒蕉叶形纹通常装饰在爵、斝、角等器物的流、尾、足等部分，或位于鼎一类重器的腹部。装饰于器物下半部分的蕉叶形纹通常没有正蕉叶形纹颀长，相较之更加短粗一些，但更有力量感，视觉上也使器物趋于稳定。其实物如 1976 年出土于河南安阳小屯妇好墓的商晚期妇好鼎（图 11-18），纹饰均以雷纹为地，腹部内壁有铭文"妇好"两字，鼎腹部装饰有倒置的三角形蕉叶形纹，其内为立体图案化的蝉的形象，在三角雷纹为地的蕉叶形纹上方突出夺目，生动异常。此外，在鼎的足部亦装饰有倒置的、抽象化的三角形蕉叶形纹，其内部为抽象对称的几何纹样。

除青铜鼎之外，此类蕉叶形纹常见于青铜斝、青铜爵等造型带足的青铜器上，且多将此类纹样装饰于器物的足部、胫部等偏下方的位置（图 11-19）；也常见于带腹器物的腹部下方，轮廓多随造型有机变化，内部纹饰则多服务于器物所要表达的主题。

横亘居中，如鳞如羽

比较少见的是横蕉叶形纹，出现在部分青铜鼎、罍等具有浑圆饱满腹部的器物上。此类蕉叶形纹似羽毛或鳞片，虽明显能看出所描绘的动物特征，但单个羽毛、鳞片的形状又不完全按照自然写实，其抽象出的图案形状也与蕉叶形造型非常类似。其最初也以倒垂的蕉叶形纹（图 11-20）的形式有规律地排列，整器布满重叠的鳞纹。尤其是西周时代的壶和罍，在鳞片中有时还填以雷纹。这一纹饰流行于西周早期至春秋时期。[1] 类似于"垂鳞""垂羽"的蕉叶形纹开始整体变换为横向环绕排列，鳞次栉比，令器物本就饱满的腹部在经过纹饰的装饰后显得更加宽阔丰满。其实物如 1978 年于闻喜上郭出土的春秋早期盖鼎（图 11-21），腹部装饰横鳞纹。

图 11-18　商晚期　妇好鼎
（中国社会科学院考古研究所藏）

---

1 陈佩芬：《中国青铜器辞典》，上海辞书出版社，2013，第 130 页。

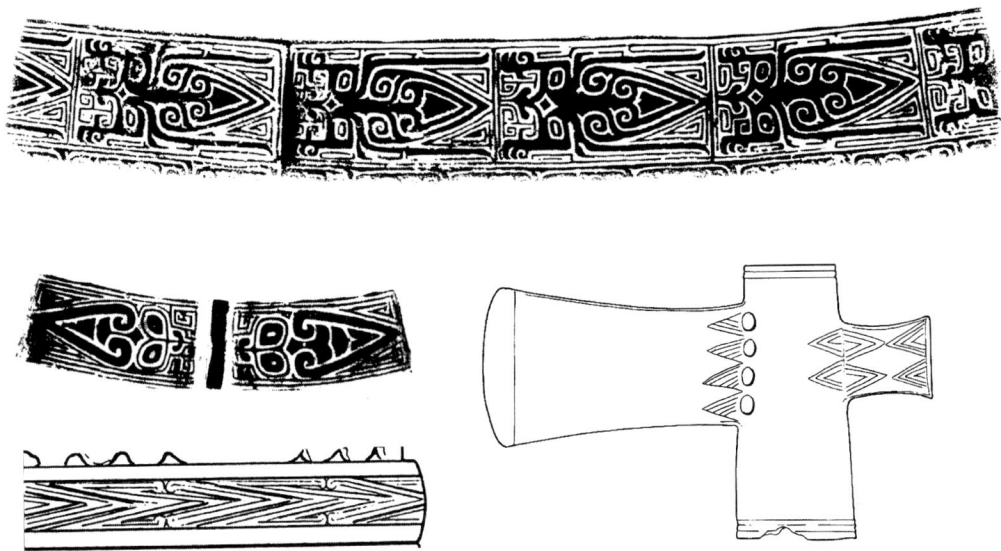

图 11-19 商周 青铜器上的蕉叶形纹、蝉纹

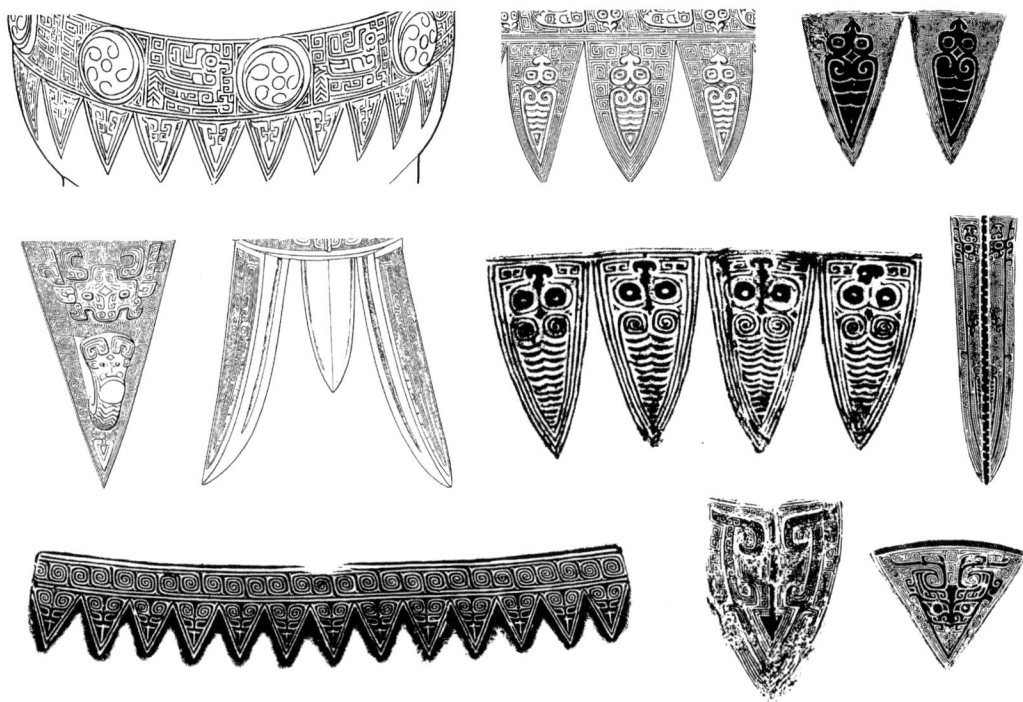

图 11-20 商 倒置型蕉叶形纹

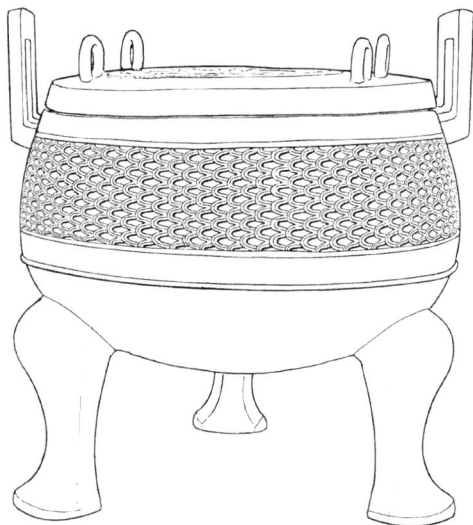

图 11-21 春秋早期 盖鼎 线描图
（山西省考古研究所藏）

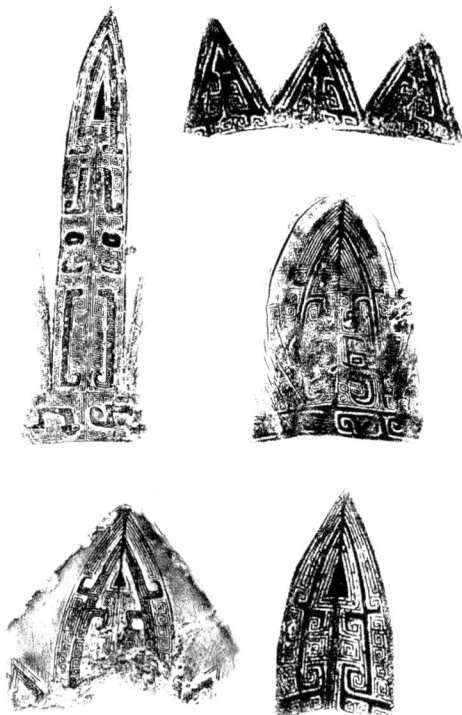

图 11-22 几种器物上的蕉叶形纹拓片

2. 形状分类

纹饰形状往往随着器型本身所需装饰部分的
实际造型而变化。虽然看起来是万变不离其宗，但
每种不同类型的蕉叶形纹又都具有各自的审美意味
（图 11-22 ）。

柔和舒展——狭长形蕉叶形纹

青铜觚往往因为颈部本身颀长的造型而装饰着
细长的蕉叶形纹，而青铜爵、青铜斝这类本身器物
上半部分就精致小巧的饮酒器则饰以较为短小的蕉
叶形纹，有的甚至呈现出近似于等边三角形的抽象
纹样效果。其实物如 2011 年淅河叶家山一号墓出
土的西周早期父癸觚（图 11-23 ），颈饰蕉叶
纹，蕉叶形纹内为连续的云雷纹和抽象的几何线条
纹样。

图 11-23 西周 父癸觚（湖北省博物馆藏）

饮露恒鲜——蝉形蕉叶形纹

蝉形蕉叶形纹多以"倒"蕉叶形纹的形式出现，其外部廓形常介于狭长形蕉叶形纹和短小型蕉叶形纹之间（图11-24）。虽在不同器物上有细微宽窄长度的变化，但整体廓形基本都统一为上尖下平，两边向外为微弧状，内部纹样无论抽象还是写实均为中心对称蝉纹。出现蝉形蕉叶形纹的青铜器多为商周时期的青铜鼎、青铜鉴、青铜盘等酒器、水器、食器之类的日用器皿，其实物如作为水器的蟠螭纹鉴（图11-25）、作为肉食器的商晚期妇好鼎（图11-26），以及其他具有祭祀与炊食功能的春秋蝉纹鼎（图11-27）、商代晚期邑鼎（图11-28）。

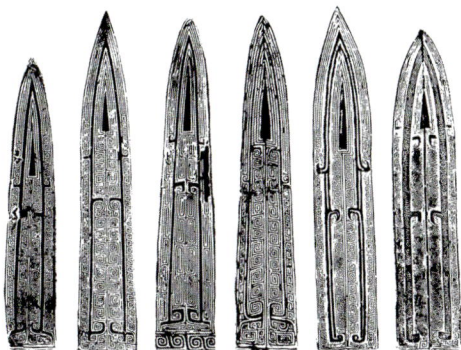

图 11-24　商　青铜瓻　蕉叶形纹纹样

图 11-25　春秋战国　蟠螭纹鉴
（安庆市博物馆藏）

图 11-26　商晚期　妇好鼎
（中国社会科学院考古研究所藏）

图 11-27　春秋战国　蝉纹鼎（安徽博物院藏）

图 11-28　商晚期　邑鼎（山西省考古研究所藏）

繁复致密——垂叶形蕉叶形纹

　　此前，诸多学者将倒置的蕉叶形纹称之为垂叶纹，并将前文提到的"垂鳞""垂羽"的蕉叶形纹也归入其中，但笔者认为凡此形式者均为蕉叶形纹的变体。其大体廓形依旧呈三角形，而"倒垂支撑"的状态也只是蕉叶形纹形态的一种，纹饰永远依据器型而呈现出变化万千的姿态。如西周中期的饮酒器鳞纹觚（图 11-30），造型特殊，敞口向下逐渐收敛，腹部至于最细处，然后再扩大至圈足，圈足上下各饰重叠鳞纹，鳞纹间隙填以云雷纹，不同位置的鳞片可有大小和形态上的变化，不拘泥于某种程式。

　　无论是"垂叶纹""垂鳞纹"还是"垂花""垂羽"，其大体形式是一样的，即均按照一定的规律反复排列、交替出现（图 11-29），增加了器物的精致感，如西周鳞纹觚；也因单独图形的反复、规律出现而使青铜器上的装饰纹样展现出一种秩序感和韵律感。

图 11-29　西周　垂鳞型蕉叶形纹

疏朗简洁——短小蕉叶形纹与三角形蕉叶形纹

短小的蕉叶形纹往往呈直边三角形，多出现于商代斝、爵等本身体量造型较为矮小敦实的器物的颈部、腹部。除此之外，还有较大的直边三角形蕉叶形纹，多出现于周代的礼器表面，几何风格的单纯线条造型往往彰显出规则与秩序。如商代的兽面纹爵（图11-31），其腹部主体为兽面纹，器物上方由于造型限制只能饰以短小型蕉叶形纹，又因其整体短小面积有限，蕉叶形纹内部也多为几何化、抽象化的图形，如此爵的蕉叶形纹内部为三角云雷纹。又如扶风县博物馆藏的西周五年琱生尊（图11-32），纹饰以齿状嵌铸法连接，三角形蕉叶形纹以极为少见的大几何三角形出现在器物的主体，这不仅受到当时统治阶级的审美影响，更与当时的生产力和铸造水平息息相关。

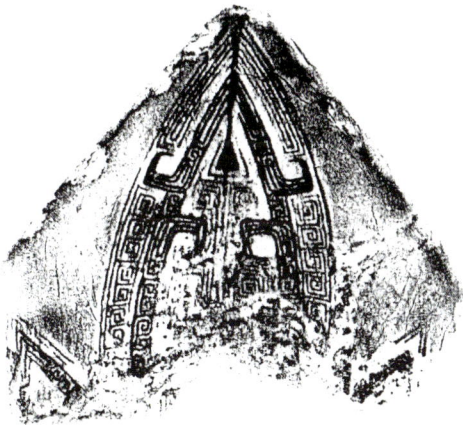

图 11-30　西周中期　鳞纹觚
（周原博物馆藏）

图 11-31　商　兽面纹爵（岳西县文物管理所藏）

图 11-32　西周　五年琱生尊（扶风县博物馆藏）

意蕴丰富——变体蕉叶形纹

从商周晚期到春秋战国时期，随着青铜器物的
日常化、世俗化，不但器型形制上涌现出各类独特
的造型设计，其纹饰的形态也发生了多元的演进变
化。蕉叶形纹的外轮廓造型除单纯的曲、直线条之
分外，还出现了各种类型的变体蕉叶形纹，其类型
变化之多，举不胜举，但整体风格上少了殷商的狞
厉威严，多了一些生活化的气息。代表类型有莲瓣
形蕉叶形纹，其实物如春秋中期的盗叔壶（图11-
33），其口沿处向外延伸出的部分如莲花花瓣状，
其外形和纹饰都与其他向上的蕉叶形纹如出一辙，
因青铜器又鲜有以植物纹样作为装饰主题的，故此
六瓣莲花盖或许为形似莲瓣的蕉叶形纹，而其颈部
装饰的则是三角形蕉叶形纹，内饰云纹，环饰一周。

"山"形蕉叶形纹，多被称为环带纹或者波纹、
波曲纹、波浪纹。学者李零通过周墓地1017号墓
出土的霸伯山簋（图11-34）上的铭文推断其纹饰

图11-33　春秋中期　盗叔壶（湖北省博物馆藏）

图11-34　周　霸伯山簋及铭文拓本

图 11-35　西周　方壶（山西博物院藏）

内涵并非指代水波或者波浪。其上铭文书"宝山簋"，"宝"是修饰"山簋"。
"山簋"指此簋的山形纽和与之对应的山形纹，故其认为旧之所谓环带
纹、波纹、波曲纹、波浪纹，其实应改叫山纹、山形纹或连山纹。[1]其整
体形制沿袭了蕉叶形纹轮廓外形，装饰造型上多了类似阶梯的曲折变化，
多以反复的环带形式出现。其实物如西周青铜方壶（图 11-35），颈部
不仅有与蕉叶形纹形制相似的山形蕉叶形纹，其口沿向上处亦有与霸伯
山簋和盠叔壶一样立体的单独延伸出的一周变体蕉叶形纹。

1 李零：《山纹考 —— 说环带纹、波纹、波曲纹、波浪纹应正名为山纹》，《中国
国家博物馆馆刊》2019 年第 1 期，第 85 页。

　　镂空蕉叶形纹，应是由"山"字形蕉叶形纹进一步变化发展而来的，外轮廓与"山"字形蕉叶形纹一样，环绕连续，疏朗通达，直中带曲；区别是相对于单纯的"山"字造型，镂空蕉叶形纹在造型上更像"凸"字，原本流畅顺滑的蕉叶形的两边多了形如"凸"字的回转曲折，整体彰显出柔中带刚的秩序感。其实物如春秋晚期的环带纹方壶（图11-36），除了颈部的蕉叶形纹为镂空造型，其口沿处出翘的部分也做了工艺上的镂空，纹样造型相互呼应，不可谓不精妙。

图 11-36　春秋晚期　环带纹方壶（湖北省博物馆藏）

除与"山"字形蕉叶形纹有着相同形式之外，另有顶端打破直线的尖头造型。如现藏于美国华盛顿弗利尔美术馆的春秋龙凤纹壶（图11-37），其廓形与"凸"字形蕉叶形纹如出一辙，单独纹样的顶端多了富于曲线变化的尖端，内部装饰纹样也更为复杂程式化，应是由"凸"字形蕉叶形纹变化而来，故也属于蕉叶形纹变体的一种。其通体饰以极为精美的复层浮雕式饕餮、龙、凤、蕉叶、辫形绚索等纹饰，制作精良，毫无铸造缺陷，历经两千五百多年仍熠熠生辉。

图 11-37　春秋　龙凤纹壶（美国华盛顿弗利尔美术馆藏）

　　鸡心形蕉叶形纹，与镂空蕉叶形纹一样，一端为带曲线的尖端，尖中带曲，而顺着尖端两边则多为柔和的内卷曲线；相比于"山"字形纹与"凸"字形纹，更显圆融柔美，有的尾端内卷使整体呈现出鸡心的形状，故称之为鸡心形蕉叶形纹；内部多以抽象简洁的纹饰填充。其实物如 1965 年长治分水岭 126 号墓出土的错金盖豆（图 11-38），上端盘口口沿处与胫部底足处装饰的连续的蕉叶形纹便是鸡心形蕉叶形纹，纹饰内部装饰的则是变形的蟠螭纹，与腹部纹样所表达的主题一致、统一。此类纹饰整体廓形一致而外形曲线上有微妙变化，且多出现于东周时期。

图 11-38　东周　错金盖豆（山西博物院藏）

3. 内部纹饰

商周时期的蕉叶形纹除了有着多样的外轮廓形制，其内部纹样图案也有着丰富的题材和变化，这不仅凸显了当时的工艺水平和审美水平，纹样与器型的变化结合更蕴含着时代的文化内涵。有以龙纹（图 11-39）、兽面纹（图 11-40）、蝉纹、凤鸟纹为主体纹样的，也有以云纹、雷纹作为底纹、衬纹的，每一类细分纹样的发展变化都不断丰富着蕉叶形纹的内涵与外延，成为蕉叶形纹纹饰特征和发展演变的重要体现。

变化万千——动物纹

动物纹及动物变体纹是青铜器纹饰题材中应用最多的一类主题。各类动物纹往往作为主体纹饰置于商代青铜器蕉叶形纹内部，亦有各种变体、适形，以及结合其他纹样的兽面纹、蕉叶形纹，随着主流审美、生产力的发展、社会文化等因素而展现出不同的时代特征与变化。

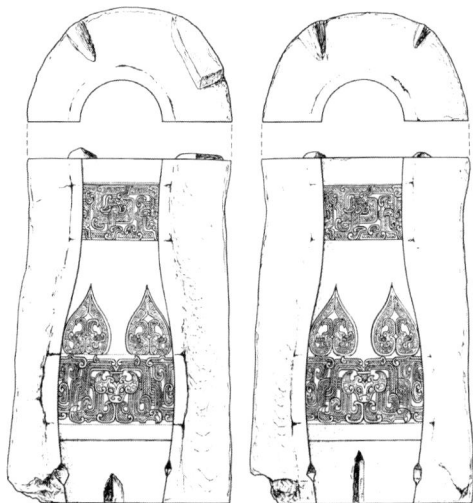

图 11-39　东周　龙纹陶范

图 11-40　商　兽面纹觚（合肥文物处藏）

蕉叶形纹中的动物纹大致有夔龙形、凤鸟形和
兽面形三个种类。最常见于商代青铜器的动物蕉
叶形纹是各种龙纹的变形与变体，比如蟠螭纹、夔纹
等。如西周时期的蕉叶纹鼎（图11-41），腹部为
蕉叶形的立体夔纹装饰。又如西周早期的夔纹铜罍
（图11-42），该青铜器为一酒器，有学者认为其
"腹饰垂叶纹，并填以相对的夔纹"[1]，实际其形
式如蝉纹一样，均可以归为倒置的蕉叶形纹的一种。

周人崇拜神鸟，认为自己的祖先是凤鸟，体
现在青铜纹饰上则有凤鸟形蕉叶形纹。青铜器上最
早出现的是二里冈期的变形鸟纹。殷代凤鸟纹不显
著，一般只作为兽面纹的陪衬出现且个体较小，而
西周初至中期是凤鸟纹的绝胜时期，被称为"凤纹
时代"。[2] 其实物如2006年绛县横水倗国墓地出土
的青铜尊，从颈部至腹部饰四层纹饰，分别为蕉叶
形纹、凤鸟纹、竖棱纹、凤鸟纹，颈部蕉叶形纹内
部为相对凸起的变形凤鸟形象。

从商周一直延续到春秋的"凤纹时代"的凤鸟
纹多使用鸟的侧面形象，往往对称连续式排列，头
冠、尾羽、身体变化多样。代表器型有西周早期的
青铜尊（图11-43、图11-44），其整体造型大
气周正，敞口束颈，颈粗而腹鼓，颈部饰云雷纹衬
底的蕉叶形纹，其蕉叶形廓形宽厚肥大，内部装饰
以变形的凤鸟纹。两尊虽皆以凤鸟作为主体纹样，
但其变形、细节等多处仍有变化与巧思，精致且耐
看。

图 11-41　西周　蕉叶纹鼎（宝鸡青铜器博物院藏）

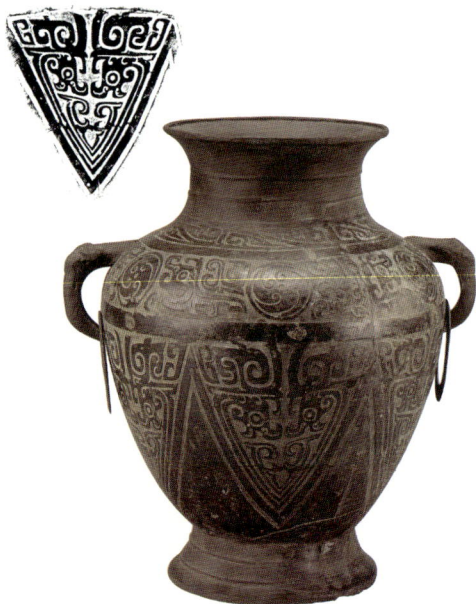

图 11-42　西周早期　夔纹铜罍（湖北省博物馆藏）

---

1 湖北省博物馆：《礼乐中国——湖北省博物馆馆藏商周
青铜器》，湖北人民出版社，2014，第74页。
2 田远：《殷周青铜器纹饰的文化透视》，硕士学位论文，
陕西师范大学，2014，第22页。

图 11-43 西周早期 青铜尊（山西省考古研究所藏）

图 11-44 西周早期 青铜尊（山西省考古研究所藏）

此外，还有最常出现在青铜器之上的兽面形纹饰。兽面纹通常指除龙纹、凤纹以外的，以各类变化、抽象的动物纹为来源的主题纹饰。与动物纹通常以侧视全躯的形式不同，兽面纹多以对称正视的面部形象装饰于蕉叶形纹之中，并且作为在蕉叶形纹中的主体纹样贯彻始终。如殷墟晚期的宁罍、兽面纹罍（图11-45）的腹下部的蕉叶形纹内部均出现了类似于牛的变体的兽面纹。

四时蝉鸣——云雷纹与蝉纹

变形的云雷纹与蝉纹，主要流行于商代晚期后段至西周早期。[1]而云雷纹与蝉纹都有着丰富多样的变化，其中云雷纹更为简洁、几何化，而蝉纹则有偏向写实立体的表达，也有平面而抽象化的表现，有时甚至二者相结合，或是与其他纹样组合，有时多样融合的风格需要搭配器物的主题纹饰加以判定，有的变化则生动易懂。蕉叶形纹内也时常出现以云雷纹为地，其上再装饰蝉纹的组合，且多出现于青铜鼎的腹部。如现藏于上海博物馆的商晚期兽面纹鼎（图11-46、图11-47），腹部为倒置的三角形蕉叶形纹，纹饰轮廓内置对称卷曲的云雷纹。

盘桓复现——几何抽象纹样

商周青铜器上，几何形纹是最原始的纹饰，是点、线、圈的集合体，其变形的纹饰有连珠纹、雷纹、几何变形纹、直条纹、斜条纹和绚纹等。几何形纹除了单纯的点、线排列外，多为云雷纹、动物纹和蝉纹的变形抽象而来。

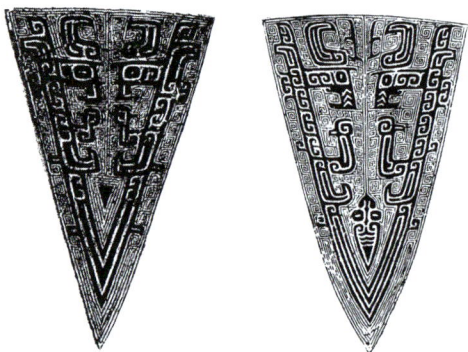

图11-45　殷墟晚期　宁罍　兽面纹罍　腹下部

图11-46　商晚期　兽面纹鼎（上海博物馆藏）

图11-47　商晚期　兽面纹鼎（上海博物馆藏）

---

1 石亚卿：《商周青铜器蕉叶纹初探》，硕士学位论文，陕西师范大学，2018，第14页。

图 11-48　战国　八兽带盖小鼎
（陕西省凤翔县博物馆藏）

图 11-49　春秋　三棱锥镦
（湖北省博物馆藏）

　　蕉叶形几何抽象纹样，是圆形周围有四瓣或六瓣叶纹，盛行于春秋战国之际。三角形式的几何变形纹，外缘似三角形，内有对称兽体变形的线条，盛行于战国中期。交错三角形式，三角形作上下犬牙交错的形式，构图比较复杂，三角形中的线条有时上面一排作阳纹而下面一排作阴纹。交错三角形还有镶嵌金银片和盘旋金银丝的，更显得华丽，盛行于战国时代（图 11-48）。[1] 而不论是三角形式还是交错三角形式的几何纹样，都属于蕉叶形纹中几何纹样的变体。2007 年均川刘家崖出土的春秋时期三棱锥镦（图 11-49），一端呈三棱锥体，以备插柲于地，另一端为锯齿状錾口，中部有三个销孔，镦身以雷纹为地饰浮雕龙纹，錾口处呈三角形蕉叶形纹的纹样，线条简练，应当也为龙纹的变体抽象而来。

---

1 上海博物馆青铜器研究组编《商周青铜器文饰》，文物出版社，1984，第 307 页。

五、复观其变——演变

1. 乘佛东出——汉代芭蕉树与佛教的传入

汉代，芭蕉树与佛教文化一同传入中国。芭蕉叙事在中国文化中的展开，与佛教有很大的关系。芭蕉生于热带，在佛教的源地印度也是一种广为种植的植物。佛教从西汉末年传入，到南北朝由于佛典的大量翻译而广传。这一时期芭蕉也在皇家园林中广为种植。[1]

在佛教文献中，芭蕉是身空的象征。芭蕉看似粗壮有节的茎，内里则是中空的，这一植物图像隐喻人世间的一切苦乐无非一个"幻象"，世界的真相如芭蕉的中空之茎一般，即使费尽心思与体力去剥瓣，也只能得到一个空的结果。佛教的这种芭蕉身空的譬喻深深地影响着南北朝文人的体悟。谢灵运曾以《维摩诘经》的十譬喻写十赞，其中《芭蕉》云："生分本多端，芭蕉知不一。含萼不结核，敷华何由实？ 至人善取譬，无宰谁能律。莫昵缘合时，当视分散日。"这便是当时文人对佛典中芭蕉的理解。

文人们纷纷以芭蕉比喻性空不坚。在唐代，芭蕉性空之喻更加深入人心，不仅出现在诗文中，也频繁被展现于画作中。比如盛唐王维曾绘制《雪中芭蕉》图，敦煌盛唐 12 窟主室东壁的《维摩诘经变》图的场景中也有两株硕大的芭蕉树。芭蕉的图像既会出现在描绘天界的经变图中，也会出现在表现世俗生活的庭院中，芭蕉的形象同时在文人和佛教中传

---

1 李溪：《从芭蕉图像看佛教艺术与文人情结》，《北京大学学报（哲学社会科学版）》2012 年第 2 期，第 53 页。

图 11-50　北宋　白釉珍珠地划花豆形枕（洛阳博物馆藏）

播。在这一过程中，芭蕉的意义被赋予了文人的人生诉求。唐白居易将芭蕉叶与太湖石组合，这一组合被诸多文人收入诗文画作中，无论是中空的芭蕉还是实心的顽石，剥去物质的外衣，都是一个空的世界。这一个组合的隐喻，由文人通过庄禅的义理参悟而来，并在图像和语言艺术中得以广布。[1]

　　芭蕉的寓意经由佛经，到文人以自然审美与佛教隐喻相结合而形之于文字的颂咏，最终出现在图像当中。在这一传递的脉络中，芭蕉空幻之喻意没有流失，但从佛经的教义到文人的表现这一过程里，文人却以自身的颖悟和审美的情愫，不断丰富着芭蕉的图像学含义。[2]以至于后来的芭蕉叶图案也会以辅助的背景风物图案出现在故事性的图画中。其实物如北宋的白釉珍珠地划花豆形枕（图 11-50），图上枕面右侧为一妇人闭目盘坐在花丛中，似有所思，图上枕面左侧为送子娘娘双手捧婴儿站立于云朵中，人物后方的背景便是交互成荫的芭蕉叶。又如清康熙时期的婴戏图将军罐（图 11-51），画面上也

---

1 李溪：《从芭蕉图像看佛教艺术与文人情结》，《北京大学学报（哲学社会科学版）》2012 年第 2 期，第 57 页。
2 同上书，第 55 页。

图 11-51　清　康熙　婴戏图将军罐（河北省文物研究所藏）

出现了写实风格的芭蕉叶作为背景之一。虽然二者的制作工艺与制作时期都完全不同，但在所表现的主题与元素搭配方面体现出了高度的一致。

　　芭蕉叶也常作为单独的主题纹样出现在各类陶瓷器皿和日用陶瓷器上。其实物如北宋的青釉刻花荷叶边盂（图 11-52），这件器物现藏于龙泉青瓷博物馆，其腹部刻直条纹，将腹部分成六格，格内刻画倒垂的蕉叶纹，蕉叶形态富于变化，饱满舒展又极富动态的美感。

　　芭蕉叶原本作为佛教隐喻的图像，在宫廷的广泛种植、文人审美情趣不断延伸其内涵的作用下，其图像含义日渐世俗化。除了芭蕉叶本身"性空"的植物属性，其硕大可遮阴蔽日的叶片，舒展的叶形也受到了普通民众的喜爱，自上而下的世俗化进一步影响

图 11-52　北宋　青釉刻花荷叶边盂（龙泉青瓷博物馆藏）

了蕉叶作为装饰纹样在工艺美术创作上的应用。除了商周青铜器，蕉叶纹最多出现的地方便是唐代金银器和宋元明清的瓷器。虽然基本形式和出现的位置非常相似，但仔细观察其表现手法却又有风格上明显的不同。无论是出现时间上的断代性，还是只出现在青铜器、陶瓷、金属器皿上，蕉叶纹纹样的种种特殊性都亟待我们去探究。

　　芭蕉树传入中国并被广泛种植和赋予文化属性后，以蕉叶为主题的图案和以蕉叶为辅助的纹样都展现出了不同时代的风貌特征。蕉叶纹虽整体基本偏向写实与仿古，但在仿古的方向上，有的完全依照青铜时代的蕉叶形纹纹样进行仿制，有的则取蕉叶轮廓加以改变和再设计。蕉叶纹虽然在形制与位置上看起来均是"仿古"，但展现出的内涵意义则完全不同了。

2. 盛世佛光——唐代金银器上的蕉叶纹

唐朝是我国历史上最为开放包容的朝代之一，自汉代传入的佛教在此时得到了空前的传播与发展，而在汉代器物纹饰上几乎"断代"的蕉叶（形）纹，也随着佛教的发展而再度复兴。与前代不同的是，此时期出现的"形如蕉叶"的纹样终于可以被称为严格意义上的"蕉叶纹"。其纹样虽有与前代相似的形式，亦会出现在相同的位置，但其实质内涵与商周时期青铜器上的蕉叶形纹已相去甚远。

此时期的蕉叶纹多出现在精致名贵的金器之上，虽仍为辅助型纹样，但其所辅助的器物与纹样主体多为錾刻有龙纹、凤纹、莲花纹的佛教所用的圣器、礼器，由此展现出了明显的政治宗教倾向。这显然与盛唐时期的生产力水平的高度发展、生产工艺日渐精湛，以及佛教受到权贵阶层的推崇等息息相关。

在唐代整体华丽丰满的风格上，蕉叶纹出现的位置十分"仿古"，与商周青铜器一样，多出现在颈部或者足部；部分器皿上的蕉叶纹风格十分写实，多采用锤揲刻画等工艺，故能将叶筋、叶脉一一进行细致入微的描绘，显现出盛唐时期金器上蕉叶纹独有的夺目明朗、细腻辉煌（图 11-53 ～图 11-62）。

图 11-53　唐　鎏金龙凤纹银瓶

图 11-54　唐　鎏金缠枝蔓草龙纹银瓶

图 11-55　唐　鎏金镶嵌红宝石绿松石云龙纹银葫芦形盖壶

图 11-56　唐　鎏金开光龙纹双耳银瓶

图 11-57 唐 金瓶

图 11-58 唐 鎏金四神花
鸟纹四龙争珠银壶

图 11-59 唐 鎏金鸳鸯蔓草花鸟兽纹银酒具一套

图 11-60 唐 龙首壶

图 11-61 唐 鎏金婴戏纹银壶及线描图（镇江博物馆藏）

图 11-62 唐 竹林七贤图镜（云南省博物馆藏）

图 11-63　北宋　绿釉划花六边形枕（枞阳县文物管理所藏）

图 11-64　北宋　绿釉刻花荷叶形枕（泰州市博物馆藏）

3. 古朴雅趣——宋代瓷器上的蕉叶纹

瓷器上的蕉叶纹纹样最早出现于宋代，是一种具有时代特色的瓷器装饰纹样。北方窑系的定窑、耀州窑，南方的龙泉窑、婺州窑及景德镇诸窑都开始出现芭蕉叶纹的装饰，一经产出便迅速流行起来，如定窑刻花梅瓶颈部饰单层蕉叶纹，青白釉碗外壁刻画双线蕉叶纹；龙泉窑刻花碗内壁饰短而粗的蕉叶纹，是中国古代瓷器装饰艺术中的经典纹饰之一。[1]

这一时期，将蕉叶纹作为单独图案应用最多的器物便是江西吉州窑烧造的瓷枕。枕面上的芭蕉叶多以刻画的形式进行装饰性描绘，多以中心构图、三到四片散开舒展的芭蕉叶作为画面主体，既有宋画小品般的审美意趣，又具有逐渐程式化的装饰表达。其实物如北宋的绿釉刻花荷叶形枕，枕整体呈荷叶形，枕面如意形的开光内刻着四片摇曳的芭蕉叶，双层锯齿般边缘和纤细的叶脉十分生动。又如南宋的青黄釉划花八边形枕，整体平面呈八角形，枕面前斜，上刻一周八角六方轮廓线，内有四片锯齿形蕉叶纹。又如南宋的绿釉刻花枕，瓷枕中控呈圆角五边形，前低后高，中间略凹，枕面中间画四片蕉叶纹，风格古朴简约。（图 11-63～图 11-66）

---

1 刘乐君、胡旋尹：《"瓷上蕉叶"——五彩瓷中蕉叶纹图式变迁》，《中国陶瓷》2016 年第 9 期，第 102 页。

图 11-65 南宋 青黄釉划花八边形枕（望江县文物管理所藏）

图 11-66 南宋 绿釉刻花枕（樟树市博物馆藏）

　　出土的蕉叶纹瓷枕釉色多呈绿黄色或绿色，有的绿釉泛黄，局部呈黄绿色；有的通体施绿釉，釉面有细冰裂纹，釉色多光亮可鉴。瓷枕形状多呈荷叶形或者八边形，枕面图案主体皆为刻画的三片或者四片蕉叶纹，有的甚至刻画了锯齿般的边缘和纤细的叶脉，十分形象生动。可见，将芭蕉叶的形象进行变化后装饰于瓷枕，是当时较为流行的经典纹饰与日常实用器具结合的典范。这样有特色的工艺品，其问世与当地的陶瓷制作水平息息相关。瓷枕作为中国古代人们生活中最常使用的夏令寝具，必然需要有降温纳凉的功效，这样一来，蔽日成荫的芭蕉叶的形象便成为可以服务于此功能的主题纹样。芭蕉叶与绿釉、黄绿釉的结合会使器物在视觉上更令人惬意舒爽，或许这便是蕉叶纹瓷枕能成为宋代一类典型代表器物的原因。

　　宋代陶瓷整体装饰风格精致古朴，在饰以蕉叶纹的器皿中多以刻画工艺作为表现手法。宁静素雅的釉面之下是氤氲显现的蕉叶柔和舒展的线条，纹样简约细腻。蕉叶纹作为主体纹样和辅助纹样均有出现，其形式丰富多变，游走于装饰性和写实性之间。有以带状经典作为辅助型装饰纹样的，有以蕉叶、蕉树为主体纹样的庭院图案，体现着以蕉叶为席，呼吸天地间的文人雅趣情怀。蕉叶纹被广泛应用于各种日用器皿之上，造型古朴雅致又贴近日常生活。

实物如北宋的青釉刻花壶与青釉刻花瓶
（图 11-67、图 11-68），器物胫部刻蕉叶
纹，腹部为牡丹纹，周正大气。又如北宋的
青釉刻花盅口壶（图 11-69、图 11-70），
腹部刻直条纹，将腹部分成六格，格内刻画
倒垂的蕉叶纹，蕉叶纹纹饰线条柔和舒展，
刻花细致入微，甚至将叶片上的叶脉纹路也
进行了刻画，使变形的蕉叶纹极富动态变化，
又显得细腻真实。其余日用器物上的蕉叶纹
无论是以单独纹样、主题纹样出现（图 11-
71～图 11-74），还是以辅助型纹样出现（图
11-75），都展现出宋代陶瓷独有的柔和雅致、
清新儒雅的时代风貌与艺术特征。

图 11-67　北宋　青釉刻花壶
（陕西省考古研究所藏）

图 11-68　北宋　青釉刻花瓶
（陕西省考古研究所藏）

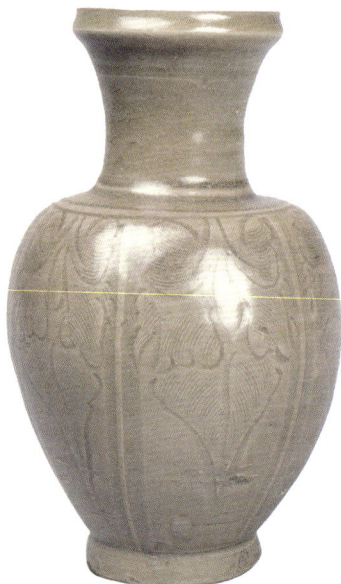

图 11-69　北宋　青釉刻花盅口壶
（龙泉青瓷博物馆藏）

图 11-70　北宋　青釉刻花盅口盖壶
（龙泉青瓷博物馆藏）

图 11-71 宋 蕉叶纹青釉划花堆塑瓶
（武汉市江夏区博物馆藏）

图 11-72 北宋 蕉叶纹青釉刻花盖罐
（义乌市博物馆藏）

图 11-73 北宋 蕉叶纹青白釉刻花盖碗
（建瓯市博物馆藏）

图 11-74 北宋 青釉刻花炉
（上海市文物管理委员会藏）

图 11-75 北宋 青釉刻花玉壶春瓶
（陕西省考古研究所藏）

图 11-76　元　青花蕉叶纹出戟觚（首都博物馆藏）

4. 仿古旧弥——元明清瓷器上的蕉叶纹

元代单色彩瓷的青花瓷的出现（图 11-76）为陶瓷器皿上蕉叶纹的装饰使用开辟了更为广阔的工艺领域。到了明、清时期，陶瓷装饰技法日益成熟丰富，除了单色釉，还出现了各种彩绘瓷技法。蕉叶纹装饰日益被以各种技法施于陶瓷器皿之上，装饰部位多在器物的肩部和足部。[1]此时期多以辅助型纹样出现，形式多为具有写实装饰风格的蕉叶，变化相比前代较为单一，愈发程式化。

松竹梅岁寒三友与芭蕉、菊石等图案组合，成为明代初期陶瓷图案上的一类典型。如明洪武时期的景德镇窑釉里红松竹梅纹梅瓶（图 11-77）与同一时期的景德镇窑釉里

---

1 刘乐君、胡旋尹：《"瓷上蕉叶"——五彩瓷中蕉叶纹图式变迁》，《中国陶瓷》2016 年第 9 期，第 102 页。

图 11-77　明　洪武　景德镇窑釉里红松竹梅纹梅瓶
（南京博物院藏）

图 11-78　明　洪武　景德镇窑釉里红松竹梅纹罐
（天津博物馆藏）

红松竹梅纹罐（图 11-78），腹部皆绘松竹梅岁寒三友图案，其间缀以蕉叶和山石。

　　明代景德镇御器厂烧造的釉里红颇为成功，尤其是洪武官窑釉里红，在元、明、清三代中最为丰富。洪武釉里红的装饰题材多为花卉纹，主要采取折枝或缠枝形式表现的牡丹、莲花、茶花和扁菊花等，扁菊花纹尤为多见，时代特征鲜明；其次是松竹梅岁寒三友或竹石芭蕉、园林景致等题材。

　　梅瓶，又称"经瓶"，是北宋创烧的瓶式，用来盛酒或插花，因口之小仅容梅枝而得名。器身随各朝审美变化而略有不同。因梅瓶多发现于宋代以后的贵族墓葬，有人认为它具有标示等级和断代的意义。明代梅瓶图案纹饰在不同时期各具特点，为不同时期，特别是空白期的断代提供了重要依据。明代各时期的梅瓶，蕉叶纹多作为辅助型纹样装饰于器物的颈部、肩部、下腹部、胫部等位置，肩部处的蕉叶纹多为倒置型蕉叶纹（图 11-79～图 11-82）。
此外在各类纹样、人物故事图罐上，也常见蕉叶纹（图 11-83～图 11-90）。

　　除了器物形制上的仿古，明代中前期器物上作为辅助纹样的蕉叶纹基本呈现出固定的装饰样式（图 11-91～图 11-96），并无太多变化，基本延续了商周青铜器上蕉叶形纹的大体形制和装饰位置，并采用写实的蕉叶叶片图案。

图 11-79　明　宣德
蕉叶纹装饰青花孔雀牡丹纹带盖梅瓶
（南京博物院藏）

图 11-80　明　宣德
蕉叶纹装饰青花缠枝卷草纹梅瓶
（北京市文物研究所藏）

图 11-81　明　弘治
蕉叶纹装饰景德镇窑青花抱琴访友图梅瓶
（江西省博物馆藏）

图 11-82　明　万历
蕉叶纹装饰青花岁寒三友图梅瓶（左）
蕉叶纹装饰青花仕女婴戏图梅瓶（右）
（广西壮族自治区博物馆藏）

图 11-83 明 永乐
蕉叶纹装饰青花龙纹罐
（景德镇市陶瓷考古研究所藏）

图 11-88 明 弘治
蕉叶纹装饰青花 旅行图小罐
（镇江市博物馆藏）

图 11-86 明 成化
蕉叶纹装饰青花 携琴访友图罐
（海淀博物馆藏）

图 11-84 明 宣德
蕉叶纹装饰景德镇窑 青花缠枝莲纹罐
（首都博物馆藏）

图 11-89 明 嘉靖
蕉叶纹装饰 五彩鱼藻纹罐
（首都博物馆藏）

图 11-87 明 成化
蕉叶纹装饰斗彩海怪纹盖罐
（景德镇市陶瓷考古研究所藏）

图 11-85 明 天顺
蕉叶纹装饰 青花人物纹罐
（首都博物馆藏）

图 11-90 明 嘉靖
蕉叶纹装饰青花红彩鱼藻纹盖罐
（首都博物馆藏）

图 11-91 明 正统
蕉叶纹青花缠枝莲纹兽耳瓶
（德兴市博物馆藏）

图 11-92 明 景泰
蕉叶纹青花缠枝莲纹象耳瓶
（浦城县博物馆藏）

图 11-93 明 嘉靖
蕉叶纹青花缠枝莲纹象耳瓶
（成都文物考古研究所藏）

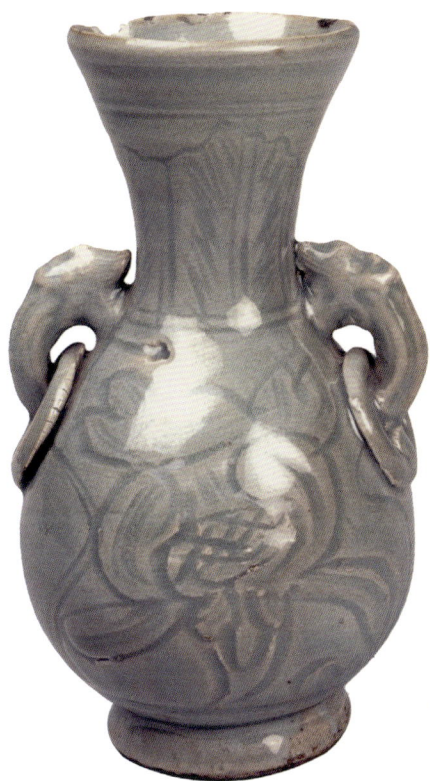

图 11-94　明
青釉刻花螭耳衔环瓶
（龙泉青瓷博物馆藏）

图 11-96　明
青釉刻花缠枝莲纹象耳瓶
（成都文物考古研究所藏）

图 11-95　明　青釉刻花玉壶春瓶
（安徽省博物馆藏）

图 11-97　明　洪武
蕉叶纹青花洞石芭蕉纹执壶
（景德镇市陶瓷考古研究所藏）

图 11-98　明　弘治
蕉叶纹青花缠枝葡萄纹　花果纹执壶
（成都市博物馆藏）

图 11-99　明　正德
蕉叶纹青花开光人物风景纹执壶
（广州市文物考古研究所藏）

图 11-100　明　嘉靖
蕉叶纹青云龙纹执壶
（西藏博物馆藏）

明代的蕉叶纹，在形象上鲜有创新，装饰的位置、形制大体相当（图11-97～图11-100），但不同时期的工艺风格仍有明显区别。如洪武时期的景德镇窑青花折枝花卉纹执壶（图11-101），通体青花纹饰，青花色泽蓝中闪灰，主体纹饰为折枝花卉纹，辅助纹饰为蕉叶纹、莲瓣纹和缠枝灵芝纹，纹饰质朴满密，但布局严谨，主次分明，绘制精工，线条流畅，为明洪武时期的官窑珍品。而嘉靖时期的景德镇窑酱釉描金孔雀牡丹纹执壶（图11-102）则金彩纹饰纤细繁缛，富丽堂皇，为嘉靖时期典型器物。

明万历时期的五彩装饰异常丰富，不仅有青花五彩，还有釉上五彩，常用釉上色彩为红、绿、黄、赭、紫、孔雀蓝等，尤其突出红色，故其华丽夺目胜于嘉靖时，俗称"大明彩"。

图 11-101　明　洪武
蕉叶纹景德镇窑青花折枝花卉纹执壶
（故宫博物院藏）

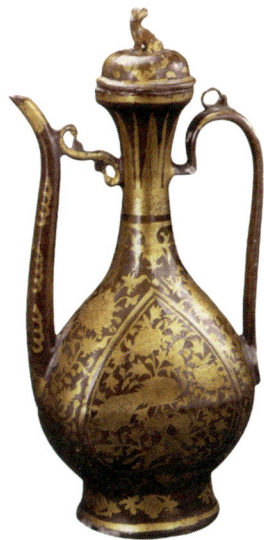

图 11-102　明　嘉靖
蕉叶纹景德镇窑酱釉描金孔雀牡丹纹执壶
（陕西历史博物馆藏）

　　景德镇窑五彩云龙纹花觚（图 11-103），口沿饰蕉叶，颈饰双龙戏珠纹、灵芝纹、卷草纹，肩部饰如意云头纹，腹部饰两只孔雀栖息在树丛花草之中，腹下部绘莲瓣纹，胫部绘折枝花卉、山石海水纹。

　　景德镇窑五彩镂空云凤纹瓶（图 11-104）采用镂空及堆贴等装饰手法，颈两侧堆贴狮耳一对，腹部透雕大小不同九只凤，并以如意头、蕉叶、团寿、云头、钱纹、花鸟、八宝等作陪衬。此器造型及装饰别致新颖，色彩斑驳，施彩绚丽浓艳，纹饰繁密，但有层次感，代表了万历官窑五彩瓷烧制的最高水平。万历五彩花纹布局繁密，给人以见缝插针、一笔不漏的感觉。用笔豪放不羁，画法更显朴实稚拙。以上两件器物均以颜色艳丽的五彩作蕉叶纹纹饰，灿烂夺目，并且出现层叠与大小相间的手法，但总体而言仍是蕉叶纹纹饰的延续，并无过多变化与创新。

图 11-103　明　万历　景德镇窑五彩云龙纹花觚
（故宫博物院藏）

图 11-104　明　万历　景德镇窑五彩镂空云凤纹瓶
（故宫博物院藏）

图 11-105 清 康熙 青花青釉葫芦瓶
（中国国家博物馆水下考古研究中心藏）

图 11-106 清 康熙 青花酱釉葫芦瓶
（中国国家博物馆水下考古研究中心藏）

到了清代，除了青花、釉里红，五彩技法也日趋成熟，蕉叶纹纹样也变得更加繁复多变，工艺技法也达到前所未有的多样化，从平面绘制的五彩、斗彩、珐琅彩、刻划，到立体堆塑仿青铜蕉叶形纹，其时代风格与仿古倾向更趋明显。

康熙时期的葫芦瓶（图 11-105、图 11-106），瓶口口沿酱釉，沿下为三角形锦地边饰，之下依次是蕉叶纹、覆莲瓣、锦地荷花三开光、菱格锦地朵花六开光边饰。与青铜器上的蕉叶形纹形制不同的是，器物上半部分口沿处的蕉叶纹是倒垂向下的。蕉叶纹的形制与位置有所变化。

　　将军罐，因盖似将军盔而得名。初见于明嘉靖、万历时期，至清顺治时基本定型。清康熙朝最为流行。各种变形的蕉叶纹多饰于颈部、胫部，或者胫部、颈部皆有；若出现于腹部，则是以图案中的芭蕉树和芭蕉叶形象出现。如青花仕女图将军罐（图11-107），罐身腹部主体绘四仕女，均蓬发、宽袖、右衽衣，持扇立于松竹、蕉叶旁，颈部则装饰稀疏的向上蕉叶纹。青花麒麟凤凰芭蕉纹盖罐（图11-108），主体纹饰是麒麟、凤鸟、芭蕉，但颈部装饰的则是向下的蕉叶纹。

　　清康熙的青花蕉叶兽面纹凤尾尊（图11-109），则是瓷器对青铜器纹饰的完全模仿，器物大侈口，高直颈、窄圆肩，上腹鼓、下腹内曲、底口外侈，颈部、下腹分别绘向上与向下的蕉叶形纹，有人称之为仰覆蕉叶纹。蕉叶形纹内为青花地云雷纹、卷云纹，纹饰仿古但又凸显出清代装饰风格的细致繁缛，胎质坚硬、致密，胎色洁白、纯净。釉色透明、莹润。青花呈色明艳。

图 11-108　青花麒麟凤凰芭蕉纹盖罐

图 11-107　清　康熙　青花仕女图将军罐（贵州省博物馆藏）

作为辅助纹样的蕉叶纹，在清代瓷器上一度鲜有变化，但是蕉叶纹所饰器物的器型却偶有创新。如清中期的青花太平有象（图11-110），象驮宝瓶造型，大象俯卧回首，象身绘青花海水纹，宝瓶敞口，颈部绘蕉叶纹。虽蕉叶纹造型无过多变化，但器物造型精巧美观，寓意吉祥美好。

图 11-109　清　康熙　青花蕉叶兽面纹凤尾尊
（中国国家博物馆水下考古研究中心藏）

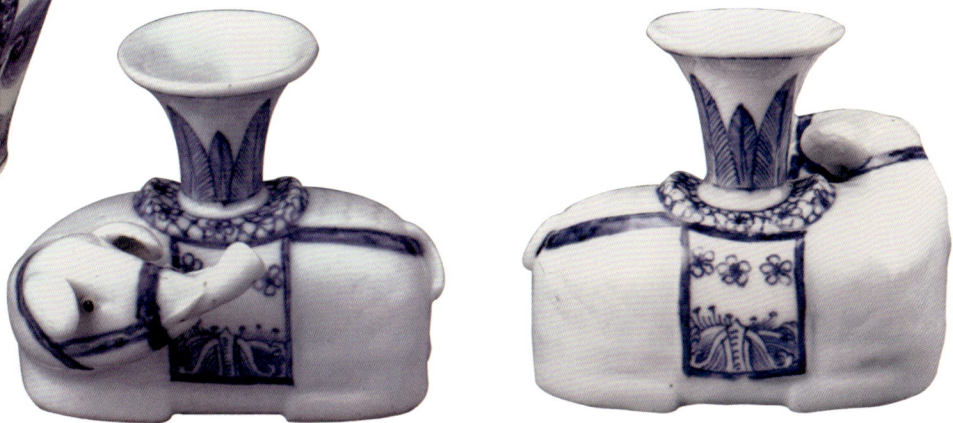

图 11-110　清中期　青花太平有象（海淀博物馆藏）

另有青花开光蕉叶纹碗（图 11-111），碗内壁上部为花瓣纹地三处开光绘蕉叶纹，下部二组弦纹，内底重方圈内书"刘"字，碗外壁上部绘花草纹一周，外底书"美王"二字。釉色白中闪青，青花呈色深青。开光内绘制单独的蕉叶纹，且纹样充满写意绘画的意味，在清代瓷器中实属罕见，体现出雍正时期瓷器纹饰的清新典雅。

仿古的蕉叶纹在技法上出现一些新样式，其实物如青花五彩龙凤纹双耳瓶（图 11-112），颈部中间饰一周青花缠枝纹，上下各饰一周青花与红彩的蕉叶纹；又如霁蓝釉铁锈花如意耳瓶（图 11-113），器表施霁蓝釉，外壁装饰四层纹饰，颈部为蕉叶纹、回纹带配对称如意耳，肩部为如意纹，腹部为行龙纹，足部为变体莲瓣纹，装饰纹及口沿均施釉上黑彩铁花纹饰。

清代瓷器上的蕉叶纹在装饰技法上推陈出新，但蕉叶本身的图案、样式并无明显的变化革新，部分器物上出现图案化、装饰化的表达。实物如景德镇窑青花缠枝莲纹赏瓶（图 11-114），口沿绘海浪纹、如意头纹，颈绘蕉叶纹，蕉叶纹不仅描绘了叶茎与叶脉，蕉叶边缘还出现了程式化的曲线与双勾。据《雍正记事杂录》载，赏瓶始烧于雍正时，作赏赐之用，用青花绘缠枝莲纹，取其"清廉"之意。赏瓶为清代瓷器的典型器物。

乾隆釉里红的特点是色调艳丽，纹饰清晰，并有深浅不一的多种色阶。如景德镇窑黄地釉里红蕉叶玉壶春瓶（图 11-115），纹饰均以釉里红绘成，颈部所绘图案已趋于规范化的蕉叶纹。

图 11-111　清　雍正　青花开光蕉叶纹碗（珠海市博物馆藏）

图 11-112　清　光绪　青花五彩龙凤纹双耳瓶
（北京市文物研究所藏）

图 11-113　清　道光　霁蓝釉铁锈花如意耳瓶
（贵州省博物馆藏）

图 11-114　清　雍正　景德镇窑青花缠枝莲纹赏瓶
（广州市文物总店藏）

图 11-115　清　乾隆　景德镇窑黄地釉里红蕉叶玉壶春瓶
（天津博物馆藏）

交泰瓶是清代流行的一种瓶式。器腹中段镂雕成如意头形，套钩回纹或倒、正的"丁"字形。瓶体上下于纹饰间相互钩套，连为一体，可以活动但不能分开，寓上下一体，天下太平，万事如意。实物如景德镇窑黄地青花交泰转心瓶（图11-116），外瓶以黄地青花缠枝花为纹饰主体，腹部有上下交错的"丁"字形镂空装饰，颈部的蕉叶纹呈现出与前两者相似的纹饰特征。

图 11-116　清　乾隆　景德镇窑黄地青花交泰转心瓶
（故宫博物院藏）

图 11-117　清　康熙
景德镇窑紫地珐琅彩花卉纹瓶
（故宫博物院藏）

图 11-118　清　乾隆
景德镇窑珐琅彩芙蓉雉鸡纹玉壶春瓶
（天津博物馆藏）

图 11-119　清　乾隆
景德镇窑粉彩婴戏纹天球瓶
（泰安市博物馆藏）

随着清代陶瓷工艺技法的发展与西方洛可可风格的影响，珐琅彩出现后，器物上的蕉叶纹变得更加程式化与繁缛。景德镇窑紫地珐琅彩花卉纹瓶（图11-117）精工绘制，颈部的蕉叶纹繁缛精致，线条繁复满密，色彩明丽。乾隆珐琅彩的装饰题材较雍正时更加丰富，除山水、花卉、花鸟外，还有中国或西洋人物，以及受西方洛可可风格影响的各种花卉图案。新增的各种色地开光、色地轧道开光珐琅彩瓷器，图案繁复，独具时代特色。如景德镇窑珐琅彩芙蓉雉鸡纹玉壶春瓶（图11-118），用彩浓淡适宜，纹饰工致细腻，诗画结合，有文人画的笔墨情趣，颈部的蕉叶纹虽为单色青花，但也展现出程式化精致繁复的艺术特征。

清代康熙朝仿古之风盛行，仿明的天球瓶甚多。天球瓶是受西亚文化影响的器形，始见于明永乐朝，宣德时还有，此后明代各朝未再出现。景德镇窑粉彩婴戏纹天球瓶（图11-119），腹部圆形开光内月白色地施粉彩，绘顽童戏耍图。开光之外，雾蓝釉为地施金彩，绘缠枝莲纹。颈与肩部以黄色为地，施珐琅彩，绘缠枝莲与蕉叶纹，蕉叶纹纹饰更加华丽且具有装饰性，器物的口、足及图案边缘，皆以金线界开。器物之上的粉彩、珐琅精工细制，所饰金彩更是富丽堂皇。

蕉叶形纹本是商周青铜器上的典型纹样之一，学界一直将其称为蕉叶纹，但从芭蕉树传入我国的时间上来看，只有汉代以后的、部分形制位置相似的蕉叶形纹才可称为蕉叶纹。青铜器上所谓的"蕉叶纹"实则与芭蕉叶并无关联。虽后世有大量仿青铜器蕉叶形纹，且以写实的芭蕉叶形象作为装饰的纹样，看似为"蕉叶"无疑，但实则与青铜器上的蕉叶形纹所要表达的信息与内涵不尽相同，称青铜器上的蕉叶形纹为蕉叶纹则是后人牵强附会了。

六、结论

　　青铜器上的蕉叶形纹廓形简约但充满力量，细分之下形态万千，以其在青铜器上出现的时间范围之广，装饰器型样式之多，在各类青铜器纹饰之中独树一帜。但在这千变万化的纹样之中究竟蕴含了怎样的寓意，其所要表达的内涵究竟是什么，尚未有定论。

　　随着时间推移与时代变迁，众多青铜器纹饰都随着青铜时代的结束而逐渐消逝，但蕉叶形纹则有着穿越时空、历久弥新的生命力与包容性。

　　汉代以后随着芭蕉树与佛教的传入，蕉叶形纹开始与植物蕉叶相结合，成为蕉叶纹，再次出现在各类器具与各种工艺上。它跨越时间，结合不同时代的装饰纹样，在原有仿古蕉叶形纹样的基础上，吸收外来文化并进行本土化后再创造出新纹样，它结合不同时代的特色，不断融合新的技法和表现手法，始终保持活力。

　　在经历了芭蕉本土化的种植传播后，蕉叶这一图像在形式上沿袭了青铜时代蕉叶形纹的艺术特征，内涵上则被赋予了不同时代的人文审美。但无论是佛教的隐喻还是禅庄的义理，或者是文人的借物抒情、歌以咏志，"蕉叶纹"早已不再是一种单纯的在器物上填补空白的装饰。一代代中国古人将自己的审美、情怀、品格，甚至理想抱负寄寓其中，蕉叶纹体现出的是我国传统文化中善于接纳外物，又能将其内化为本土文化的中庸与包容。

　　蕉叶纹与蕉叶形纹是两种大时代背景下产生的不同纹样，展现出的是不同时代的风貌和社会文化缩影，其内涵和外延仍值得我们去不断探索和深入研究。

第十二章

苍梧有兽

象纹

金雷婷

作为动物装饰题材之一，象纹在青铜器、玉器、画像石、画像砖、纺织品、瓷器上均有丰富的应用。尤其是在商周青铜器上，象纹频频出现，扮演的角色生动有趣。其文化隐喻在历史发展中逐渐变迁，直至成为重要祥瑞纹样。清代"太平有象"这一纹饰的固定表达，也表明了象纹饰在时人眼中的美好寓意。

一、形魁之兽——定义

象纹，顾名思义，即以象作为题材的装饰纹样。象是现存体形最大的陆地哺乳动物，属长鼻目，群居，有非洲象和亚洲象两种，亚洲象相较于非洲象而言体形较小。鼻与上唇结合成长鼻，长鼻强壮有力、灵活卷曲、功能多样，用来获取食物和饮水，因此象鼻也是象的重要标志之一。象牙长而洁白，《诗经·鲁颂·泮水》载："元龟象齿，大赂南金。"《左传·襄公二十四年》载："象有齿，以焚其身，贿也。"《周礼·太宰》载，周朝手工业称其为"八材"，以象牙为笏，为诸侯持用。

汉代许慎《说文》载："象，长鼻牙，南越大兽。"亚洲象最早于印度河流域被驯服，因此现今亚洲象也称为印度象。然考古研究成果与文献资料均为我们提供了商代中原有象分布的证明。河北阳原县出土了距今三千到四千年的商代象齿与遗骨，该地较之殷墟所在遗址更北，是目前亚洲象在我国最北的分布记录。学者罗振玉《殷墟书契考释》云："象为南越大兽，此为后事，古代则黄河南北亦有之。""甲骨文 ^{字} '为'字从手牵象，则象为寻常服御之物。"徐中舒在《殷人服象及象之南迁》中指出，"豫"为"象""邑"二字的结合。胡厚宣在《气候变迁与殷代气候之检讨》中指出"豫"为人牵象形。以上虽非确据，但都从侧面证实了当时象与人们的密切联系。直至野象由于受到环境影响逐渐南迁[1]，如徐中舒所言："武庚既灭，成王亲政之后，象之南迁，当自此始。"自此之后，象便渐渐从国人的日常生活中退去，仅有西南方部族进贡皇室之象，象的语义也发生了鲜明的变化。

商周青铜器上与象有关的纹样，最早记录于宋代吕大临《考古图》卷四之"象尊"，该象尊设盖，其上有一立体圆雕小象尊。[2]象纹（图12-1）作为具体写实动物纹样，以之作为装饰题材的比例较低。容庚在《商周彝器通考》一书中将象纹分为象纹、象首纹、象鼻纹三类[3]，在商周时期，象纹常见于簋、鬲、壶等器皿之上。

1 何业恒：《中国珍稀兽类的历史变迁》，湖南科学技术出版社，1993，第110—136页。

2 吕大临、赵九成：《考古图、续考古图、考古图释文》，中华书局，1987，第77页。

3 容庚：《商周彝器通考》，哈佛燕京学社，1941，第126页。

图 12-1　商代　青铜象尊拓本及摹本（湖南醴陵市出土）

二、器用流变——演变

1. 商人服象，财富之彰

　　殷商时期，中原地区人们捕猎野象、驯服野象的行为屡见不鲜。《吕氏春秋·古乐篇》："商人服象，为虐于东夷。"殷墟王陵区象坑中考古发现的一头家象幼象与一头猪，证实当时商人已掌握驯养家象的技术。[1]除此之外，"虞舜服象"是著名古代神话，反映了上古先民捕猎、驯服大象的情况。[2]"野象的性，本强顽大力，故欲驯之服用之，非经过种种困难，由于要形容舜制服顽象的不易，所以神话者乃易以象为舜的弟。"[3]

---

[1] 王宇信、杨宝成：《殷墟象坑和"殷人服象"的再探讨》，生活·读书·新知三联书店，1982，第 476 页。

[2] 刘城淮：《中国上古神话》，上海文艺出版社，1988，第 259 页。

[3] 陈梦家：《商代的神话与巫术》，《燕京学报》1936 年第 20 期，第 499 页。

大量考古发掘出的由象牙、象骨制作而成的器皿与装饰品，都表明在殷商时期，人们对于象牙制品的喜爱。殷墟妇好墓出土的夔鋬杯一对（图12-2），杯身由整段象牙组成，象牙本为中空，杯子内部形成"无之以为用"之效。杯身内嵌有绿松石镶成的线条，形成兽面纹、鸟纹、夔纹等装饰纹样，精美绝伦。这些象牙制品既反映出殷商时期工匠的高超技艺，也说明当时象牙制品作为贵族喜爱之物的事实。此外，还有一同出土的虎鋬杯（图12-3），通体刻满鸟纹、饕餮纹、夔纹饰，并有雷纹衬底，在杯柄下端刻有一流虎，虎尾上卷，四肢微屈，线条精细自如。此外，在巫山大溪文化遗址墓葬坑出土有人头骨枕一象牙，并有象牙手镯等饰物；金沙遗址也出土了数量众多的象牙。这些考古发掘均为贵族之墓，以象牙制成装饰品、玩物以及实用物品，多为墓主生前使用之物。

由此可见，征服当时陆地上最大的动物，对于殷商时期的贵族来说，是个人能力的体现；而拥有象牙与象牙制品也是家族财富的彰显。象作为当时中原最大陆生生物，其形象在表达贵族权势之威严的同时，也是殷商贵族财富、权力与身份地位的象征。

图12-2　商　夔鋬杯（中国社会科学院考古研究所藏）

学者马强在《商周象纹青铜器初探》一文中指出："象纹饰出现在青铜器上应不是出于宗教信仰或崇拜，而是时人对大象喜好的表现，大象温和柔顺、安详端庄的品格，有德性之喻。"[1]回溯历史，大象为祥瑞、有德性之喻这一说法在汉代才开始盛行。这源自气候变化，群居之象南迁，中原再无野象可寻。张骞出使西域、开辟丝绸之路后，来自西域的大象随佛教一起传入中原[2]，并受到本土化的影响，混杂于神仙信仰体系之中，被人们用来表达对于祥瑞的朴素愿望。在汉代画像砖、唐代绘画、清代青花瓷等多处之"象"，与商周青铜器上之象纹为两处源头，当然寓意也并不相同：商周之象，既有强顽力兽之性质，又有驯服家畜之意味，因此代表了商人对财富、权力的占有、征服与彰显；而汉以后的大象，则关联佛教文化，有宽厚、祥瑞的美好寓意。

图 12-3　商　虎鋬杯（中国社会科学院考古研究所藏）

1 马强：《商周象纹青铜器初探》，《中原文物》2010年第 5 期，第 61 页。

2 朱凤瀚：《古代中国青铜器》，南开大学出版社，1995，第 394 页。

2．商人祭祀，巫觋天地

　　殷商时期是巫术作为原始宗教极为盛行之时。《殷墟书契前编》："癸未卜，亘贞王象为祀，若。"此处表明，当时人们使用王所养的象来进行祭祀活动。此外，殷墟殷王陵区发现象坑，据考证为殷王室祭祀祖先所用之牺牲。[1]可见殷商时期，象在国家重要的祭祀中，也被用作牺牲之一。

　　与殷商文化同一时期的古蜀文化，也有大量象与祭祀相关的证据。东晋成汉常璩《华阳国志·蜀志》内述"其宝则有……鳌、犀、象……之饶"[2]，也表明了当时蜀国地区象之富饶。三星堆祭祀坑出土的大量象牙（图12-4）则表明了当时蜀国文化对于象牙之推崇。虽曾有学者对于将三星堆视作祭祀坑还是葬墓坑或者国器埋藏之坑有一定的异议，但随着2019年年底三号坑的发现，祭祀之说逐渐占据上风。在其遗址出土的象头冠（图12-5），有一卷曲状象鼻，两侧有翘起的大耳，前端敞开的动物嘴部据推测为安插象牙之处。据考证，此为古蜀国巫觋在祭祀之时佩戴的头冠。以上三星堆出土文物表明，古蜀人不但将象作为祭祀的重要牺牲之一，同时，

图12-4　象牙（三星堆出土，三星堆博物馆藏）

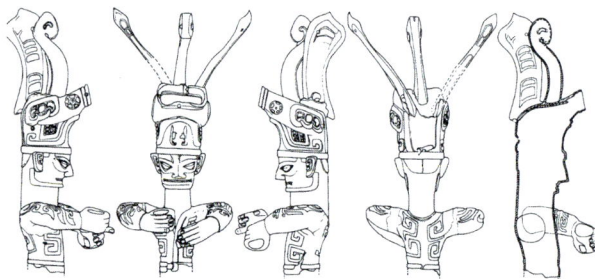

图12-5　象头冠（三星堆出土，三星堆博物馆藏）

---

1 梁彦民：《商人服象与商周青铜器中的象装饰》，《文博》2001年第4期，第52页。

2 尤中：《尤中文集（第6卷）》，云南大学出版社，2009，第89页。

其形象也受古希腊文明东传之影响，虽是否将其也视为众多神祇之一仍存在争议，但将这一形象用作祭祀则有确据。虽古蜀文明与殷商文明有着极大差异，但这种将象作为祭祀之牺牲，以及在祭祀中使用到象形的习俗，在这同一时期，其共通之处仍然耐人寻味。

张光直先生在《商周青铜器上的动物纹样》中提出了"萨满通灵说"，他认为，商周青铜器上的动物纹样是巫觋沟通天地的一种工具。众多甲骨文的卜辞也成为有力佐证。而学者艾兰认为："商代青铜器纹饰母型最基本的内涵就是死亡、转化、黄泉下界的暗示。正如神话一样，它们也是在突破着真实世界的界限，以传达出一种神圣性本质。"[1] 笔者认为，与西方燔祭和火祭相比，西方对祭品的文化隐喻充满代赎与和好之意味，因此祭品的重要属性为圣洁；而商代祭祀中，巫觋向祖先奉献牺牲祭品则更多是与死亡先祖的沟通，与埋葬的陪伴器物。在这样不同的视域之下，其背后所包含的文化隐喻也有所不同。而广泛被学者接受的解释为：象纹常用于鸟纹、夔纹等之间，表达上穿苍的意象，衬以云纹、线性纹作底，但较少用于陆生生物之象纹。因此，象之于商周青铜器祭祀，则更多彰显出强悍大力与征服之感，鲜有神圣之意。

3. 西周礼器，钟鸣鼎食

西周早期，装饰有象纹的青铜器数量较多，器型种类丰富，分布也较广，多出现于酒器、乐器之上；西周中期，象纹青铜器在数量和器型种类上大幅度减少，分布区域集中于陕、京二地；西周晚期，象纹多见于青铜器壶。从已知青铜器来看，在由殷商晚期到西周的过程中，象纹主要被燕文化所吸收与应用，琉璃河出土的西周不同时期的象纹青铜器可证。[2]

这一变化除气候原因之外，商周制度以及文化的深刻变化，也是象纹变化的重要原因之一。王国维《殷周制度论》云："中国政治与文化变革，莫剧于殷周之际……自其里言之，则旧制度废而新制度兴，旧文化废而新文化兴。"[3] 在位于西部的周灭商之后，盛行于商朝的巫觋占卜文化也逐渐被周朝的礼乐文化所取代。王国维谈到，商朝的奴隶社会制度，相较于周朝而言，君、臣、民等级制度未有严苛区分，日常生活中的普通百姓如被认为祖先也有王族血脉，也被归为"王族"，因此商代的器物呈现了较为生动与生活化的一面。从氏族到宗族这种社会等级制度的变化，使制式在等级的界定下日益严格，礼器成为社会制度重要的组成部分。体现在审美上，则是商朝野性、生动的审美观逐渐被西周端方、周正、稳重的审美观所取代，纹样逐渐走向符号化，融为"周礼"视觉化的一部分。

---

1 艾兰：《龟之谜——商代神话、祭祀、艺术和宇宙观研究》，汪涛译，四川人民出版社，1992，第 189 页。

2 马强：《商周象纹青铜器初探》，《中原文物》2010 年第 5 期，第 60 页。

3 干春松、孟彦弘：《王国维学术经典集》，江西人民出版社，1997，第 128—129 页。

象纹这种野性大兽的形象，在周朝初期，仍有
商遗族在沿用，但在周朝的礼制与等级影响之下，
与其他具象动物纹饰一样，逐渐退守到次要的点缀
地位。

4. 春秋战国，诸神黄昏

春秋战国时期，周王室衰弱，诸侯争霸，周王
室的器物变少，列国青铜器增多。象纹已出现较少，
多施于钟上，春秋早期秦公钟（图12-6）便是其
中之一。此外，镈也成为新流行的乐器之一，象纹
也出现于此。如陕西省宝鸡太公庙出土的秦公镈，
钲部以及甬部的双侧均有若干象鼻向上扬起，与龙
纹相钩连，似凤鸟状，已少象之形态。

在装饰纹样审美上，礼制、周正的青铜器审美
标准也在这一时期出现了破口，构图细密、成网状
布局的新潮流开始涌现。[1]这一时期多民族杂居，
各国与各族之间交流频繁，此时的象纹，也多与
鸟纹、龙纹、蟠螭纹等相结合，形成一种交融缠结
的繁复之感。但早期春秋青铜器仍然沿用西周晚期
的制式，直至春秋后期，才有了较大变化。而到后
期，象纹已基本在青铜器上消失。

图 12-6　春秋早期　秦公钟（陕西宝鸡市博物馆藏）

---

1 故宫博物院编《故宫青铜器图典》，紫禁城出版社，
2010，第 141 页。

图 12-7 双象尊（美国华盛顿弗利尔美术馆藏）　　　图 12-8 　湖南醴陵狮形山象尊

象纹作为动物类装饰题材之一，在商周尤其是殷商时代尤为流行。概览商周时期以象为装饰题材的青铜器，从表现形式看大体可分为三类：其一为以器物本身作象形之状；其二为以完整象形作为器物表面装饰主题；其三则是以象身具有代表性的部位作为装饰素材，此类亦可分为两种，即象首与象鼻。[1]由于本章主要探究象纹的演变及归因，因此本章基于时间线以及具象到抽象的演变规律，参考容庚先生的分类方法[2]，将象纹分成具象象形、象首纹和象鼻纹来进行具体阐述。

1．具象象形

商周青铜器中，完整象形在青铜器上的应用主要集中于商代晚期，包括象体器物与大象纹装饰。最完整的象体青铜器，以四件象体尊为典型，分别为美国华盛顿弗利尔美术馆藏的双象尊（图12-7）、湖南醴陵狮形山象尊（图12-8）、法国巴黎吉美亚洲艺术博

---

1 梁彦民：《商人服象与商周青铜器中的象装饰》，《文博》2001年第4期，第54页。

2 容庚：《商周彝器通考》，哈佛燕京学社，1941，第126页。

物馆藏象尊（图12-9），以及陕西省宝鸡市茹家庄象尊（图12-10）。前三者均为商周晚期青铜器，其线条圆中带方，象腿敦实饱满，卷翘的象鼻充满生命力，整体造型将亚洲象的风采体现得淋漓尽致；而陕西宝鸡茹家庄出土的象尊为西周中期作品，除向上卷曲的象鼻具有典型特征外，其整体更形似猪，形态圆润饱满，四肢短小，已无象之神韵。这也表明，到西周中期，匠人们已无活象实物可见，只能将象之概念赋于日常所见之蠡上，创造出独特的"猪象"之形态。

图12-9　象尊（法国巴黎吉美亚洲艺术博物馆藏）

图12-10　茹家庄象尊（陕西博物馆藏）

图 12-11　九象尊（故宫博物院藏）

　　写实象形除上述象体尊之外，象作为纹饰母题出现在青铜器上也颇为常见。其中最经典的莫过于故宫博物院藏品商后期九象尊（图 12-11），由于器底写有金文之"友"字，虽后由李学勤修订为"井"字，但仍沿袭杜迺松之称"友尊"[1]。九象尊以头尾相连围绕圆尊一圈的九只象而命名。细观其象形，象鼻卷翘成"S"形，象腿呈向前之步态，象目圆睁，与前后象纹相接，隐有运动之感；但相较于象体尊而言，略微简化，主要以象侧面作为描绘角度，突出象之五官特点与整体动态。

　　除尊外，觥、卣、鼎以及铙和甬钟的鼓部都装饰有写实象纹。例如美国华盛顿弗利尔美术馆藏商代晚期的青铜觥（图 12-12），象纹见于觥流部两侧，此处的象身已有隐于周围雷纹之感，象腿造型也适合于雷纹形态，粗壮而稳固，唯有卷曲的象鼻以鳞纹为饰，立体而精美。

1 杜迺松：《记九象尊与四蛇方甗》，《文物》1973 年第 12 期，第 62—63 页。

图 12-12　青铜觥（美国华盛顿弗利尔美术馆藏）

象纹在青铜乐器上的应用则颇为固定，多见于青铜大铙和青铜甬钟之鼓部。如湖南醴陵狮形山出土、现藏于湖南省博物馆的商代晚期象纹兽面铙（图12-13），正鼓部装饰有一对相向而立的大象，两象后腿微屈，象鼻上扬相触，象嘴大张，似随着敲击的音乐欢乐舞动。象纹在青铜乐器鼓部不仅有装饰之效，亦有敲击定位之功能。与九象尊的情况类似，象纹在青铜乐器上的形式相较于象体尊更为简洁。

2. 象首纹

象首纹作为象纹的简化，仍保留了大象生动的形象，在尊、觥、彝、卣、罍、簋等青铜酒器与食器中颇为常见。其中，日本白鹤美术馆藏的商代晚期象首形盖青铜觥（图12-14）就是一件生动而特殊的珍品。象首位于觥盖前端，象鼻卷翘成圈，象耳俏皮而耸立，宛如飞天之状，虽只塑造了象鼻、象眼与象耳，但已传神地刻画出象之形态。当然，此类象首仅为少数，青铜器上的浮雕类象首纹饰则更为常见，如陕西扶风县出土的周厉王时期的害夫簋（图12-15），两半环耳部各有一象首，鼻子向下弯曲，与器物造型相适合，象牙反向上弯至象额处，与其他纹样形成巧妙的呼应。在此处，已可见象已不再具有完全写实的生动性，而是与适合纹样相结合，融合在器物的形式美之中。

3. 象鼻纹

在象纹、象首纹以及象鼻纹中，象鼻纹的流行时间最长、范围最广。就出土文物来看，象鼻之应用贯穿整个西周，直至春秋时期的几件青铜器上，仍旧能看到象鼻之余绪。究其原因，象区别于其他动物的特征，除形体之外，象鼻可谓是最显著的；同时，由于象鼻长而灵活的属性，与夔龙纹、云雷纹等其他纹饰在视觉效果上形成了形似之效。因此在青铜器的应用中，当象不再作为装饰母题，而是作为配角之时，象鼻纹便拥有了更广阔的空间，经年累月，逐渐简化，以至成型。

图 12-13　象纹兽面铙（湖南醴陵狮形山出土）

图 12-14　象首形盖青铜觥（日本白鹤美术馆藏）

图 12-15　西周　害夫簋（宝鸡青铜器博物院藏）

陕西郿县李村出土的西周中期盠方尊（图 12-16），腹部两侧各有一上扬而卷曲的象鼻，唯有鼻头略微分叉的形式可见象鼻之特征。另有一类象鼻在青铜簋上出现较多，以象鼻之形落在器物足部。如现藏于首都博物馆的西周中期班簋（图 12-17），便是一个十分典型的象鼻垂地成足的案例。象鼻已不再是写实的"S"形卷翘状，而是在触地部分几乎成直角，以达到稳固的目的，唯有象鼻鼻尖处仍能看到象鼻之特征。

春秋早期，象鼻纹多与其他纹样混杂出现，如现藏于宝鸡青铜器博物馆的秦公镈（图 12-18），便是一件春秋时期的作品，钲部及甬部两侧均有若干象鼻上扬，勾连龙纹，象之神韵也已式微，仅作为龙纹勾连中一个生动而多元化的装饰单元。

图 12-16　盠方尊（陕西郿县李村出土）

图 12-17　班簋（首都博物馆藏）

图 12-18　秦公镈（陕西宝鸡市太公庙出土）

四
、
象
纹
的
分
布
与
演
变

　　殷商时期，写实的具体象形张扬而生动，也成为青铜器中的装饰母题；西周早期，象纹不再作为主要题材，而成为装饰中生动的一部分；西周中晚期，象首与象鼻的应用则退守到次要的装饰纹饰之中，并与器物之式以及其他纹饰之形相结合，逐渐似是而非。

　　下表为象纹青铜器在商周时期的分布。

分期	主要分区	主要器物类型	主要象纹形式
商代晚期	湖南、山东	尊、铙、鼎、觚	写实象体与象纹、象首纹
西周早期	湖北、河南、河北、陕西、山西、北京	尊、簋、鬲、卣、罍	象纹、象首纹
西周中期	陕西、北京	方尊、簋、彝、壶、钟	象首纹、象鼻纹
西周晚期	湖北、山东、河南、陕西、山西	簋、鬲、壶、觚	象首纹、象鼻纹
春秋战国	陕西、河南	鬲、钟、镈	象首纹、象鼻纹

　　如上表所示，青铜器上的象纹装饰从时间上主要分为商代晚期、西周的三个时期，以及春秋战国时期；从地域上主要分为以北京、河北、山东为代表的北方地区，以陕西、湖北与河南为代表的中原地区，以及以湖南为代表的南方地区。[1]

　　商代晚期象纹的器物类型有尊、铙、鼎、觚等，其中，以尊与铙的数量居多，从现已出土的象纹青铜器来看，这一时期的主要产区为湖南地区。有学者认为，从造型、工艺与表现细节来看，殷商时期中原象纹青铜器的源头均为南方地区[2]，中原与北方的沿袭与演变均在此基础之上。

---

1 马强：《商周象纹青铜器初探》，《中原文物》2010年第5期，第59页。
2 柳扬：《殷商中原青铜器象纹的南方源头》，《湖南省博物馆馆刊》2016年第12期，第1—14页。

西周早期出土象纹器物种类丰富，有尊、簋、鬲、卣、罍等，以簋数量居多，此时期的象纹装饰衬有云纹、雷纹等填充于内外；到西周中期，出土地区变小，主要集中于陕西与北京地区，出土有方尊、簋、彝、壶、钟等，以方形居多，装饰有象首与象鼻；到西周晚期，象纹明显减少，在簋、鬲、壶、瓿上可见，但以壶居多。到春秋战国时期，象纹主要出现于春秋早期的青铜乐器以及青铜鬲之上，此时的象纹已只用象鼻来表现，并融于鸟纹、龙纹等其他纹样，几近于无。

从出土的象纹青铜器来看，象纹的起源商代晚期便是其黄金时期。随着气候的变化以及朝代的变迁，象纹逐渐退守到与其他纹样杂糅的局面，直至在青铜器上消失。

1. 缘起之初 高潮迭起

象纹在商代晚期以及商末周初的形象与装饰手法极为生动丰富，甫一出现，便是具有鲜明的写实象之特征。如弗利尔美术馆象尊、湖南醴陵狮形山象尊、法国巴黎吉美亚洲艺术博物馆象尊，象形作为青铜器整体造型主题，其身或填有龙纹、四瓣目纹，或以云雷纹衬地，饰有虎纹、夔龙纹、凤鸟纹、饕餮纹、三角几何纹等，额头配有蛇纹、夔纹，足部装饰有兽面纹等。而同一时期的象纹，象形生动，有立姿或行走之姿，象均为侧面造型，突出卷翘的象鼻之特征。象身常衬有云雷纹，象耳呈叶状，象鼻处常饰有鳞纹，圈足饰有瓦棱纹。

图 12-19　卷体象纹簋（故宫博物院藏）

其中，西周早期出现的卷体象纹，常出现于簋之上，如邢侯簋、乙公簋、武王时期的天亡簋等。故宫博物院所藏西周早期卷体象纹簋（图12-19），在青铜簋上可见象鼻卷翘，鼻尖处成分叉的形状，为象鼻无疑，张开的口中有一象牙凸出向外截出。但在此处，有的将之误编成"团龙纹簋"。团龙纹是龙纹的一种表现形式，又称"坐龙团""升龙团""降龙团"，它起源于唐代，在宋代及明清时期有普遍的应用。西周早期的青铜簋之上，象之特征鲜明，象身以大的涡纹来替代，系卷体象纹。此种纹样集中于西周早期，且出现时间较为短暂，但纹样形态鲜明，象目圆睁，象之形态野性而生动。

可以说，殷商晚期以及西周早期，处于象纹装饰的黄金时期，象纹生动，类型较多，象纹在整体装饰中的主体地位较为鲜明，生动地还原了象的体态原貌特征。

2. 退守而侍 杂糅相济

西周中后期，象纹逐渐退出主体题材的地位，退到了鼎、鬲、甗的足根与肩部，簋的耳部，作为附饰，且已有明显的符号化趋势。

到春秋战国时期，象纹已几乎不可显见，在青铜乐器上较多。例如在青铜钟上，有的纹饰似两象相背，象鼻卷翘，鼻尖分叉，首部似象而身部似凤鸟，象鼻线条与云纹线条结合，又有象之特质，但主体为凤鸟纹（图12-20）。另有象纹、象鼻纹。象鼻纹其状若干象鼻相钩连。象鼻之间，有乳隆起。象鼻之间，乳下陷如圈形。象鼻颠倒相钩连，象鼻颠倒相向，夹以曲线。[1]

这些象纹充分显示了自西周中期以后，象纹的符号化与抽象化。符号化的象纹，作为装饰单元，填充于其他纹样之间。与云纹、雷纹、饕餮纹、龙纹、凤鸟纹等纹样杂糅相融，乃至逐渐被覆盖。这种相互融合的状态，使象纹得以适应每个时期不同的形态风格与审美标准。周朝的端方周正、春秋的繁复交缠，都在这种杂糅中得以体现。这既是象纹的退守，也是象纹深入到文化背景中，成为其中一部分的自然嬗变。

1 容庚：《商周彝器通考》，哈佛燕京学社，1941，第146页。

图 12-20　秦公钟（陕西宝鸡市博物馆藏）

五、结论

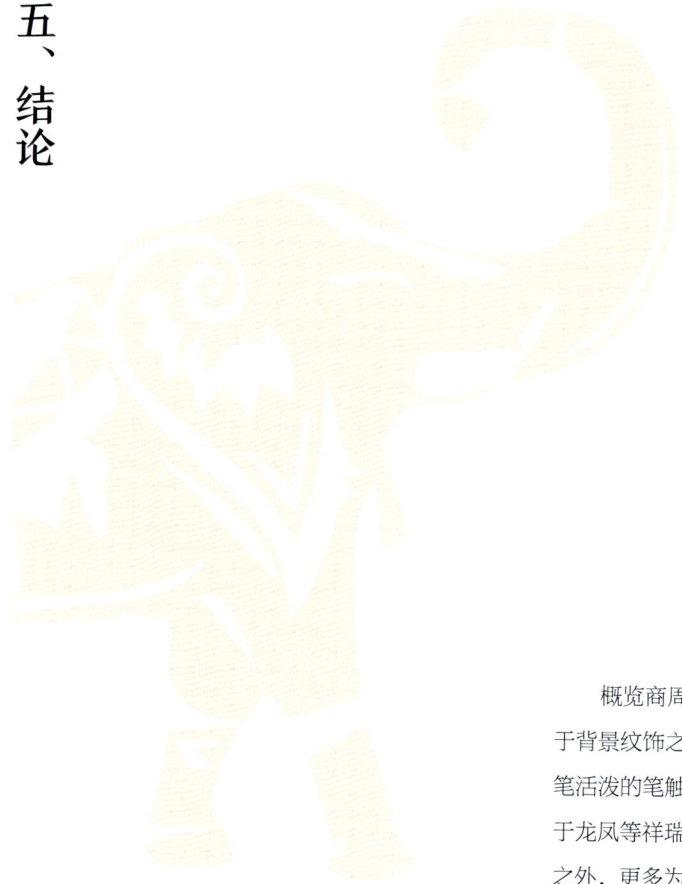

概览商周青铜器上的象纹，或生动野性，或融于背景纹饰之中，在青铜器这幅长卷画中，成为一笔活泼的笔触。商代青铜器上象纹的情感寄托不同于龙凤等祥瑞象征，虽然同为动物，但象除为牺牲之外，更多为财富、权力的象征。随着气候的变迁与人类的猎杀，亚洲象逐渐南迁。中原无象之后，人们对于猎杀、驯服大象而生的占有感、满足感与财富的象征意义逐渐失去了现实支撑。因此，象纹装饰逐渐失去了切身性，而此种切身性的缺失，是象纹逐渐退守乃至消失的关键之一。此外，周朝封建礼制的等级制度对青铜器规制的掌控，以及巫觋之术的隐匿，是象纹衰退的另一个关键。

象纹装饰与殷周青铜器一样，在现代社会日常生活中已近乎绝迹，或隔于展柜玻璃之后，或秘于私人藏家之手。但象纹这个并非宏大的主题，所反映出的商周时期人们的生活风貌，以及其变迁投射出的商周气质之变化，将成为遥远却又美妙的绝响，带给我们无尽的回味。

后记

　　青铜文化是中华文明的重要组成部分，历经夏、商、西周和春秋战国千余年的发展，形成了独具特色的艺术风貌。商周青铜器纹样，作为华夏先民与自然界、动物互动关系的视觉表现，体现了先民对自然的敬畏、恐惧与无奈，同时与神权、王权紧密结合，形成了狞厉、肃穆、神秘、庄严的艺术特征。这一时期的青铜器纹样对后来的中国文化及艺术产生了深远的影响。

　　这些年，我在清华大学美术学院主讲研究生课程《中国纹样艺术史》，因为教学需要，"纹样艺术史"已成为本人近些年乐此不疲的主要学术研究方向之一。在教学的过程中，我一直希望将研究成果出版，这样既可以使大家看到我们课程的教学方法与研究内容，也可以使学生在学习本门课程时有一个参考样本。本书就是这个想法的最终成果。

感谢参与本书的编写者们，他们分别是贾玺增、顾媛、欧悟晨《"饕餮"与"兽面"之辩——面形纹》、何子芸《祲威盛容——龙纹》、赵茜《曲直蟠折——夔纹》、张紫阳《祥瑞神鸟——凤鸟纹》、张若瑜《以鸮之名——鸮形器与鸮纹》、马夏静《鱼游其间——鱼纹》、赵天叶《复育轮回——蝉纹》、王玲《以形观象——乳丁纹》、吕金泽《回天倒日——火纹》、曾繁如《千回百转——云雷纹》、胡新梅《交泰相生——蕉叶纹与蕉叶形纹》、金雷婷《苍梧有兽——象纹》。

本书的出版尤其要感谢湖北美术出版社的大力支持，感谢本书责编认真和耐心的修订。

2024 年 8 月 12 日于清华大学美术学院

图书在版编目（CIP）数据

青铜器装饰纹样考 / 贾玺增主编. -- 武汉：湖北
美术出版社，2025.4. -- (艺术与技艺考丛书).
ISBN 978-7-5712-2444-8

Ⅰ. K876.414

中国国家版本馆CIP数据核字第20244QP765号

青铜器装饰纹样考
QINGTONG QI ZHUANGSHI WENYANG KAO

责任编辑：卢卓瑛　龚　黎
技术编辑：吴海峰
责任校对：董　娟
书籍设计：张　禹　俞诗恒

出版发行：长江出版传媒 湖北美术出版社
地　　址：武汉市洪山区雄楚大街268号湖北出版文化城B座
电　　话：（027）87679525 87679918
邮政编码：430070
印　　刷：湖北金港彩印有限公司
开　　本：787mm×1092mm 1/16
印　　张：19.75
版　　次：2025年4月第1版
印　　次：2025年4月第1次印刷
定　　价：98.00元